Ein »planerisches Dilemma«

Potsdamer Schriften des Zentrums für Militärgeschichte
und Sozialwissenschaften der Bundeswehr

Begründet vom
Militärgeschichtlichen Forschungsamt

Band 35

Stephan Wolf

Ein »planerisches Dilemma«

Die Ausrüstungsentwicklung der Bundeswehr
1989–1994
Organisation, Bedarfsentwicklung, Probleme

ZMSBw • Potsdam 2023

Bibliografische Information der Deutschen Nationalbibliothek
Die Deutsche Nationalbibliothek verzeichnet diese Publikation in der
Deutschen Nationalbibliografie; detaillierte bibliografische Daten sind
im Internet über www.dnb.de abrufbar.

© 2023 Zentrum für Militärgeschichte und Sozialwissenschaften der Bundeswehr,
Zeppelinstr. 127/128, 14471 Potsdam
www.zmsbw.de

Zentrum für Militärgeschichte und Sozialwissenschaften der Bundeswehr,
Fachbereich Publikationen (0890-01)
    Lektorat: Björn Mielbrandt
    Texterfassung, Satz, Cover: Antje Lorenz
    Grafiken: Bernd Nogli

    Umschlagabbildung:
    Kampfhubschrauber EUROCOPTER PAH-2/UHU Tiger
    Bild: BMVg / Detmar Modes
    Gestaltung: Bernd Nogli, Antje Lorenz

ISBN 978-3-941571-55-6
URN https://nbn-resolving.org/urn:nbn:de:kobv:po79-opus4-6913
DOI https://doi.org/10.48727/opus4-691

Inhalt

Ein »planerisches Dilemma« –
Die Ausrüstungsentwicklung der Bundeswehr 1989–1994.
Organisation, Bedarfsentwicklung, Probleme

I. Einleitung

Die Rüstungsplanung der Bundeswehr befand sich 1994 im Zustand einer kritischen Zwangslage und wies laut dem Generalinspekteur, General Klaus Dieter Naumann, ein »planerisches Dilemma« auf.[1] Eine verlässliche Planungsfortschreibung zur vollumfänglichen, zeit- und auftragsgerechten Ausrüstung der Truppe mit modernem Wehrmaterial, das sie für die Bündnis- und Landesverteidigung sowie zur Teilnahme an den Auslandseinsätzen benötigte, war mit den verfügbaren Mitteln nicht leistbar. Langfristig drohte der Bundeswehr aufgrund des bekannten Missverhältnisses von Auftrag und Mittel planerisch ein Kampfkraftverlust und Entwicklungsstillstand. Die Folgen dieses kritischen Zustands wären für die Bundesrepublik als sicherheits- und bündnispolitischer Akteur und für die Streitkräfte als die bewaffnete Macht Deutschlands schwerwiegend.

Naumanns Urteil wirft die Frage auf, wie es zu dem von ihm festgestellten »planerisches Dilemma« kam. Ausgehend von dieser Frage setzt sich die vorliegende Arbeit mit der Rüstungsplanung der Bundeswehr und deren Entwicklung von 1989 bis 1994 auseinander. Sie legt damit den Fokus zur Rüstungsgeschichte der Bundeswehr auf die Zeitphase, die mit dem Ende des Kalten Krieges den Übergang von der Armee im Bündnis zur sogenannten Armee im Einsatz einleitete. In dieser Zeitphase, die als postkonfrontativ wahrgenommen wurde, stand bei einer sich diskontinuierlich verändernden Bedrohungslage und wandelnden politischen Rahmenbedingungen die Bundeswehr unter einem erheblichen Planungsdruck. Da die Rüstungsplanung ein seit der Aufstellung der Bundeswehr laufender Prozess ist, wird die planerische Anpassung der auf einen »optimierten Waffenmix innerhalb der Streitkräfte« ausgerichteten Ausrüstungsplanung zur Vorneverteidigung thematisiert,[2] die Naumanns Vorgänger, Admiral Dieter Wellershoff, in der Endphase des Kalten Krieges anstrebte.

Die Frage, wie es zu dem von Naumann festgestellten planerischen Dilemma in der Rüstungsplanung kam, ließe sich für diese Zeitphase zwar vordergründig mit dem damaligen Gebot der Friedensdividende und den damit verbundenen haushaltspolitischen Eingriffen in das Verteidigungsbudget beantworten, doch greift dieser

---

[1] Naumann, Die Bundeswehr, S. 174.
[2] Depos. GM a.D. Reichardt, Schreiben des Generalinspekteurs an den Inspekteur des Heeres, 11.5.1988, Bl. 1–3, hier Bl. 1.

Ansatz zu kurz. Denn die Planung, laut Matthias Bellmann »ein in die Zukunft gerichtetes systematisches Denken und Festlegen von Maßnahmen [..., das] durch eine Zielvorstellung bestimmt [wird und ausgeht] vom gegenwärtigen Erkenntnisstand«,[3] unterliegt in ihrer Komplexität vielschichtigen Rahmenbedingungen und umfasst ganzheitlich mehrere ineinandergreifende, in abhängigen Wechselbeziehungen stehende Faktoren. Veränderungen der Rahmenbedingungen, neue Wissensstände oder auftretende Problemlagen zwingen zu steuernden Eingriffen und Entscheidungen an den relevanten Einflussgrößen in der Planung, um die angstrebte Zielvorstellung zu erreichen. Eingebunden in einer Ordnung von politischen, gesellschaftlichen und finanziellen Gegebenheiten stehen in der Rüstungsplanung auf der Grundlage von Auftrag und Streitkräftekonzeption die Kategorien Personal, Struktur und Infrastruktur mit den militärischen Bereichen Ausbildung, Führung/Einsatz, Logistik, Liegenschaften und Ausbildung etc. als Elemente in dieser Wechselbeziehung.[4] Steuernde Eingriffe wirken daher vielschichtig auf die zwischen den rüstungsplanerischen Faktoren bestehenden Verknüpfungen ein und beinflussen mit den hieraus resultierenden Effekten die wehrtechnische Weiterentwicklung der Streitkräfte. Zustände von Planungsunsicherheit und Störungen in den zwischen Planungsfaktoren bestehenden Verknüpfungen, die durch Zeitdruck, Struktur-, Informations- und Vorgabendefizite sowie Kapazitätsengpässe, Obsoleszenzen, Ressourcenverknappung und fortlaufender Anpassungsdruck ausgelöst werden, führen zu vielschichtig kritischen Zielkonflikten, die ein planerisches Dilemma generieren und deren Lösung unter Inkaufnahme von vertretbaren Risiken ein Treffen und Umsetzen von Entscheidungen erfordern, die zur Erreichung des angestrebten Zielzustand erforderlich sind.

Vor dem Hintergrund des 1990 beginnenden Veränderungsprozesses der Bundeswehr, der von Streitkräften und Bundeswehrverwaltung nicht nur ein rüstungsplanerisches Strecken, Sparen, Umschichten und Streichen abforderte, wirft Naumanns Urteil folgende Fragen zur Entwicklung der Rüstungsplanung und hier bestehenden Zielkonflikten auf:

— Wie war 1989 der Rüstungsorganisation der Bundeswehr aufgebaut?
— Welches Verfahren wurde zur Steuerung und Realisierung der Rüstungsplanung angewandt?
— Welche Rolle spielte dabei der Entwicklungs- und Beschaffungsgang von Wehrmaterial?
— Stand die Rüstungsorganisation 1989 vor einer Umstrukturierung und wie sollte sie umgesetzt werden?
— Wie stellte sich 1989 die Bedrohungslage dar?
— Welche konzeptionellen, operativen und rüstungsplanerischen Zielvorstellungen wurden 1989 zur Ausrüstung der Truppe bis zum Jahr 2000 ursprünglich verfolgt?
— Bestanden in der Rüstungsplanung zwischen den Teilstreitkräften Zielkonflikte?
— Welche Faktoren erzwangen 1990 eine Anpassung der laufenden Rüstungsplanung und wie erfolgte deren Umsetzung?

---

3   Bellmann, Handbuch für Übung und Einsatz, S. 2
4   Vgl. Zedler, Planungs- und Führungssystem, S. 200, 208 f.

- Welche sicherheits- und bündnispolitischen Vorgaben hatte die Bundeswehr bei der Anpassung der Rüstungsplanung zu berücksichtigen?
- Welche Auswirkungen hatten die Umstrukturierungen von Streitkräften und Bundeswehrverwaltung auf die laufende Rüstungsplanung?
- Wie wurde die Rüstungsplanung an die Budgetkürzungen angepasst?
- Inwieweit wirkten sich die beginnenden Out-of-area-Einsätze auf die Rüstungsplanung aus?

Anhand des Fragenkomplexes soll geprüft werden, wie die Rüstungsplanung, deren Ziel es ist, die Truppe rechtzeitig mit »bedrohungsgerechtem, leistungsfähigem und einsatzreifem Wehrmaterial« auszurüsten,[5] von 1990 bis 1994 im Zustand der Planungsunsicherheit gewährleistet und weiterentwickelt werden konnte.[6]

Obwohl seit der Aufstellung der Bundeswehr »wirkliche und vermeintliche Beschaffungsskandale« von den Medien und der Politik thematisiert wurden,[7] wie z.B. der Schützenpanzer HS 30, das Jagdflugzeug F-104 »Starfighter« oder die Beschaffung eines neuen Sturmgewehrs als Nachfolger für das G36, setzt sich die Forschung mit deren Rüstungsgeschichte nur fallweise auseinander.[8] In ihrer Gesamtheit stellt sie trotz einzelner Veröffentlichungen laut Heiner Möllers und Rudolf J. Schlaffer ein militärgeschichtliches Desiderat dar.[9] Vor dem Hintergrund des Entwicklungsprozesses der Bundeswehr zur Armee im Einsatz, die zugleich die Landes- und Bündnisverteidigung refokussiert, gewinnt die Thematik Rüstungsplanung der Bundeswehr an Relevanz. Dass die Ausrüstung der Truppe keine Marginalie ist, wird explizit an den Unterrichtungen der Wehrbeauftragten und ihren Kritiken an den Defiziten in der Beschaffung und Nutzung von Rüstungstechnik deutlich.[10] Anlassbezogen wissen die Medien dann, so wie »Der Spiegel« im Jahr 2010, bei bekanntgewordenen Ausrüstungs- und Nutzungsdefiziten sowie steigenden Beschaffungskosten und übermäßig langen Entwicklungszeiten zu berichten, dass die Bundeswehr »Waffensysteme gekauft [habe], die sie nicht braucht. Waffensysteme, die sie braucht, kann sie nicht bezahlen«.[11] Eine über dieses Narrativ hinausgehende Auseinandersetzung mit den Problemen und Herausforderungen zur Ausrüstung der Streitkräfte wird von Politik, Presse, und Gesellschaft nicht praktiziert. Es herrscht diesbezüglich ein Desinteresse, das auch in der Forschung besteht. Dabei begründen gerade die mediale Kritik, aber besonders die Beanstandungen der Wehrbeauftragten, ein militärgeschichtliches Forschungsinteresse, um die bestehenden Lücken und Defizite in der Rüstungsgeschichte der Bundeswehr zu schließen. Denn die Kampfkraft von Streitkräften in ihrer geschichtlichen und zukünfti-

---

5   Rothenberger, Die Rüstungsführung, Teil 1, S. 17.
6   Vgl. BMVg, Weißbuch 1994, S. VII.
7   Kollmer, Militärisch-Industrielle Komplexe, S. 1. Exemplarisch sind hierzu die Beschaffung des Schützenpanzers HS 30, die Beschaffung und Nutzung der F-104 G »Starfighter« und die Ausrüstung der Einsatzkontingente in Afghanistan sowie die Drohne »Euro Hawk« zu nennen.
8   Vgl. Kollmer, Nun siegt mal schön!, S. 398; Kollmer, Militärisch-Industrielle Komplexe, S. 1; Kollmer, Rüstungsgüterbeschaffung, S. 15.
9   Möllers/Schlaffer, Einleitung, S. 30.
10   Vgl. exemplarisch BT-Drs. 17/4400 (25.1.2011): Unterrichtung des Wehrbeauftragten. Jahresbericht 2010 (52. Bericht), S. 7.
11   Ulrike Demmer, Steuerung unmöglich. In: Der Spiegel, 43/2010, S. 28 f., hier S. 28.

gen Bedeutung für Frieden und Krieg beruht nicht nur auf Personal, Führung und Organisation, sondern ebenfalls auf der Ausrüstung mit adäquater Kampftechnik.[12]

Dieter Kollmer führt für das Desinteresse an der Thematik Rüstung zwei Gründe an.[13] Erstens: Der Planungsprozess zur Ausrüstung der Streitkräfte und die damit verbundene Entwicklung und Beschaffung von Wehrmaterial weisen eine abschreckend hohe und ineinandergreifende aufbau- und ablauforganisatorische Komplexität auf.[14] Diese liegt in der systemischen Eigentümlichkeit und den hier inneliegenden Wechselbeziehungen und Abhängigkeiten begründet. In dieser systemischen Eigentümlichkeit unterliegen die militärischen und technisch-wirtschaftlichen Zielvorstellungen sicherheits-, finanz- und wirtschaftspolitischen sowie strukturellen Rahmenbedingungen, die wiederum fortlaufend mit ihren spezifischen Prozessabläufen die relvanten Faktoren in der Entwicklung und Beschaffung von Wehrmaterial im Rahmen der Rüstungplanung beinflussen.[15] Zweitens: Es herrschen in der Bundesrepublik Deutschland in Gesellschaft und Wissenschaft ethisch-moralische Bedenken und Vorurteile gegenüber Themen der Rüstungsgüterbeschaffung. Dieses distanzierte, teilweise ablehnende Verhältnis zum Forschungskomplex Rüstung resultiert aus dem Faktum, dass die Entwicklung und Beschaffung von Wehrtechnik, sei es für Kampf, Kampfunterstützung, Führung, Aufklärung oder Logistik usw. zur Ausrüstung der bewaffneten Macht des Staates im Rahmen der Sicherheits- und Risikovorsorge für Kriegs- und Konfliktszenarien dient. Diese ist mit dem Zweck verbunden, im Ernstfall Menschen, Material und Infrastruktur zu bekämpfen, um damit ein definiertes politisches, militärisches oder sonstiges Ziel mit Gewaltmitteln zu erreichen, was in den vielschichtigen Konflikt- und Gewaltszenarien mit Tod, Verwundung, Verstümmlung und Zerstörung sowie Vertreibung und Flucht verbunden ist. Amtliche oder von der Wirtschaft finanzierte Forschungen über die Rüstungsgüterbeschaffung stehen daher wegen der assoziierten Inhumanität unter dem zivil-gesellschatlichen Verdacht, dass diese nicht auf die wissenschaftliche Aufarbeitung von konzeptionellen, ökonomischen, ökologischen und finanziellen usw. Problemen im Komplex Rüstung abzielen, sondern es sich hierbei um »anwendungsbezogene Forschungen« zum Zwecke militärischer und rüstungswirtschaftlicher Ziele handle.[16]

Trotz der durch das Desinteresse vorherrschenden Lücken liegen militärgeschichtliche und politikwissenschaftliche Forschungsleistungen, militärische und verwaltungsseitige Abhandlungen sowie gemeinverständliche Darstellungen zur Rüstungsgeschichte der Bundeswehr vor. Anhand ausgewählter Waffensysteme analysieren und thematisieren diese Arbeiten den Ausrüstungsprozess der Streitkräfte von 1955 bis 1980. 1977 veröffentlichte Alfred Mechtersheimer eine Studie über die damals laufende Entwicklung des Mehrzweckkampfflugzeugs »Tornado«, die im Schwerpunkt die Entscheidungsprozesse von Politik, Wirtschaft und

---

[12]   Vgl. Rothenberger, Die Rüstungsführung, Teil 1, S. 16.
[13]   Vgl. Kollmer, Rüstungsgüterbeschaffung, S. 15.
[14]   Vgl. Kollmer, Militärisch-Industrielle Komplexe, S. 3; BMVg, Weißbuch 1985, S. 181; Bode, Rüstung, S. 39–41; Mechtersheimer, Rüstung und Politik, S. 10.
[15]   Vgl. Anspach/Walitschek, Die Bundeswehr als Auftraggeber, S. 23 f.; Bode, Rüstung, S. 1.
[16]   Chiari, Krieg als Reise?, S. 40. Vgl. Kollmer, Militärisch-Industrielle Komplexe, S. 4.

Militär analysiert.[17] Kollmer thematisiert in seiner 2002 erschienenen Studie den Entstehungsprozess und die Nutzung des Schützenpanzers HS 30,[18] der wegen seiner Konstruktionsmängel und Leitungsdefizite als »Mistkarre« Schlagzeilen machte.[19] Diese Arbeit ist als grundlegend zu bezeichnen, da Kollmer mit der erarbeiteten Archivalienbreite und -tiefe die Erschließung des militärgeschichtlichen Forschungsfelds Rüstungsgüterbeschaffung der Bundeswehr einleitete. Hierauf aufbauend, veröffentlichte er weiterführende Darstellungen über Kampftechnik, die von Heer, Marine und Luftwaffe genutzt wurde bzw. noch heute teilweise eingesetzt wird.[20] Problematisch an der von ihm geleisteten Pionierarbeit ist, dass sie einen makroökonomischen Ansatz des Rüstungsinterventionismus folgt, der die Bundeswehr als einzigen »Nachfrager auf einem beschränkten Markt (Monopson)« thematisiert,[21] der mittels Ausschreibung, »kombiniert mit einer parlamentarischen Kontrolle«,[22] seine Bedarfsdeckung umsetzt. Jedoch ist diese Fokussierung kritisch zu hinterfragen, weil sie nur bedingt Anregungen für weiterführende Untersuchungen bietet, da sie z.B. den Rüstungsrahmenerlass von 1971 und die in die Bundeswehrplanung integrierte Rüstungsplanung noch nicht aufgegriffen bzw. nicht berücksichtigt hat.

Das Zentrum für Militärgeschichte und Sozialwissenschaften der Bundeswehr bindet das Forschungsfeld Rüstung der Bundeswehr in seine Darstellungen über die Entwicklung der westdeutschen Streitkräfte im Zeitalter des Kalten Kriegs ein.[23] Hierzu wurden verschiedene Forschungsansätze über die Entwicklung, Beschaffung und Nutzung von einzelnen Waffensystemen verfolgt. Mit dem Kampfzonentransporter Transall C-160 stellt Reiner Pommerin einen Aspekt der deutsch-französischen Rüstungskooperation dar,[24] während Claas Siano die »technische Ausgereiftheit« des Jagdflugzeugs F-104 »Starfighter« im Entscheidungsprozess zur Beschaffung untersucht.[25] Anhand der Beschaffung des Kampfpanzers »Leopard 1« vergleicht Stefan Elsen mit einem wirtschaftswissenschaftlichen Ansatz den Phasenablauf des Entwicklungs- und Beschaffungsgang von Wehrmaterial des Bundesamtes für Wehrtechnik und Beschaffung (BWB) mit dem Entwicklungs- und Produktionsprozess der bundesdeutschen Automobilindustrie.[26] Kritisch ist anzumerken, dass das für den Vergleich aufgeführte Phasenmodell des BWB erst mit dem Rüstungsrahmenerlass vom 28. Januar 1971 in die Rüstungsorganisation der Bundeswehr implementiert wurde. Ob dieser Phasenablauf vorher im BWB in Bezug auf den »Leopard 1« praktiziert oder ob dieser hierzu im Zeitlauf der fünfziger und sechziger Jahre speziell entwickelt wurde, hebt Elsen nicht dezidiert hervor.

---

17 Vgl. Mechtersheimer, Rüstung und Politik, S. 11 f.
18 Kollmer, Rüstungsgüterbeschaffung.
19 Der Spiegel, 47/1967, S. 60–82, hier S. 60.
20 Exemplarisch Kollmer, Nun siegt mal schön!; Kollmer, Die materielle Aufrüstung der Bundeswehr.
21 Kollmer, Militärisch-Industrielle Komplexe, S. 14.
22 Kollmer, Rüstungsinterventionismus, S. 139.
23 Hierunter fallen die vom Zentrum für Militärgeschichte und Sozialwissenschaften der Bundeswehr (ZMSBw) herausgegebenen Reihen »Entstehung und Probleme des Atlantischen Bündnisses« sowie »Sicherheitspolitik und Streitkräfte der Bundesrepublik Deutschland«.
24 Vgl. Pommerin, Auf dem Weg.
25 Siano, Der Lockheed F-104 (G) Starfighter, S. 352.
26 Elsen, Der Kampfpanzer Leopard I.

Weiterhin wird die Thematik Rüstung in den Problemkomplex Organisation, Konzeption und Einsatz von Heer, Marine und Luftwaffe im Zeitalter des Kalten Krieges eingebunden.[27] In jüngster Zeit wurden Einzeldarstellungen zu Rüstungsvorhaben vorgelegt, die den Ansatz verfolgen, die Akteursebenen von Politik, Streitkräften und Wirtschaft als Spannungsfeld stärker zu analysieren. Hierzu zählt die Dissertation von Thomas Haslinger aus dem Jahr 2015, die die Beschaffung der Waffensysteme Kampfpanzer »Leopard 1« und Schützenpanzer »Marder« im Systemverbund der gepanzerten Kampftruppen des Heeres thematisiert.[28] Für den Bereich Luftwaffe ist Sianos Studie über den F-104 »Starfighter« zu nennen.[29]

Obwohl damit erkennbar ist, dass das Forschungsfeld allmählich erschlossen wird, wird zugleich die Tendenz deutlich, dass die Mehrzahl der vorliegenden Arbeiten einzelne Waffensysteme fokussiert. Jedoch unterscheiden sie sich qualitativ von den vorhandenen Publikationen über Kampftechnik, die auf die populären Ansprüche einer breiten Leserschaft abzielen und laut Möllers und Schlaffer als Waffenbeschreibungen der Diktion von »Technik, Taktik und Einsatz« unterliegen.[30] Neben den wissenschaftlichen und populären Veröffentlichungen über die Entwicklung, Beschaffung und Nutzung von Waffensystemen erschienen darüber hinaus militär- und verwaltungsfachliche Einzeldarstellungen und Fachbeiträge zum Komplex Rüstungsplanung. In diesen thematisieren Angehörige aus den Organisationsbereichen von Streitkräften und Bundeswehrverwaltung normativ die Rüstung der Bundesrepublik Deutschland im Allgemeinen und im Speziellen die militärischen Bedarfsforderungen, den administrativen Rüstungsbereich sowie das Verfahren zur Entwicklung und Beschaffung von Wehrmaterial. Zu diesen älteren Veröffentlichungen ist die von Hans-Günter Bode mit dem hierin enthaltenen Aufsatz von Heinz Gläser als grundlegend zu bezeichnen.[31] Auf diesem aufbauend, veröffentlichten Joachim Anspach und Hubert Walitschek gemeinsam ein als Kompendium einzustufendes Werk, das umfassend über die Rüstung der Bundeswehr nach militär- und wirtschaftspolitischen sowie organisatorischen Gesichtspunkten informiert.[32] In komprimierter Form veröffentlichte Brigadegeneral Raimund Rothenberger zahlreiche Aufsätze in Fachzeitschriften, in denen er die aufbau- und ablauforganisatorischen Besonderheiten der Rüstung aus der Perspektive des Heeres aufzeigte.[33]

Zum derzeitigen Forschungsstand ist zu bilanzieren: Im Schwerpunkt liegen Studien zur Rüstungsgeschichte der Bundeswehr vor, die die Entwicklung, Beschaffung und Nutzung von Wehrmaterial bzw. dessen technische oder politische Einzelaspekte bis zum Jahr 1980 historiographisch thematisieren. Umfassende Forschungsleistungen über den amtlichen Rüstungsbereich »als funktionales System besonderer Art« der Bundeswehrverwaltung wurden rudimentär in Übersichtspublikationen

---

[27]   Exemplarisch Hammerich [u.a.], Das Heer.
[28]   Haslinger, Bundeswehr und Ausrüstung.
[29]   Siano, Die Luftwaffe und der Starfighter.
[30]   Möllers/Schlaffer, Einleitung, S. 30.
[31]   Bode, Rüstung; Gläser, Organisation, S. 113–159.
[32]   Anspach/Walitschek, Die Bundeswehr als Auftraggeber.
[33]   Exemplarisch Rothenberger, Die Rüstungsführung, Teil 1 und Teil 2.

dargestellt.[34] Festzustellen ist, dass es an Untersuchungen fehlt, die nicht das einzelne Wehrmaterial, sondern den übergeordneten Problemkomplex Rüstungsplanung zur Ausrüstung der Teilstreitkräfte im Rahmen eines ganzheitlichen Prozess zur Streitkräfteentwicklung unter sich ändernden sicherheitspolitischen, konzeptionellen und strukturellen sowie finanziellen Rahmenbedingungen aus der Perspektive der militärischen Führung respektive des administrativen Rüstungsbereichs untersuchen. Zudem liegen keine Forschungsleistungen über den Abwicklungsprozess der materiellen Hinterlassenschaften der Nationalen Volksarmee (NVA) vor, die die Problematik der Übernahme von NVA-Wehrmaterial in die Bundeswehr und deren Möglichkeit zur Einsteuerung in die Rüstungsplanung thematisieren. In ihrer Gesamtheit greift die vorliegende Arbeit wegen der dürftigen Forschungslage das von Möllers und Schlaffer festgestellte komplexe Desiderat im Entwicklungsprozess der Bundeswehr auf und verfolgt die Absicht, in dieses Forschungsfeld eine ›erste Schneise‹ für die Zeitphase 1989 bis 1994 zu schlagen, so dass der erarbeitete Überblick einen Grundstock für weitere Untersuchungen legt.

Die auf eine beginnende Schließung der angezeigten militärgeschichtlichen Forschungslücke abzielende Untersuchung wirft die Frage nach der Quellenlage auf. Der amtliche Dokumentenbestand der Bundeswehr ist nur bis zum Jahr 1970 archivarisch teilweise erschlossen, während zeitlich nachgeordnete Bestände aus dem Geschäftsbereich des Bundesministeriums der Verteidigung in den Zwischenarchiven deponiert sind.[35] Speziell die archivarische Verzeichnung des administrativen Rüstungsbereichs ist nach Dieter Krüger mit dem Problem der Massenakten konfrontiert,[36] die die bürokratisch-hierarchischen Führungs-, Verwaltungs- und Managementtätigkeiten von Streitkräften, Bundeswehrverwaltung und Wirtschaft bei Entwicklung, Beschaffung und Nutzung von Wehrmaterial produzieren. Dies geht einher mit einer »schleppenden Herabstufung« der Akten,[37] die aus der militärischen und wirtschaftlichen Geheimhaltungspraxis resultiert. Damit sollen Strategieentscheidungen, Zukunftkonzeptionen, Forschungsentwicklungen und die im Wehrmaterial verwendeten Spitzentechnologien, z.B. Werkstoffe oder Sensorelektronik, gegenüber der wirtschaftlichen Konkurrenz, gegenwärtigen und potentiellen Gegnern geschützt und verschleiert werden.[38] Von der Einstufungspraxis sind auch die Unterlagenbestände der politischen Leitung, militärischen Führung und des administrativen Rüstungsbereichs betroffen, die die Willensbildungs- und Entscheidungsprozesse zur Rüstungsplanung in der Zeitphase von 1989 bis 1994 dokumentieren.

Die dürftige Forschungslage und der unerschlossene Quellenbestand konfrontieren mit der methodologischen Problematik, welche Unterlagen, Darstellungen

---

[34] Reinfried, Streitkräfte und Bundeswehrverwaltung; Reinfried/Steinebach, Die Bundeswehrverwaltung.
[35] Vgl. Rink, Die Bundeswehr, S. 18 f.
[36] Krüger, Probleme; Krüger, Ein Schriftgutkatalog.
[37] Kollmer, Rüstungsgüterbeschaffung, S. 15. Vgl. Karl, Die Bundesrepublik als integrationspolitischer Musterschüler?, S. 233.
[38] Vgl. Anspach/Walitschek, Die Bundeswehr als Auftraggeber, S. 64 f.; Kollmer, Rüstungsinterventionismus, S. 132; Mechtersheimer, Rüstung und Politik, S. 10.

und Methoden für den Themenkomplex in Art und Umfang geeignet sind. Da
im Rahmen der Arbeit Rüstung in seinem funktionalen Sinne als ein »ständiger
Prozess« zur auf einer Zielvorstellung basierenden Ausrüstung der Truppe definiert wird,[39] fußt die Untersuchung in ihrer Grundlinie auf dem Prozesselement
Planung. Wie eingangs aufgeführt bildet die Planung den grundlegenden, in die
Zukunft gerichteten geistigen Vorgriff und Steuerung zur gezielten Weiterentwicklung einer definierten Langfristvorstellung.[40] Die organisations-, operations-, finanz-
und politikgeschichtliche Berücksichtigung der für den Prozess Rüstungsplanung
wichtigen voneinander abhängenden Faktoren erfordert die Einbeziehung von
Aspekten der Streitkräftestruktur, Ressourcenlage und Einsatzkonzeption etc. der
Bundeswehr. Daher wurden wegen der Quellenproblematik methodische Ansätze
von Militärgeschichte und -soziologie sowie Politik- und Wirtschaftswissenschaften
in das Forschungsfeld Rüstungsgeschichte interdisziplinär eingebunden.

Die Arbeit stützt sich aufgrund der Quellenproblematik auf Unterlagen, die die
Bundesregierung, das Verteidigungsministerium, die Bundeswehr und der Bundestag
in den 1980er- und in der ersten Hälfte der 1990er-Jahre veröffentlichten. Vorrangig
wurden Veröffentlichungen wie die Weißbücher, Verteidigungspolitischen Richtlinien
und Bundestagsdrucksachen genutzt, die zum Zeitpunkt ihrer Herausgabe normativ
die Lage und Weiterentwicklung der Bundeswehr dokumentieren. Diese Quellen
weisen einen offiziellen und offiziösen Charakter auf und bieten wegen ihrer Funktion
als schriftliches Organsationsmittel bzw. Element der Presse- und Informationsarbeit
einen informativen Zugang zum Komplex Rüstungsplanung. Den vertiefenden Ein-
blick zur Thematik ermöglichten die Teilnahme an Rüstungssymposien, persönliche Gespräche und Erfahrungsaustausche mit Zeitzeugen, Vorgesetzten und
Kameraden aus der Bundeswehr. Unterstützt wurde diese Zugangsmöglichkeit der
Erkenntnisgewinnung durch die Nutzung von unveröffentlichten Quellen. Das
von Generalmajor a.D. Jürgen Reichardt überlassene Handaktenmaterial umfasst
im Schwerpunkt das Jahr 1989 und dokumentiert die Komplexität, Probleme und
Herausforderungen zur Zukunfts- und Rüstungsplanung der Bundeswehr aus der
Perspektive des Planungsstabes ein halbes Jahr vor dem Fall der Mauer. Der Wert der
Unterlagen resultiert aus der Stellung und dem Aufgabenbereich des Planungsstabes
im Gefüge des Verteidigungsministeriums. Als Arbeitsstab unterstand dieser dem
Minister direkt und unterstützte ihn »bei der langfristigen militärstrategischen
und verteidigungspolitischen Grundlagenplanung durch die Erarbeitung von
Denkmodellen und Analysen«.[41] Der Aufgabenbereich des Stabes umfasste unter anderem die Sicherheitspolitik, die Bundeswehrplanung, Struktur und Rüstung und
den Haushalt, einschließlich der »Erarbeitung der Weißbücher«.[42] Zur Berarbeitung
der vom Minister erteilten bzw. vom Leiter Planungsstab delegierten Arbeitsaufträge
war er »an keinen Dienstweg gebunden [und besaß] ein fast unbeschränktes«

---

39   Rothenberger, Die Rüstungsführung, Teil 1, S. 16. Vgl. Heusmann, Der Rüstungsprozess, S. 265.
40   Vgl. Zedler, Planungs- und Führungssystem, S. 200.
41   Ergänzende Geschäftordnung des Bundesministeriums der Verteidigung. Zit. aus: Rühle, Der
      Planungsstab, S. 25; Vgl. Bertele, Der Planungsstab, S. 26 f.
42   Bertele, Der Planungsstab, S. 26.

Informationsrecht.[43] Für die Entwicklung von Problemlösungen und Standpunkten sowie bei der Erabreitung von Empfehlungen für den Minister, besonders für Grundlagendokumente, stand der Planungsstab im interaktionalen Ausstausch mit den Streitkräften und der Bundeswehrverwaltung sowie im interministeriellen Ausstausch mit anderen Ressorts und Institutionen. Die über diese Instanzen und deren Stabswege eingeholten und gewonnenen Informationen, Erkenntnisse und Abstimmungsergebnisse waren für den Planungsstab in dessen Aufgabenbearbeitung essenziell. Im Jahr 1989 flossen die gewonnenen Arbeitsergebnisse und Sachstände unter anderem in die Vorarbeiten und Eckpunkte für ein neu zu fassendes Weißbuch ein, die den damaligen Zustand der Bundeswehr und die Zielvorstellung für die weitere Entwicklung dokumentieren.[44] Aufbauend auf Ansprechen, Beurteilen, Folgern sind die vom Planungsstab verfassten Weißbucheckpunkte und weiterer Unterlagen in einem militärisch nüchternen Stil verfasst und zeigen die 1989 bestehenden Probleme und Spannungsfelder in der Bundeswehr, inklusive der Lösungsvorschläge zur ursprünglich auf das Jahr 2000 abzielenden Weiterentwicklung von Streitkräften und Bundeswehrverwaltung auf.[45]

Auf dieser Grundlage wurden zur weiterführenden Informationsgewinnung die Militärfachzeitschriften »Soldat und Technik« sowie »Wehrtechnik« genutzt. Das eminente Charakteristikum dieser Medien ist, dass die Bundeswehr an den redaktionellen Entstehungsgängen im Untersuchungszeitraum mitwirkte, da beide Publikationsorgane in den Streitkräften und der Bundeswehrverwaltung als Truppenzeitschriften zur Informationsarbeit eingesetzt wurden.[46] In ihrer Funktion als militärfachliche Informations- und Diskursmedien thematisierten diese die sicherheitspolitischen, militärischen und wehrtechnischen Themen der damaligen Zeit.[47] Hierzu verfassten Angehörige aus den Organisationsbereichen Streitkräfte und Bundeswehrverwaltung sachbezogene Artikel, die zur Informations-, Wissens- und Erkenntnisvermittlung von aktuellen Vorhaben, Ereignissen und Entwicklungen dienten.[48] Zur Darstellung, Beschreibung und Präsentation der in den Beiträgen aufgeführten Themen, Leitgedanken, Probleme oder Sach- und Zukunftsdarstellungen stützten sich die Autoren auf verwendbare dienstliche Unterlagen, Informationsschriften und Positionspapiere, um damit den eigenen Standpunkt oder den der von ihnen repräsentierten Dienststelle darzulegen.[49] Die Fachzeitschriften stellen in ihrer Gesamtheit eine gehaltvolle Erweiterung zu den normativen, amtlichen Quellen dar. Die hier publizierten Texte, Grafiken und Tabellen sowie Interviews bieten einen Zugang zu verschiedenen Aspekten der Rüstungsplanung, die die Konzeption,

---

43 Ebd. Vgl. Rühle, Der Planungsstab, S. 25 f.
44 Beischreiben GM a.D. Reichardt zu BMVg (Hrsg.), Punkte Entwurf Weißbuch 1989. Vgl. Bertele, Der Planungsstab, S. 26.
45 Unterlagen Generalmajor a.D. Jürgen Reichardt, zukünftig zit. als Depos. GM a.D. Reichardt.
46 Für die Zeitschrift »Soldat und Technik« (S&T) vgl. Kerkhof, Militärfachzeitschriften, S. 73. Für die Zeitschrift »Wehrtechnik« (WT) siehe exemplarisch das Impressum in WT, 1/1989, o.S. Vgl. Brigadegeneral Raimund-Max Rothenberger. In: WT, 6/1989, S. 88.
47 Einleitend Pöhlmann, Die Militärfachzeitschrift, S. 8.
48 Angaben über den Verfasser weisen in der Regel Informationen über Rang und Dienststellung auf.
49 Vgl. Schriftliche Antwort GM a.D. Reichardt vom 21.12.2015, S. 1–2, hier S. 2; schriftliche Antwort BG a.D. Hans-Christoph Ammon vom 18.12.2015.

Planung, Entwicklung und Beschaffung sowie Nutzung von Wehrmaterial betreffen. Jedoch sind die Militärfachzeitschriften mit einem Problem behaftet: Im Gegensatz zu den in wissenschaftlichen Fachzeitschriften publizierten Beiträgen unterliegen die in den Militärfachzeitschriften veröffentlichten Aufsätze und Darstellungen keinen Regeln und Standards zur Angabe und Belegbarkeit von genutzten Quellen.[50] Das Fehlen von Beleg- und Zitierregeln verdeutlicht das von Markus Pöhlmann festgestellte methodische Problem, dass die Nutzung der Quellengattung Militärfachzeitschrift mit sich bringt. Nach Pöhlmann lässt sich mit »einer geschickt ausgewählten Einzelquelle [...] so ziemlich jede Argumentation untermauern«.[51] Zur Vermeidung einer auf einer Einzelquelle fussenden unfundierten Beweisführung schlägt er vor, die Mediadaten über die Zeitschrift, die Autorenschaft und den Entstehungsgang des Textes in der Quellenkritik zu berücksichtigen.[52] Im Rahmen dieser Arbeit wurde dieser Ansatz aufgegriffen und erweitert, indem neben den genutzten Primärquellen Brancheninformationsdienste[53], Informationsschriften von Rüstungsindustrie und Friedensforschung sowie Internetquellen und Handbücher hinzugezogen und abgeglichen wurden.[54] Hervorzuheben ist, dass die genutzten Unterlagen, Fachzeitschriften und Publikationen keinen Ersatz für eine erforderliche Akteneinsicht bilden. Denn die Quellenproblematik verleitet zu einer teleologischen Geschichtsschreibung zum Komplex Rüstungsplanung, die sich aus der unkritischen Übernahme von aktuellen politischen Debatten und Presseberichten und den damit verbundenen Narrativen zu aufgetretenen oder vermeintlichen Problemen in der Ausrüstung der Truppe ergeben kann. Eine solche mit Jetzt-Bezug verfolgte Sichtweise vernachlässigt die Tatsache, dass die Entwicklung und Beschaffung von Wehrmaterial zeit- und arbeitsintensiver als die von Konsumgütern ist.

Die vorliegende Arbeit ist inhaltlich in fünf Abschnitte gegliedert: Der erste setzt sich mit der Rüstungsorganisation der Bundeswehr im Jahr 1989 auseinander und legt für die folgenden Abschnitte die Grundlage in der Betrachtung der voneinander abhängenden organisatorischen Elemente, die die Ausrüstung der Truppe planen und steuern. Unter besonderer Berücksichtigung des Aspekts Planung zeigt der Abschnitt überblicksartig die Strukturen der komplexen Aufbau- und Ablauforganisation des Rüstungsbereichs der Bundeswehr auf. Im zweiten Abschnitt, der als rüstungspla-

---

[50]   Exemplarisch ist Rothenbergers zweiteiliger Aufsatz. Im zweiten Teil verweist er auf den Kontext der Rüstungsführung mit der Bundeswehrplanung. Hierzu stützt er sich auf Textpassagen des Weißbuches von 1985. Vgl. Rothenberger, Die Rüstungsführung, Teil 1, S. 110, in Verbindung mit BMVg, Weißbuch 1985, S. 181.

[51]   Pöhlmann, Die Militärfachzeitschrift, S. 8.

[52]   Vgl. ebd., S. 9.

[53]   Besonders »Wehrdienst. Der Informationsbrief für die Verteidigungswirtschaft«, der unter der Bezeichnung »Griephan-Brief« geläufiger ist.

[54]   Exemplarisch das Handbuch der Bundeswehr und der Verteidigungsindustrie 1987/88; siehe auch die Jahrgänge bis 1994. Die Ausrüstungsentwicklung der Bundeswehr aus Sicht der DDR wird dargestellt in dem Band Die Streitkräfte der NATO auf dem Territorium der BRD. Nach Wegmann, Die Militäraufklärung, S. 395, 428 f., insbesondere S. 438, handelt es sich hierbei um eine Publikation der Verwaltung der Aufklärung der NVA (militärischer Nachrichtendienst). Insgesamt gibt das Werk über die Streitkräfte der NATO auf dem Gebiet der Bundesrepublik trotz seiner ideologischen Note einen Überblick über das von der NATO genutzte sowie zu beschaffende Wehrmaterial und die Einsatzkonzepte (bis Stand 1983).

nerische Bestandsaufnahme des Jahres 1989 angelegt ist, werden die Bedrohung durch den Warschauer Pakt und die hierauf ausgerichtete Rüstungsplanung der Bundeswehr dargestellt. Thematisiert werden die rüstungsplanerischen Eckpunkte einer auf das Jahr 2000 abzielenden »Stärkung der konventionellen Fähigkeiten zur nachhaltigen Vorneverteidigung«.[55] Neben der auf operativen Vorstellungen beruhenden Ausrüstungskonzeption wird hierzu die gleichzeitig einhergehende Planung zur Heeresstruktur 2000 einbezogen, da die beiden Planungskategorien Ausrüstung und Struktur wegen ihrer planerischen Abhängigkeiten und Wechselwirkungen einander bedingen.[56] Umgesetzt werden sollten die dabei eingeplanten Rüstungsvorhaben mit einer umstrukturierten Rüstungsorganisation, deren Neuordnungsprozess mit seinen planerischen Auswirkungen im dritten Abschnitt behandelt wird. Aufbauend auf der rüstungsplanerischen Bestandaufnahme und der Neuordnung der Rüstungsaufgaben wird im vierten Abschnitt der Anpassungsprozess der Materialbedarfsplanung in der Zeitphase von 1990 bis 1994 dargelegt. Ausgehend von den einheitsbedingten Vorgaben zur Umstrukturierung der Streitkräfte ist dieser Abschnitt, wegen der komplexen, sich ständig verändernden finanziellen und strukturellen Planungsgrößen bei sich zeitgleich grundlegend wandelnden sicherheitspolitischen Rahmenbedingungen, in Teilabschnitte untergliedert. Der erste setzt sich mit der einheitsbedingten Fortschreibung der Rüstungsplanung in der kurzen Spanne von Januar 1990 bis Juni 1991 auseinander. Darauf aufbauend wird die Anpassung der Rüstungsplanung an ein postkonfrontatives Sicherheitsumfeld nach folgenden Gesichtspunkten untersucht:
– den Zielgrößen Struktur und Finanzvolumen (Juli 1991 bis Februar 1992),
– der rüstungsplanerischen Anpassung an die von Politik und Bündnis bestimmten Vorgaben (1992) und
– der haushaltsbedingten Nachsteuerung der Rüstungsplanung bei gleichzeitiger Ausrüstung für den Out-of-area-Einsatz in Somalia.
Weiter wird die fortgesetzte Straffung der Rüstungsorganisation thematisiert, um zu beleuchten, wie die Bedarfsdeckung mit knappen Haushaltmitteln umzusetzen war. Kursorisch ist in dem vierten Abschnitt eine Darstellung des Übernahme- und Abwicklungsprozesses des NVA-Wehrmaterials in die Bundeswehr eingebunden, um zu prüfen, ob dieses eine Beschaffungsalternative zu dem eigentümlichen Material der Bundeswehr darstellte. Der letzte Abschnitt schließt die Arbeit mit einer Ergebniszusammenfassung ab.

---

55 Depos. GM a.D. Reichardt, Fü S VI. Punkt[at]ion zu Prioritäten Bundeswehrplanung für Vortrag GenInsp bei AGV 13./14.3.1989, Bl. 1–4, hier Bl. 1.
56 Vgl. Rink, Das Heer der Bundeswehr, S. 138.

II. Die Rüstungsorganisation der Bundeswehr 1989 – ein struktureller Überblick

1. Die militärisch-administrative Aufbauorganisation

Für die Rüstungsplanung der Bundeswehr gilt der Grundsatz: Die »Streitkräfte definieren und fordern ihren Bedarf an, die Bundeswehrverwaltung hat den Bedarf zu decken«.[1] Auf dem noch heute gültigen grundgesetzlichen Trennungsprinzip, das die bewaffnete Macht der Bundesrepublik in Streitkräfte (Art. 87a GG) und Bundeswehrverwaltung (Art. 87b GG) einteilt, basierte 1989 die Rüstungsorganisation der Bundeswehr. Entsprechend dieser Einteilung fungieren Heer, Marine und Luftwaffe als Bedarfsträger, für die der zivile Rüstungsbereich als Bedarfsdecker das Wehrmaterial entwickelt und beschafft (Abb. 1).[2]

Die organisatorische Ausgestaltung des Bedarfsdeckers fußte im Jahr 1989 auf dem Rahmenerlass zur Neuordnung des Rüstungsbereiches des Bundesministeriums der Verteidigung vom 28. Januar 1971.[3] Gemäß Erlass bildete der administrative Rüstungsbereich mit seinen ministeriellen und durchführenden Ebenen eine »funktionale Einheit«,[4] die die »technische[n], wirtschaftliche[n], führungsmäßige[n] und vollziehende[n]« Aufgaben zur Entwicklung und Beschaffung von Wehrmaterial beinhaltete.[5] Unter der Leitung des Rüstungsstaatsekretärs umfasste der zivile Rüstungsbereich auf der ministeriellen Ebene die Hauptabteilung Rüstung.[6] Ihr unterstellt war auf der nachgeordneten Ebene der Durchführungsbereich, der sich 1989 wie folgt zusammensetzte:
- aus dem Bundesamt für Wehrtechnik und Beschaffung (BWB),
- den sieben Wehrtechnischen Dienststellen (WTD),
- dem Marinearsenal mit seinen zwei Betriebsstätten,
- den fünf Beschaffungsdienststellen und
- den vier wehrwissenschaftlichen Dienststellen.[7]

---

[1] Reinfried, Streitkräfte und Bundeswehrverwaltung, S. 61. Vgl. BMVg, Weißbuch 1985, S. 350.
[2] Vgl. Rothenberger, Die Rüstungsführung, Teil 1, S. 16.
[3] BMVg, Rahmenerlaß Rüstungsbereich. Zur Entstehung des Erlasses vgl. Gläser, Organisation, S. 118−120.
[4] Reinfried/Steinebach, Die Bundeswehrverwaltung, S. 109.
[5] BMVg, Rahmenerlaß Rüstungsbereich, S. 3.
[6] Anspach/Walitschek, Die Bundeswehr als Auftraggeber, S. 51.
[7] Vgl. Das Bundesamt für Wehrtechnik und Beschaffung, S. 697−701. An Wehrtechnischen Dienststellen existierten die WTD 41 für Kraftfahrzeuge und Panzer, WTD 51 für Pionier- und Truppengerät, WTD 52 für Sprengmittel und Sondertechnik, WTD 61 für Luftfahrtgerät der Bundeswehr, WTD 71 für Schiffe und Marinewaffen, WTD 81 für Fernmeldewesen und Elektronik

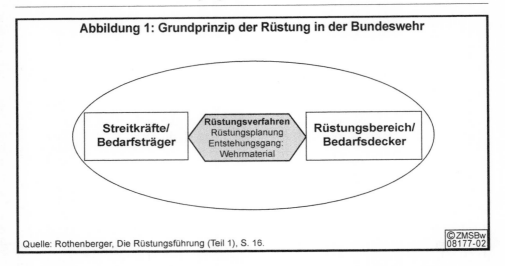

Abbildung 1: Grundprinzip der Rüstung in der Bundeswehr

Streitkräfte/
Bedarfsträger

Rüstungsverfahren
Rüstungsplanung
Entstehungsgang:
Wehrmaterial

Rüstungsbereich/
Bedarfsdecker

Quelle: Rothenberger, Die Rüstungsführung (Teil 1), S. 16.

©ZMSBw
08177-02

Hierin waren die wissenschaftlichen, technischen und kaufmännischen Organisationseinheiten strukturell konzentriert, die den zivilen Rüstungsbereich zur
Breiten- und Tiefenrüstung befähigten.[8]

Der Grundgedanken zur aufbauorganisatorischen »Konzentration der Kräfte« in
einem Rüstungsbereich,[9] der damals wie heute nicht in die Teilstreitkräfte (TSK)
strukturell integriert ist, basierte 1989 auf dem Grundgedanken, den Bedarf an
Wehrmaterial zentral zu decken.[10] Laut Anspach und Walitschek sollte mit dieser
Bundeswehrlösung sichergestellt werden, dass »kein Nebeneinander von getrenn-
ten Beschaffungsorganen der Teilstreitkräfte gegeben ist, die miteinander in einem
schädlichem Wettbewerb um Haushaltsmittel und Industriekapazitäten stehen«.[11]
Mit der Konzeption, die Entwicklung und Beschaffung von Wehrmaterial für Heer,
Marine und Luftwaffe zentral durch einen Rüstungsbereich zu realisieren, wird
seit der Aufstellung der Bundeswehr ein Ansatz verfolgt, der ein organisatorischer
Gegenentwurf zu der von der Wehrmacht praktizierten Rüstungspolykratie ist.
Strukturell verfügten die drei Wehrmachtteile jeweils über eigene Dienststellen zur
Forschung, Entwicklung und Beschaffung von Wehrtechnik.[12] Diese Aufsplitterung

---

und die WTD 91 für Waffen und Munition. Die wissenschaftlichen Dienstellen umfassten das
Bundesinstitut für chemisch-technische Untersuchungen beim BWB, das Wehrwissenschaftliche
Institut für Materialuntersuchungen, die Wehrwissenschaftliche Dienststelle der Bundeswehr für
ABC-Schutz und die Forschungsanstalt der Bundeswehr für Wasserschall und Geophysik.

8   Vgl. Das Bundesamt für Wehrtechnik und Beschaffung, S. 698; Gläser, Organisation, S. 117.
9   BMVg, Rahmenerlaß Rüstungsbereich, S. 3.
10 Vgl. Reinfried, Streitkräfte und Bundeswehrverwaltung, S. 50 f.; Reinfried/Steinebach, Die
    Bundeswehrverwaltung, S. 32.
11 Anspach/Walitschek, Die Bundeswehr als Auftraggeber, S. 51. Vgl. Gläser, Organisation, S. 117.
12 Vgl. Kroener, Generaloberst Friedrich Fromm, S. 387–394, 874 (Anm. 224). Verantwortlich für
    die Ausrüstung des Heeres war seit 1939 der Befehlshaber des Ersatzheeres und Chef Heeresrüstung
    mit dem Heereswaffenamt und den nachgeordneten Heeresversuchsanstalten. Für die Luftwaffe or-
    ganisierte das im Reichsluftfahrtministerium vom Generalluftfahrzeugmeister geführte Technische
    Amt die Luftwaffenrüstung. Dem Marinewaffenamt und Amt Kriegsschiffbau oblag die Ausrüstung
    der Über- und Unterwasserkräfte der Kriegsmarine.

führte bei den verfügbaren knappen Ressourcen dazu, dass Heer, Luftwaffe und Kriegsmarine um Personal und Rohstoffe konkurrierten.[13] Aus dem Fehlen einer zentralen Rüstungsplanung und -organisation ergab sich in Verbindung mit den Kapazitätsproblemen und den Eingriffen des ›Führers und Obersten Befehlshabers der Wehrmacht‹, Adolf Hitler, eine operationelle, zeitliche und wirtschaftliche Ineffizienz in der Rüstungsgüterbeschaffung der Wehrmacht. Obwohl die Rüstungsorganisationen der Wehrmachtteile zusammen mit der Industrie hochwertige Wehrtechnik entwickelten und produzierten, hatte deren Nebeneinander für die kämpfende Truppe denn nachteiligen Effekt, dass sie zu spät über zu wenig Wehrmaterial verfügte.[14]

Das Kernelement des zivilen Rüstungsbereichs, der 1989 mehr als 19 500 Angehörige umfasste, bildete mit ihren ca. 500 Mitarbeiterinnen und Mitarbeitern die Hauptabteilung Rüstung (Rü) im Bundesministerium der Verteidigung (BMVg).[15] Unter der Leitung des Hauptabteilungsleiters Rüstung oblag dieser Organisationseinheit auf der ministeriellen Ebene die strategische Planung, Steuerung und Kontrolle der technischen und wirtschaftlichen Faktoren in der Rüstungsgüterbeschaffung für die Bundeswehr.[16] Unter dem Aspekt Planung bedeutet dies die primäre »Beratung der [politischen] Leitung und militärischen Führung, die Mitwirkung an der Bundeswehrplanung und die Aufstellung von Programmen zur Forschung, Entwicklung und Beschaffung« von Wehrmaterial.[17] Gegenüber dem nachgeordneten BWB, das die eigentliche technisch-wirtschaftliche Umsetzung der einzelnen Rüstungsvorhaben zu vollziehen hatte, übte die Hauptabteilung ihre Planungs- und Steuerungsfunktion nach dem hierarchisch-bürokratischen Top-down-Ansatz aus.[18] Durch die Mitwirkung und »Mitgestaltung [an] der Objektplanung« im operativen Rüstungsmanagement sowie die »Lenkung und Kontrolle des durchführenden Bereichs« sollte die direkte Beteiligung des Ministeriums bei den einzelnen Rüstungsvorhaben sichergestellt werden.[19] Damit bestand das Risiko, dass das Ministerium in das Realisierungsmanagement des ihm nachgeordneten BWB direkt eingriff. Denn anstatt die originäre vorhabenbezogene Kapazitäts- und Ressourcensteuerung im Rahmen der strategischen Bedarfsplanung zu realisieren, tendierte diese ministerielle Organisationseinheit bei den Rüstungsvorhaben zu einer eingreifenden ›Schräubchenkunde‹.

Der komplexen Leitungsfunktion zur Deckung des Materialbedarfs entsprechend, war die Hauptabteilung Rüstung nach technischen und wirtschaftlichen

---

13 Vgl. Kollmer, Rüstungsinterventionismus, S. 135; Heusmann, Der Rüstungsprozess, S. 263 f.
14 Exemplarisch Einsatz des Panzerkampfwagen V »Panther« in der Panzerschlacht bei Kursk. Dieses Waffensystem wies eine Vielzahl technischer Probleme im Gefecht auf. Vgl. Pöhlmann, Der Panzer, S. 398, 421–423, 479.
15 BMVg, Weißbuch 1985, S. 350. Vgl. Wirtgen, Aspekte aus der Geschichte des Rüstungsbereiches, S. 32.
16 Vgl. Depos. GM a.D. Reichardt, Grundsätzliches zur Rüstung. In: Planungsstab (Red.): Punkte Entw. Weißbuch 1989, Bl. 1–5, hier Bl. 1.
17 BMVg, Rahmenerlaß Rüstungsbereich, S. 3 und S. 8.
18 Vgl. Anspach/Walitschek, Die Bundeswehr als Auftraggeber, S. 51; BMVg, Rahmenerlaß Rüstungsbereich, S. 3, 15.
19 BMVg, Rahmenerlaß Rüstungsbereich, S. 3, 8.

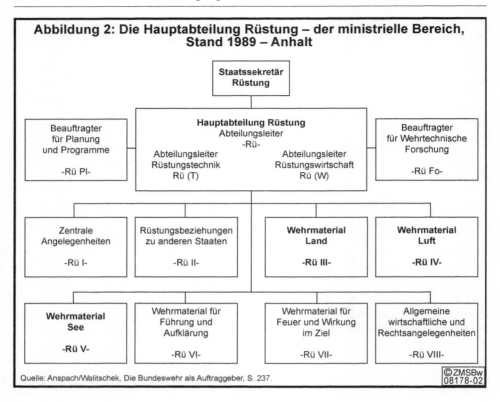

Abbildung 2: Die Hauptabteilung Rüstung – der ministrielle Bereich, Stand 1989 – Anhalt

Quelle: Anspach/Walitschek, Die Bundeswehr als Auftraggeber, S. 237.

©ZMSBw
08178-02

sowie rüstungspolitischen Aspekten gegliedert (Abb. 2).[20] Die zentrale Rolle nahmen die Unterabteilungen Wehrmaterial Land (Rü III), Wehrmaterial Luft (Rü IV) und Wehrmaterial See (Rü V) ein. Mit dieser Strukturierung wurde der wehrtechnische Dimensionsbezug »zu [den militärischen] Aufgabenbereichen« im Operationsraum,[21] wie denen zur Bekämpfung gegnerischer Landstreitkräfte,[22] des militärischen Bedarfsträgers hergestellt. Gemäß dieser Einteilung oblag den drei Unterabteilungen, laut Rahmenerlass, die »Beratung der Führungsstäbe der TSK« und sie fungierten »zugleich als deren Ansprechpartner in allen Angelegenheiten der Rüstung«.[23] Obwohl damit für Heer, Luftwaffe und Marine eigentlich keine spezifischen Unterabteilungen im Sinne von ›Wehrmaterial Heer‹ usw. vorgesehen waren,[24] entwickelte sich von 1971 bis 1989 zwischen den Teilstreitkräften und den Rüstungsunterabteilungen ein sich an der Materialverantwortung der Inspekteure orientierendes Couleurverhältnis.[25] So bildete sich zwischen der Unterabteilung

---

[20] Vgl. ebd., S. 4, 8–13. Gläser, Organisation, S. 120 f.
[21] Gläser, Organisation, S. 121.
[22] Naumann, Aufgabenorientierte Bundeswehrplanung, S. 252.
[23] BMVg, Rahmenerlaß Rüstungsbereich, S. 10.
[24] Vgl. Gläser, Organisation, S. 121.
[25] Vgl. BMVg, Rahmenerlaß Rüstungsbereich, S. 11. Anspach/Walitschek, Die Bundeswehr als Auftraggeber, S. 115.

Wehrmaterial Land und dem Führungsstab des Heeres ein wehrtechnischer Konnex heraus, der auf der Entwicklung und Beschaffung von Wehrtechnik für die Dimension Land beruhte.[26] Diese Herausbildung traf ebenfalls für das Wehrmaterial Luft und den Führungsstab der Luftwaffe sowie den Führungsstab der Marine und Wehrmaterial See zu.[27]

Zugleich übten die Unterabteilungen Wehrmaterial Land, Luft und See die ministerielle Steuerungsfunktion zur Kontrolle und Lenkung des Durchführungsbereiches sowie zur vorhabenbezogenen Mitwirkung im operativen Rüstungsmanagement des Entwicklungs- und Beschaffungsgang von Wehrmaterial (EBMat) aus.[28] Zur Umsetzung dieser Funktion verfügten die drei Unterabteilungen über direkte Weisungsbefugnisse gegenüber dem nachgeordneten Bereich. Da diese sowohl die getrennten Fachlichkeiten von Technik-/Technologiebearbeitung und Projektsteuerung umfassten, resultierten hieraus zwei verschiedene Instanzenwege:

– zum einem die Bearbeitung von wehrtechnischen Fragen im Rahmen der allgemeinen Aufgabenbearbeitung über die Hierarchie des Dienstwegs – die Linienorganisation – und
– zum anderen die Projektsteuerung im Rahmen des EBMat als Instanz in einer Matrixorganisation.[29]

Aus der vertikalen Parallelität von fachlichem und projektbezogenem Instanzenweg bildete sich zwischen dem ministeriellen und durchführenden Bereich eine Schnittstellen- und Steuerungsproblematik im operativen Rüstungsmanagement heraus.[30] Nach dem Urteil Heinz Gläsers (Präsident des BWB, 1984–1994) führte diese dazu, dass eine »zu kleinliche Projektüberwachung, verbunden mit dem Bestreben, allen denkbaren Fehler im Durchführungsbereich zuvorzukommen, die Versuchung nährte, die Arbeiten selbst durchzuführen, anstatt zu steuern«.[31] Dieses gegen die ministerielle Ebene gerichtete Verdikt bezog sich auf den Umstand, wonach die drei ministeriellen Unterabteilungen dirigistisch in das operative Rüstungsmanagement des BWB eingriffen,[32] so dass dieses »lediglich eine technisch-wirtschaftliche ›Zuarbeit‹ zu leisten hatte«.[33] In Zahlen hieß dies für das Jahr 1989, dass »150 größere und wichtige Systeme und Projekte [...] direkt vom Ministerium aus gesteuert« wurden,[34] wozu z.B. der Jäger 90 und der Kampfpanzer »Leopard 2« zählten. Zudem wurde die Autonomie des BWB dadurch eingeschränkt, dass die Hauptabteilung Rüstung die

---

26 Vgl. Anspach/Walitschek, Die Bundeswehr als Auftraggeber, S. 115.
27 Dem Inspekteur der Luftwaffe oblag zugleich die Materialverantwortung für die fliegenden (bemannten) Systeme von Heer und Marine.
28 Vgl. BMVg, Rahmenerlaß Rüstungsbereich, S. 10 f. Vgl. Gläser, Organisation, S. 121. In speziellen wehrtechnischen Fragen galt dies ebenfalls für die Unterabteilungen »Wehrmaterial Feuer und Wirkung im Ziel« sowie »Wehrmaterial Führung und Aufklärung« gegenüber dem BWB, wie bspw. in den Komponentenentwicklungen oder Studien.
29 Vgl. Gläser, Organisation, S. 121.
30 Vgl. ebd.
31 Ebd.
32 Vgl. Mann, Der Jubilar, S. 18 f.
33 Koerner, Das BWB und seine Dienststellen, S. 34.
34 Depos. GM a.D. Reichardt, Grundsätzliches zur Rüstung. In: Planungsstab (Red.): Punkte Entw. Weißbuch 1989, Bl. 1–5, hier Bl. 2.

Abbildung 3: Der Durchführungsbereich – das Bundesamt für Wehrtechnik und Beschaffung sowie die nachgeordneten Dienststellen

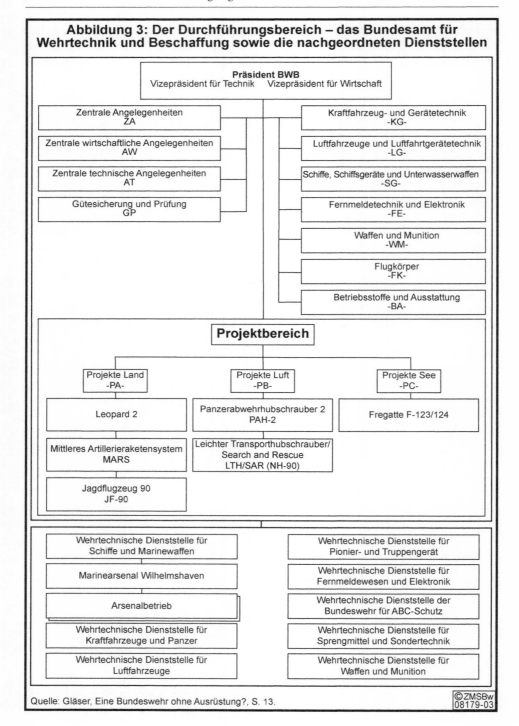

Präsident BWB
Vizepräsident für Technik   Vizepräsident für Wirtschaft

Zentrale Angelegenheiten
ZA

Zentrale wirtschaftliche Angelegenheiten
AW

Zentrale technische Angelegenheiten
AT

Gütesicherung und Prüfung
GP

Kraftfahrzeug- und Gerätetechnik
-KG-

Luftfahrzeuge und Luftfahrtgerätetechnik
-LG-

Schiffe, Schiffsgeräte und Unterwasserwaffen
-SG-

Fernmeldetechnik und Elektronik
-FE-

Waffen und Munition
-WM-

Flugkörper
-FK-

Betriebsstoffe und Ausstattung
-BA-

Projektbereich

Projekte Land
-PA-

Projekte Luft
-PB-

Projekte See
-PC-

Leopard 2

Panzerabwehrhubschrauber 2
PAH-2

Fregatte F-123/124

Mittleres Artillerieraketensystem
MARS

Leichter Transporthubschrauber/
Search and Rescue
LTH/SAR (NH-90)

Jagdflugzeug 90
JF-90

Wehrtechnische Dienststelle für
Schiffe und Marinewaffen

Marinearsenal Wilhelmshaven

Arsenalbetrieb

Wehrtechnische Dienststelle für
Kraftfahrzeuge und Panzer

Wehrtechnische Dienststelle für
Luftfahrzeuge

Wehrtechnische Dienststelle für
Pionier- und Truppengerät

Wehrtechnische Dienststelle für
Fernmeldewesen und Elektronik

Wehrtechnische Dienststelle der
Bundeswehr für ABC-Schutz

Wehrtechnische Dienststelle für
Sprengmittel und Sondertechnik

Wehrtechnische Dienststelle für
Waffen und Munition

Quelle: Gläser, Eine Bundeswehr ohne Ausrüstung?, S. 13.

©ZMSBw
08179-03

Budgetfestlegungen für die Entwicklungs- und Beschaffungsprogramme traf sowie Entschlussbefugnisse für Phasenentscheidungen dem EBMat besaß.[35]

Unter der Aufsicht der ministeriellen Hauptabteilung Rüstung fiel dem BWB die Aufgabe zu, unter Zuarbeit der ihm nachgeordneten Dienststellen die technisch-wirtschaftliche Realisierung der militärisch-taktischen Forderungen bei den Rüstungsprojekten umzusetzen.[36] Demnach fungierte das BWB als die Schnittstelle zwischen den TSK und der Rüstungsindustrie.[37] Auf Grundlage des Rahmenerlasses von 1971 war das BWB nach technisch-technologischen Gesichtspunkten in die Bereiche Technik und eine vorhabenbezogene Projekteabteilung gegliedert (Abb. 3).[38] Der Bereich Technik umfasste sieben Geräte-/Materialabteilungen, deren Aufgaben die Bearbeitung von allgemeinen wehrtechnischen Sachthemen zur materialbezogenen Komponentenentwicklung und die Durchführung von Studien sowie weiterführenden Fragen, z.B. zur Materialerhaltung, waren.[39] Hierzu erteilten sie den nachgeordneten selbstständigen Wehrtechnischen Dienststellen Prüfaufträge, die entsprechend der definierten wehrtechnischen Aufgabe mit Mess-, Prüf- und Testverfahren zur technisch-amtlichen Erprobung an Land-, See- und Luftfahrzeugen, Fernmeldematerial, Waffen oder sonstigem Wehrmaterial durchgeführt wurden.[40] Im Gegensatz zu den ministeriellen Unterabteilungen Wehrmaterial Land, See und Luft besaßen die Geräteabteilungen des BWB keinerlei Projektführungsfunktion, sondern leisteten für die Abteilung Projekte im BWB die gerätetechnische Zuarbeit für das konzipierte Rüstungsvorhaben, z.B. Funk und Waffe als Bestandteil in der Entwicklung und Beschaffung für ein Waffensystem.

Die Abteilung Projekte war in die Bereiche Land, Luft und See gegliedert und spiegelte somit den Projektanteil der ministeriellen Unterabteilungen auf der Durchführungsebene wider.[41] Während die Geräte-/Materialabteilungen neben ihren Tagesgeschäften und projektbezogener Zuarbeit für die Entwicklung und Beschaffung von als Gerät eingestuften Rüstungsgütern verantwortlich waren, wurden durch die Projektabteilung die als Waffensystem eingestuften Vorhaben realisiert.[42] Wegen der politischen und wirtschaftlichen Bedeutung sowie technischen Komplexität der Waffensystemvorhaben verkehrte die Projektabteilung prinzipiell di-

---

[35] Vgl. Mann, Der Jubilar, S. 18 f.
[36] BMVg, Weißbuch 1985, S. 353. BMVg, Rahmenerlaß Rüstungsbereich, S. 15.
[37] Koerner, Das BWB und seine Dienststellen, S. 34.
[38] Vgl. Gläser, Eine Bundeswehr ohne Ausrüstung?, S. 13; Das Bundesamt für Wehrtechnik und Beschaffung, S. 715–727; BMVg, Rahmenerlaß Rüstungsbereich, S. 16.
[39] Vgl. BMVg, Rahmenerlaß Rüstungsbereich, S. 16.
[40] Vgl. Stabenow, Die Erprobung, S. 23.
[41] Vgl. BMVg, Rahmenerlaß Rüstungsbereich, S. 15 f.; Gläser, Eine Bundeswehr ohne Ausrüstung?, S. 13.
[42] Gemäß BMVg, Rahmenerlaß Rüstungsbereich, S. 22 wird ein Waffensystem definiert als »ein aus materiellen und personellen Elementen bestehendes komplexes Kampfmittel, dem alle für die Einsatzbereitschaft [sic!] Geräte, Anlagen, Ausrüstungen, Dienste und Personen zuzurechnen sind«. Ein Projekt stellte danach den technischen Anteil des Waffensystems dar, doch musste dieses nicht zwangsläufig einem Waffensystem zugeordnet sein. Unter den Begriff Gerät fiel alles, was nicht als Waffensystem oder Projekt eingestuft wurde. Ab 1983 wurde das neu gegliedert, danach wurde ein Waffensystemvorhaben aus den »Systemelementen Technik – Wirtschaft – Infrastruktur – Logistik – Personal« usw. gebildet. Vgl. Anspach/Walitschek, Die Bundeswehr als Auftraggeber, S. 122.

rekt mit den Unterabteilungen Wehrmaterial Land, Luft und See der Hauptabteilung
Rüstung des Verteidigungsministeriums, wobei »eine rechtzeitige Unterrichtung
der Leitung« des Bundesamtes gewährleistet sein sollte.[43] Doch die aufbauorganisatorische Gliederung des BWB in die Abteilungsbereiche Technik und Projekte
sowie die Einteilung der Rüstungsprojekte in Geräte- und Waffensystemvorhaben
barg wegen der damit einhergehenden eigentümlichen Dienstwege in sich fachliche und wehrtechnische Schnittstellen- und Zuordnungsprobleme. Denn die technisch-wirtschaftliche Entwicklung und Beschaffung von qualitativ hochwertigem
Wehrmaterial erschwerte bei zuehmender Komplexität und steigenden Kosten die
für das Rüstungsmanagement erforderliche Einstufung des Wehrmaterials in System
und Geräte.[44] So war z.B. 1989 die Abteilung Kraftfahrzeugtechnik und Gerätetechnik für die Entwicklung des (letztendlich nicht realisierten) Jagdpanzers »Panther«
zuständig, während für den als System eingestuften Kampfpanzer »Leopard 2«
eine hierfür im Bereich Projekte gebildete Gruppe die Verantwortung trug.[45]
Obwohl es sich bei beiden Vorhaben um Kettenfahrzeuge handelte, spielen für
die Vorhabenunterscheidung System oder Gerät militär- und rüstungspolitische
Gründe – Budget, Stellenwert und Nutzung durch NATO-Partner usw. – eine
Rolle. Durch die Unterscheidung System und Gerät ergaben sich ablauforganisatorische Besonderheiten im BWB für die Entwicklung und Beschaffung. Während die
Geräteabteilungen in den hierarchisch bürokratischen Dienstweg eingebunden waren,
hatte die Projekteabteilung mit ihren Systemvorhaben einen anderen Instanzenweg
inne. Innerhalb des Bereichs Projekte wurde jeweils für ein als Waffensystem eingestuftes Vorhaben eine »Funktionseinheit« in Form einer Matrixorganisation gebildet.[46] Für diese hatten wiederum die Geräteabteilungen, bei gleichzeitigem Vollzug
ihrer originären Technik- und Facharbeiten, Zuarbeit zu leisten. Damit existierte im
BWB neben der hierarchischen Linienorganisation zugleich die Matrixorganisation,
die projektbezogen zu bilden war, um die Einbindung der erforderlichen Fachinstanzen bei der Umsetzung komplexer Systemvorhaben sicherzustellen.[47] Dies ge-
währleistete zwar eine Mehrperspektivität bei komplexen Waffensystemvorhaben,
um mit Hilfe dieser Organisationsform Kapazitäten, Ressourcen und Fachexpertisen
in der Planung, Entwicklung und Erprobung von Systemen zu bündeln.[48] Doch
barg die Matrixorganisation eine Reihe von Nachteilen in sich, die in deren komplexen Ablaufprozessen lagen, die mit Entscheidungsverzögerungen, einem großen
Abstimmungsaufwand und umfangreicher Dokumentation sowie einer »hohen
Konfliktdichte« einhergingen.[49]

Aufbauorganisatorisch stellte die Struktur des zivilen Rüstungsbereiches mit
der klassischen bürokratischen Linienorganisation und der projektbezogenen

---

[43]   BMVg, Rahmenerlaß Rüstungsbereich, S. 16.
[44]   Zur Vorhabenübersicht und Zuordnung für Systeme und Geräte siehe exemplarisch Das Bundesamt
       für Wehrtechnik und Beschaffung, S. 715–727.
[45]   Vgl. Abteilung Kraftfahrzeug- und Gerätetechnik (KG), S. 16 f.; Der Projektbereich, S. 82.
[46]   Gläser, Organisation, S. 124; BMVg, Rahmenerlaß Rüstungsbereich, S. 5 f.
[47]   Zu den Grundlagen der Matrixorganisation siehe Schreyögg, Organisation, S. 148–163.
[48]   Vgl. ebd., S. 156.
[49]   Ebd., S. 157.

Matrixorganisation auf der ministeriellen und durchführenden Ebene einen ver-
knüpfenden Dualansatz dar, mit dem eine moderne Organisationsform in die hierarchisch strukturierte Bürokratie der Wehrverwaltung für die Materialbedarfsdeckung
implementiert wurde. Auf diesem Wege sollte gewährleistet werden, dass der
zivile Rüstungsbereich seiner Verantwortung als Bedarfsdecker im Sinne der
Bundeswehrlösung gegenüber den Streitkräften gerecht werde. Jedoch beinhaltete
dieser Dualansatz für den Aufgabenvollzug ein strukturelles Spannungsfeld, das wegen des Abstimmungsaufwands, insbesondere in der instanzen- und fachübergrei-
fenden Matrixorganisation, das Risiko von Mehrfacharbeiten, Abhängigkeiten und
sich wiederholende Kontrollen im Rüstungsmanagement in sich barg.

Die Streitkräfte verfügten in ihrer Funktion als militärische Bedarfsträger über
Organisationseinheiten und Instanzen, die in die Kommandostrukturen der TSK
auf der ministeriellen und durchführenden Ebene nach dem aufbauorganisatorischen Prinzip der militärischen Stab-Linien-Organisation integriert waren. Auf der
ministeriellen Ebene waren dies der Generalinspekteur und die Inspekteure der
TSK mit ihren Führungsstäben. Bedingt durch die Konzeption der Bundeswehr
als Bündnisarmee »ohne Generalstab« und die 1970 angeordnete »Umgliederung
des militärischen Bereichs«, bekannt als Blankeneser Erlass zur Regelung der
Spitzengliederung, war lediglich den Inspekteuren in Form der TSK-Ämter ein
Durchführungsbereich in der Rüstungsgüterbeschaffung nachgeordnet (Abb. 4).[50] Die
Besonderheit auf der ministeriellen Ebene bestand darin, dass der Generalinspekteur
und die Inspekteure mit den ihnen unterstellten Führungsstäben wegen ihrer organisatorischen Zugehörigkeit zum Verteidigungsministerium neben der Ausübung
ihrer militärischen Führungsfunktion zugleich als Instanzen von ministeriellen
Abteilungen fungierten.[51] Während der Generalinspekteur die Stellung einer der
dem Minister nachgeordneten Instanz als Hauptabteilungsleiter innehatte und mit
seinem Führungsstab der Streitkräfte (Fü S) lediglich über einen reinen Arbeitsstab
für die von ihm zu verantwortende Planungsarbeit verfügte, übten die Inspekteure
mit ihren Führungsstäben eine Doppelfunktion aus. Als militärische Abteilungsleiter
waren die Inspekteure dem Generalinspekteur in dessen Aufgabenwahrnehmung
für die »Entwicklung und Realisierung einer Gesamtkonzeption der militärischen
Verteidigung« im Ministerium hierarchisch nachgeordnet.[52] Doch zugleich waren
die Inspekteure von Heer, Marine und Luftwaffe dem Verteidigungsminister für
die personelle, materielle und operationelle Einsatzbereitschaft ihrer TSK verantwortlich und besaßen hierzu ein »unmittelbares Vortragsrecht beim Minister«.[53]
Entsprechend ihrer damit verbundenen Funktion als truppendienstliche Vorgesetzte
nahmen die den Inspekteuren unterstellten Führungsstäbe Heer (Fü H), Luftwaffe
(Fü L) und Marine (Fü M) zugleich die Funktion der höchsten truppendienstli-

---

50 Rautenberg, Streitkräfte und Spitzengliederung, S. 114. Vgl. BMVg, Blankeneser Erlass, Anlage 2,
    S. 1–7, hier S. 4 f.; Anspach/Walitschek, Die Bundeswehr als Auftraggeber, S. 36.
51 Vgl. BMVg, Blankeneser Erlass. Anlage 2, S. 1–7, hier S. 1.
52 Ebd., S. 2.
53 Ebd. Dieselben Grundsätze galten für den Inspekteur des Sanitäts- und Gesundheitswesens.

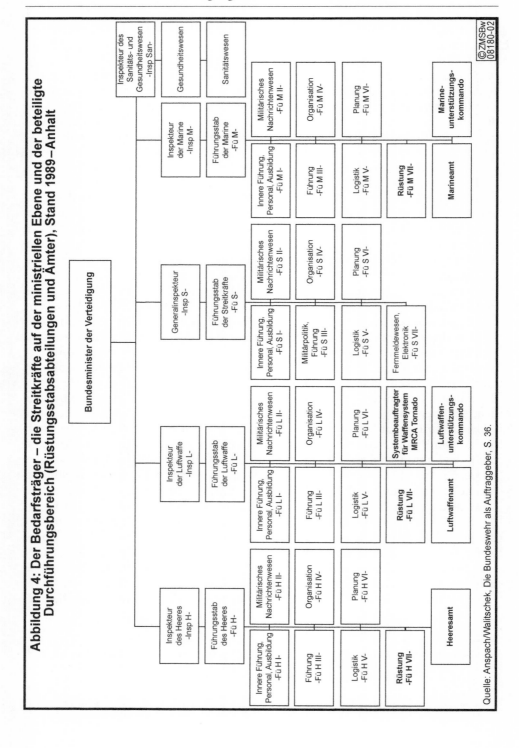

Abbildung 4: Der Bedarfsträger – die Streitkräfte auf der ministriellen Ebene und der beteiligte Durchführungsbereich (Rüstungsstabsabteilungen und Ämter), Stand 1989 – Anhalt

Quelle: Anspach/Walitschek, Die Bundeswehr als Auftraggeber, S. 36.

chen Kommandobehörden in der Struktur der jeweiligen Teilstreikraft wahr.[54] Der Führungsstab der Streitkräfte besaß dagegen keinen Status als Kommandobehörde.

Nach den im Blankeneser Erlass getroffenen Festlegungen für die militärische Spitzengliederung und den Bestimmungen des Rüstungsrahmenerlasses war die Rüstungsorganisation der Streitkräfte nach den Gesichtspunkten als militärischer Bedarfsträger strukturiert. Dem Generalinspekteur oblag als Gesamtverantwortlichem die Rüstungsplanung der Bundeswehr, die zugleich integraler Bestandteil der Bundeswehrplanung war. Als zyklisch fortzuschreibender Langzeitplanungsprozess umfasste die Bundeswehrplanung die »vorausschauende Führungs- und Verwaltungstätigkeit zur systematischen Weiterentwicklung der Bundeswehr«.[55] Auf Grundlage der von ihm jährlich erlassenen Planungsleitlinie hatten ihm hierzu die materialverantwortlichen Inspekteure und die zivilen Abteilungsleiter in Form von Vorschlägen zuzuarbeiten.[56] Diese unterzog der Generalinspekteur einer planerischen und operativen Beurteilung, die er an der mittelfristigen Finanzlinie des Verteidigungshaushalts orientiert priorisierte und sie jährlich im Bundeswehrplan zusammenfasste, der den Stand der Bundeswehrplanung respektive Rüstungsplanung dokumentierte.[57] Doch obwohl der Generalinspekteur die Planungsverantwortung für die Rüstung der Bundeswehr innehatte, besaß er hierzu »keine Weisungskompetenz gegenüber den übrigen Abteilungsleitern des Hauses in Sachfragen«,[58] da für diese – unter anderem die Überprüfung und Bewertung von Wehrmaterial nach taktisch-technischen Gesichtspunkten – die Inspekteure alleinverantwortlich waren. Diesbezüglich stellte der dem Minister unterstellte Planungsstab über die Stellung des Generalinspekteurs fest, dass diese erschwert sei, da »die militärischen Abteilungsleiter als Inspekteure ihrer Teilstreitkraft zugleich dem Minister für die Einsatzbereitschaft verantwortlich sind [, so dass] hinsichtlich Prioritätenentscheidungen bei der Zuteilung von Ressourcen [...] der Generalinspekteur auf [den] Rückhalt des Ministers angewiesen« sei.[59] Um Reibungsverluste zu minimieren, und zur Wahrung der konzeptionellen Einheit für die Weiterentwicklung der Streitkräfte, wurden teilstreitkraftübergreifend rüstungsrelevante Ressourcenfragen und operative Aufgabenprobleme zwischen dem Generalinspekteur und den Inspekteuren im Gremium des Militärischen Führungsrates besprochen und beschlossen.[60] Die in

---

54 Vgl. BMVg, Weißbuch 1985, S. 170; Rautenberg, Streitkräfte und Spitzengliederung, S. 117.
55 Planungserlaß, zit. nach: Zedler, Planungs- und Führungssystem, S. 200. Grundsätzlich ist zwischen ministerieller und durchführender Planung zu unterscheiden. Planung auf der ministeriellen Ebene zielt auf die Entscheidungsvorbereitung im Sinne einer Lagebeurteilung ab, während sich auf der durchführenden Ebene Planung auf die Realisierung bezieht. Anspach/Walitschek, Die Bundeswehr als Auftraggeber, S. 118; BMVg, Weißbuch 1985, S. 181–184. Mit der Neuausrichtung der Bundeswehr wurde die Bundeswehrplanung aufgegeben und ab 2010 in den Integrierten Planungsprozess implementiert.
56 Vgl. Depos. GM a.D. Reichardt, Bundeswehrplanung. In: Planungsstab (Red.): Punkte Entw. Weißbuch 1989, Bl. 1–5, hier Bl. 5.
57 Vgl. ebd. Schreiben des Generalinspekteurs an den Inspekteur des Heeres vom 11.5.1988, Bl. 1 f., hier Bl. 1.
58 Vgl. Depos. GM a.D. Reichardt, Bundeswehrplanung. In: Planungsstab (Red.): Punkte Entw. Weißbuch 1989, Bl. 1–5, hier Bl. 5.
59 Ebd., Bl. 1–5, hier Bl. 4 f.
60 Vgl. Rautenberg, Streitkräfte und Spitzengliederung, S. 117.

diesem Kollegium festgelegten Entscheidungen flossen sowohl in die Planungsarbeit des Generalinspekteurs als auch in die der Inspekteure ein.

Die Verantwortung der Inspekteure für die Erhaltung und Weiterentwicklung der Einsatzbereitschaft »ihre[r...] Teilstreitkraft« zielte darauf ab,[61] diese auf Grundlage der gültigen Konzeption und Struktur unter Berücksichtigung der verfügbaren Ressourcen so auszurüsten, dass sie über die Waffensysteme und Kampfmittel verfügten, die sie zur Auftragserfüllung befähigten.[62] In die Materialverantwortung der Inspekteure, denen laut Rüstungsrahmenerlass von 1971 zugleich die Federführung in der Entwicklung, Beschaffung und Nutzung von Wehrmaterial oblag, fiel die planerische Ermittlung des operativen Bedarfes.[63] Für die Feststellung, Planung, Durchführung und Kontrolle des Materialbedarfs, einschließlich der Materialbewirtschaftung zur Gewährleistung der logitischen Versorgungskette, unterstanden ihnen auf der ministeriellen Ebene die den TSK-Führungsstäben zugehörigen Stabsabteilungen V Logistik, VI Planung und VII Rüstung (z.B. für den Führungsstab des Heeres Fü H VII).[64]

Die Abteilungen VII, die sogenannten Rüstungsstabsabteilungen, bildeten für die Inspekteure das organisatorische Kernelement zur Ausrüstung ihrer Teilstreitkräfte. In dieser Stabsabteilung wurden Grundsatzangelegenheiten zur Ausrüstung der TSK und die Steuerung der militärischen Elemente im operativen Rüstungsmanagment des EBMat auf der ministeriellen Ebene geführt.[65] Zusammen mit den Vertretern der TSK-Stabsabteilung Planung stellten die Angehörigen der Rüstungsstabsabteilung den militärischen Anteil in den ständigen Studiengruppen dar, in denen der administrative Rüstungsbereich mit seinen Vertretern mitwirkte.[66] Den den TSK-Rüstungsstabteilungen angegliederten militärisch-administrativen Studiengruppen, z.B. im Fü H die Studiengruppe Kampf, oblag die Aufgabe, auf Grundlage eines festgestellten taktischen Problems »bestehende Ausrüstungslücken zu erkennen und nach entsprechenden Analysen erste Lösungen zu finden, deren Konkretisierung zur Ta[ktischen] F[orderung]« führt.[67] Als formulierendes Organisationselement des militärischen Bedarfsträgers unterstanden die Studiengruppen den Inspekteuren.[68] Denn die von ihnen zu erstellenden Taktischen Forderungen bildeten für die Inspekteure »die Entscheidung, welche Anforderungen an ein Kampfmittel zur Erfüllung bestimmter Aufgaben zu stellen sind«.[69] Hierzu hatten die Studiengruppen einen hohen militärisch-technischen Daten- und Informationsumfang zu verarbeiten.

Seitens des BWB stieß die organisatorische Einbindung der Studiengruppen in die Verantwortung der Inspekteure und deren Führungsstäbe auf Kritik. Denn

---

[61]   BMVg, Blankeneser Erlass, Anlage 2, S. 1–7, hier S. 1.
[62]   Vgl. Depos. GM a.D. Reichardt, StAL Fü H VI [Planung]: Heeresstruktur 2000 – Konzeptionelle Grundlagen Gedanken und Ausrüstungsplanung, 4.3.1988, Bl. 1–4; BMVg, HDv 100/900 Führungsbegriffe, o.S., Stichwort Einsatzbereitschaft.
[63]   Vgl. Anspach/Walitschek, Die Bundeswehr als Auftraggeber, S. 36, 115, 216 und 330.
[64]   Vgl. ebd., S. 36, 115, 215, 216.
[65]   Vgl. ebd., S. 36, 216.
[66]   Vgl. Gläser, Organisation, S. 131, 136 f., 149 f.
[67]   Anspach/Walitschek, Die Bundeswehr als Auftraggeber, S. 137.
[68]   Vgl. BMVg, Rahmenerlaß Rüstungsbereich, S. 22 f.
[69]   Ebd., S. 22.

aus ihrer Sicht war damit »die Gefahr [gegeben,] daß diese die Gesamtplanung [des Generalinspekteurs] nicht immer genügend beachten«,[70] sondern als Vertreter ihrer TSK vorrangig Heeres-, Marine- oder Luftwaffenperspektiven in den Studiengruppen einnahmen. Der Führungsstab der Streitkräfte war in den Studiengruppen nicht vertreten, da die Bearbeitung von Sachfragen, die auf die Schließung einer Ausrüstungslücke oder Schwachstellen abzielten, in die Zuständigkeit der TSK fiel. Der Führungsstab der Streitkräfte verfügte in seiner Funktion als Arbeitsstab des Generalinspekteurs über kein eigenständiges Rüstungsstabselement. Die Rüstung betreffende Fragen wurden im Führungsstab durch die Stabsabteilungen Planung (Fü S VI), Logistik (Fü S V) und das Rüstungsreferat in der Stabsabteilung Militärpolitik/Führung (Fü S III) im Rahmen der teilstreitkräfteübergreifenden Bundeswehrplanung bearbeitet.[71] Dem Führungsstab der Streitkräfte oblag die operative und planerische Bewertung von einzuplanenden Rüstungsvorhaben aus einer ganzheitlichen Streitkräfteperspektive. Im Fokus stand hierbei die systemische Einbindung des einzelnen Wehrmaterials und dessen Stellenwert für eine ganzheitliche Rüstungsplanung, um ein Optimum an Kampfkraft zu erzielen.

Den TSK-Führungsstäben waren auf der Durchführungsebene die TSK-Ämter nachgeordnet, die die zentralen nicht ministeriellen Rüstungsaufgaben für Heer, Marine und Luftwaffe bearbeiteten.[72] In den entsprechenden Abteilungen fungierten die Rüstungsgenerale bzw. der Rüstungsadmiral mit ihren Fachstäben als militärische Schnittstelle zwischen der bedarfsfordernden Truppe und dem BWB.[73] Im Heer war dies im Heeresamt (HA) der General der Heeresrüstung, dem im HA die Abteilung III unterstand. Im Aufgabenbereich Heeresrüstung hatten der General der Heeresrüstung und seine Abteilung III den Führungsstab des Heeres bei der Erarbeitung der TSK-spezifischen Ausrüstungsplanung im Zusammenhang mit der Rüstungsplanung zu unterstützen bzw. ihm zuzuarbeiten.[74] Zudem war das HA für die zentrale Steuerung der militärischen Elemente im EBMat verantwortlich, die laut Rothenberger das zu erreichende militärische Ziel haben, die »technische Leistungsfähigkeit [des Wehrmaterials] auch in reale Kampfkraft umzusetzen«.[75] Die Gesamtheit der vom HA und den anderen TSK-Ämtern zu leistenden Planungs- und Durchführungsaufgaben zielte zu den eigentlichen objektbezogenen Entwicklungs- und Beschaffungsarbeiten am Rüstungsvorhaben zugleich auf ein abgestimmtes Her- und Bereitstellen der militärischen Elemente Personal, Logistik, Einsatz und Führung sowie Ausbildung im Rahmen des EBMat ab, um die Wehrtechnik (z.B.

[70] Gläser, Organisation, S. 131 f.
[71] Vgl. Darstellung Führungsstab der Streitkräfte, S. 24 f.
[72] Vgl. Odendahl, Das Heeresamt, S. 92.
[73] Vgl. Anspach/Walitschek, Die Bundeswehr als Auftraggeber, S. 36, 218, 220−235.
[74] Vgl. Odendahl, Das Heeresamt, S. 92.
[75] Rothenberger, Die Rüstungsführung, Teil 2, S. 94. Allgemeingültig definiert die HDv 100/900 Kampfkraft als das »Leistungsvermögen von Truppen, die den Kampf unmittelbar führen«. BMVg, HDv 100/900 Führungsbegriffe, o.S., Stichwort Kampfkraft. Zusätzlich zum Terminus Fähigkeiten BMVg, Konzeption der Bundeswehr (2013), S. 61. »Fähigkeiten leiten sich aus operationellen Zielen ab, die den Grad der Aufgabenerfüllung beschreiben. Sie setzen sich aus einem oder mehreren funktionalen Bausteinen zusammen und besitzen zugehörige Ressourcen in allen Planungskategorien (Personal, Rüstung, Infrastruktur, Organisation, Betrieb)«.

den Schützenpanzer »Marder«) koordiniert in den Zustand der Einsatzreife zu bringen. Dies bedeutete, dass zu einem festgelegten Zeitpunkt bzw. in einer definierten Zeitphase das Wehrmaterial den Zustand der Truppenverwendbarkeit erreicht hat und der Truppe zugeführt wird und gleichzeitig alle technisch-wirtschaftlichen und militärischen Forderungen erfüllt worden sein mussten, damit die Wehrtechnik für Ausbildung, Übung und Einsatz langfristig genutzt werden konnte. Damit stand nicht nur die Entwicklung und Beschaffung des Rüstungsgutes an sich im Fokus, sondern dieser umfasste unter anderem zugleich die Fertigstellung der geforderten Infrastruktur zur Unterstellung in einer Liegenschaft, z.B. ein Flugzeughangar, das Herstellen der Ausbildungsbereitschaft und -kapazitäten, z.B. Ausbildungspersonal, Vorschriften, Ausbildungsgerät, Simulatoren und Schießbahnen für Schützenpanzer, oder die Bereitstellung von Versorgungskapazitäten und -mitteln, z.B. Werkstätten und -zeuge, Ersatzteile, Munition, Betriebs- und Schmierstoffe.[76]

In ihrer aufbauorganisatorischen Struktur stellten die Rüstungsstabsabteilungen der TSK-Führungsstäbe und die ihnen nachgeordneten Fachabteilungen der TSK-Ämter horizontal gespiegelte Organisationseinheiten zu denen des administrativen Rüstungsbereichs dar, um damit eine ebenengerechte Zusammenarbeit zwischen den Instanzen von Bedarfsträgern und zentralem Bedarfsdecker zu gewährleisten (Abb. 5). Ablauforganisatorisch war diese Trennung mit einer Vielzahl von Schnittstellen verbunden. Im zwischen den TSK und dem Rüstungsbereich für die Ausrüstung der Truppe zu führenden »ständigen Dialog« lag das Verantwortungsprimat bei den TSK,[77] das darauf ausgerichtet war, die militärischen Forderungen durchzusetzen.

Im Gegensatz zum administrativen Rüstungsbereich, der nach den Grundsätzen einer bürokratischen Hierarchie strukturiert worden war, wies der Organisationsbereich der Streitkräfte in Bezug auf die Verantwortlichkeiten und damit verbundenen Unterstellungsverhältnisse Besonderheiten auf. Während der Generalinspekteur verantwortlich für die Gesamtplanung zur Weiterentwicklung der Streitkräfte und dem Minister diesbezüglich als Instanz nachgeordnet war, regelte der Blankeneser Erlass, dass die Inspekteure dem Minister in Bezug auf die Einsatzbereitschaft ihrer TSK unmittelbar verantwortlich waren. Obwohl die Inspekteure dem Generalinspekteur zwar in Angelegenheiten der Bundeswehrplanung instanzlich unterstanden, bestand für sie die Möglichkeit, dem Minister direkt in Angelegenheiten zur Ausrüstung ›ihrer‹ Teilstreitkraft in Bezug auf deren Einsatzbereitschaft vorzutragen. Denn der Minister verfügte gemäß seiner politischen Verantwortung über die letztendliche Entscheidungs- und Verfügungsgewalt in den zur Rüstung zu treffenden haushalts- und militärpolitischen Entscheidungen.[78] Diese fällte er im Rahmen der vom Generalinspekteur zu verantwortenden Bundeswehrplanung in der Regel auf den Planungskonferenzen, die normalerweise zweimal im Jahr tagten: auf der ersten Planungskonferenz, die im Sommer tagte, in der ihm die festgelegte Planungsleitlinie dargelegt wurde, und auf der im Dezember abzuhaltenden zweiten

---

[76] Vgl. Rothenberger, Die Rüstungsführung, Teil 2, S. 94.
[77] BMVg, Rahmenerlaß Rüstungsbereich, S. 3.
[78] Vgl. Rautenberg, Streitkräfte und Spitzengliederung, S. 117; Feldmeyer, Auf dem Feuerstuhl, S. 355.

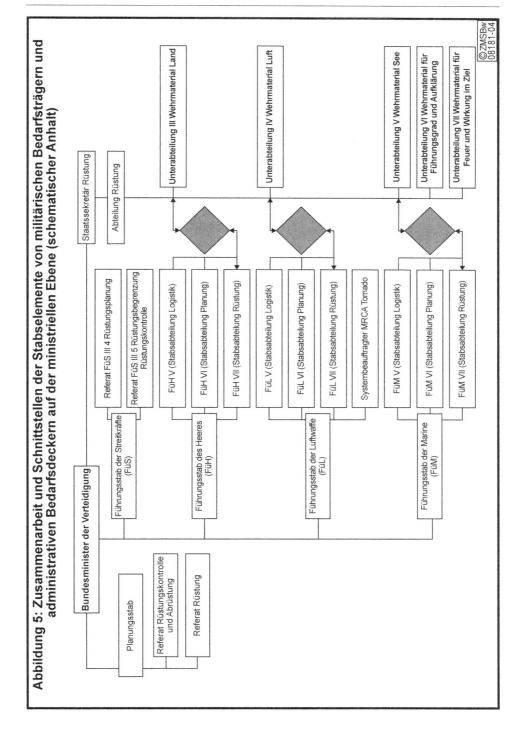

Abbildung 5: Zusammenarbeit und Schnittstellen der Stabselemente von militärischen Bedarfsträgern und administrativen Bedarfsdeckern auf der ministriellen Ebene (schematischer Anhalt)

Planungskonferenz, auf der das »Planungsergebnis dem Minister zur Billigung vorgestellt« wurde.[79]

Die auf die Funktionen Bedarfsträger und Bedarfsdecker strukturierte Aufbauorganisation der Rüstungsführung entspricht dem im Grundgesetz festgeschriebenen Trennungsgebot, doch resultiert hieraus ein steigender Grad an Komplexität, der entsprechende Ablaufprozesse zur Ausrüstung der Truppe auf der ministeriellen und durchführenden Ebene erforderte.

2. Rüstungsplanung und Entstehungs- und Beschaffungsgang Wehrmaterial – die Verfahren zur Ausrüstung der Streitkräfte

Der Ausrüstungsprozess der Bundeswehr umfasste zwei Verfahren: die langfristige Rüstungsplanung und den in deren Systematik als das operative Rüstungsmanagement integrierten EBMat. Um sicherzustellen, dass die militärisch-taktischen Forderungen im technisch-wirtschaftlichen Aufgabenvollzug entsprechend ihren Zuständigkeiten im Dialog umgesetzt wurden, bildeten die TSK und der Rüstungsbereich für die Zusammenarbeit mit ihren Organisationseinheiten und Instanzen spezielle Prozesselemente.[80]

Die Ausrüstung der Bundeswehr mit adäquatem Wehrmaterial orientierte sich unter Berücksichtigung der sicherheitspolitischen und militärstrategischen Vorgaben von NATO und politischer Leitung an den Fähigkeiten der Wehrtechnik und dem Streitkräftepotential des Warschauer Paktes.[81] Eine hierauf ausgerichtete systematische Weiterentwicklung zur Deckung des Materialbedarfs war abhängig von der Verfügbarkeit der durch die Politik zugewiesenen personellen, finanziellen und materiellen Ressourcen, dem wehrwirtschaftlichen Potential der Bundesrepublik sowie von den technischen und technologischen Entwicklungen unter zeitgleicher Berücksichtigung der völkerrechtlichen Rüstungsrestriktionen.[82]

Wegen der Vielzahl von ineinandergreifenden politischen, finanziellen und militärischen Faktoren und deren zeitlichen Abhängigkeiten im Rahmen der ganzheitlichen Weiterentwicklung der Bundeswehr war die Rüstungsplanung in das Planungssystem der Bundeswehrplanung integriert. Als Planungsprozess für die langfristige ganzheitliche Weiterentwicklung der Bundeswehr, die auf einen Zeithorizont von 15 Jahren abzielte, beinhaltete die Bundeswehrplanung neben der Rüstungsplanung systematisch die Entwicklung von Personal, Struktur, Betrieb sowie Forschung und Technologie und zudem Infrastruktur mit dem Ziel, dass im Planungszeitraum mit

---

[79] Depos. GM a.D. Reichardt, Bundeswehrplanung. In: Planungsstab (Red.): Punkte Entw. Weißbuch 1989, Bl. 1–5, hier Bl. 2. Zum Planungsprozess des Bundeswehrplans siehe BMVg, Weißbuch 1985, S. 181–184.

[80] Rautenberg, Streitkräfte und Spitzengliederung, S. 115.

[81] Vgl. Depos. GM a.D. Reichardt, Grundsätzliches zur Rüstung. In: Planungsstab (Red.): Punkte Entw. Weißbuch 1989, Bl. 1–5, hier Bl. 1.

[82] Depos. GM a.D. Reichardt, Planungsstab – AG Struktur: Rahmenbedingungen, 18.5.1989, Bl. 1–5, hier Bl. 3.

den disponiblen Ressourcen eine »hohe Verteidigungsfähigkeit [...] erreicht wird«.[83] Die Dokumentation des sich an festgelegten Material-, Struktur- und Personalzielen orientierenden Planungsprozesses wurde mit dem Bundeswehrplan »jährlich fortgeschrieben. Dadurch [war] es möglich, die Planung neuen oder geänderten Rahmenbedingungen anzupassen«.[84] Nach dem Planungsstab stellte der Prozess der Bundeswehrplanung den Versuch dar, »den Bedarf der Streitkräfte, welcher sich aus dem Auftrag ergibt, mit den voraussichtlich verfügbaren Mitteln zur Deckung zu bringen. Da die militärischen Erfordernisse die finanziellen Möglichkeiten übersteigen, müssen Prioritäten gesetzt und die Risiken des resultierenden Plans bestimmt und letztlich getragen werden«.[85]

Der jährlich vom Generalinspekteur zu erstellende und vom Minister zu billigende Bundeswehrplan diente als Grundlage für »die jährliche Anmeldung des Bw-Bedarfs für das nächste Haushaltsjahr und den nächsten Finanzplan des Bundes«.[86] Diese in den Haushaltsprozess des Bundes einzusteuernde finanzielle Bedarfsanmeldung war für die Rüstungsplanung erforderlich, weil die »militärische Ausrüstung nicht ›im Laden‹ zu kaufen« war.[87] Zudem dauerte die Entwicklung technisch komplexer Waffensysteme mit Stand 1989 »typisch 15 Jahre« und band langfristig die Finanzmittel im Verteidigungsbudget.[88] Bei der Vielzahl der gleichzeitig von Heer, Marine und Luftwaffe eingeplanten Wehrmaterialvorhaben bildeten die Entwicklungs- und Nutzungszeiten der Ausrüstung und das finanzielle Planungsvolumen den Handlungsspielraum für den Generalinspekteur als Verantwortlichen für die auftragsgerechte Planung.[89] Die bestimmende politische Vorgabegröße bildete für ihn die vom Verteidigungsminister gebilligte Finanzlinie mit den darin enthaltenen Ausgabevorgaben für Betrieb und Investitionen, die sich am mittelfristigen Finanzplan des Bundes orientierte.[90] Neben den politischen Vorgaben unterlag die Planungsarbeit des Generalinspekteurs internen Richtlinien, die sich auf streitkräftegemeinsame Angelegenheiten, militärische Aufgaben und Strukturen sowie Ausrüstungsprioritäten bezogen und die »durch ministerielle Billigung quasi-politischen Vorgabecharakter« erhielten.[91] Zu den internen ministeriellen Vorgaben

83 Vgl. BMVg, Weißbuch 1985, S. 342, sowie Schütz, Ausrüstungsplanung – Heer (1993), S. 26, Zitat ebd.
84 Depos. GM a.D. Reichardt, Bundeswehrplanung. In: Planungsstab (Red.): Punkte Entw. Weißbuch 1989, Bl. 1–5, hier Bl. 1.
85 Ebd., Bl. 2.
86 Ebd., Bl. 1.
87 Ebd.
88 Vgl. Depos. GM a.D. Reichardt, Grundsätzliches zur Rüstung. In: Planungsstab (Red.): Punkte Entw. Weißbuch 1989, Bl. 1–5, hier Bl. 1.
89 Vgl. Bayer, Der Einzelplan 14, S. 241, 252 f.; Achterberg, Rüstung, S. 40 f.
90 Vgl. Depos. GM a.D. Reichardt, Bundeswehrplanung. In: Planungsstab (Red.): Punkte Entw. Weißbuch 1989, Bl. 1–5, hier Bl. 1–3. Die Finanzlinie für die Bundeswehrplanung wird vom Generalinspekteur in Zusammenarbeit mit dem Abteilungsleiter Haushalt festgelegt und vom Minister gebilligt. Die Finanzplanung des Bundes ist eine auf fünf Jahre ausgerichtete Planung, während die Haushaltsplanung jeweils nur ein Jahr umfasst. Vgl. Bayer, Der Einzelplan 14, S. 241–252.
91 Depos. GM a.D. Reichardt, Planungsstab – AG Struktur; Rahmenbedingungen, 18.5.1989, Bl. 1–5, hier Bl. 3.

sind die im Militärischen Führungsrat gefassten Festlegungen zur Zuordnung von militärischen Aufgaben für Heer, Marine und Luftwaffe zu nennen, die z.B. auf einen effizienteren Einsatz der verfügbaren Personal- und Finanzressourcen abzielten.[92]

Den Ausgangspunkt für die in der Bundeswehrplanung eingebettete Rüstungsplanung bildeten die Verteidigungspolitischen Richtlinien, aus denen die Militärstrategische Zielsetzung abgeleitet wurde (Abb. 6).[93] Zur Erreichung des in der Militärstrategischen Zielsetzung festgelegten Zielzustandes wurde die Konzeption der Bundeswehr erarbeitet, auf deren Grundlage die TSK ihre Teilkonzeptionen erstellten bzw. anpassten. Entsprechend dem Prozesszyklus Ziel–Realisierung–Kontrolle fertigte der Generalinspekteur jährlich nach Beurteilung der Bedrohungslage, Planungsprioritäten und Finanzvorgaben eine an die TSK gerichtete Planungsleitlinie an.[94] Ableitend aus der damit verbundenen Weisungslage ließen die Inspekteure von Heer, Marine und Luftwaffe durch ihre Führungsstäbe bedrohungs- und finanzorientiert Planungsvorschläge erarbeiten, die dem Generalinspekteur vorgelegt wurden. Analog zur Bundeswehrplanung umfassten diese Vorschläge der TSK einen Zeithorizont von 15 Jahren und zeigten in Jahresschritten die geplante Materialentwicklung in Form der TSK-eigenen Ausrüstungspläne auf.[95] Nach den Teilkonzeptionen von Heer, Marine und Luftwaffe waren diese Pläne inhaltlich priorisiert und verdeutlichten die »Vorhaben zur Ausrüstung von Einheiten und Verbänden mit verschiedenen zueinander in Wechselbeziehung stehenden oder sich ergänzenden und aufeinander abgestimmten Waffensystemen, Projekten sowie Geräten«.[96] Verantwortlich für die Aufstellung und Fortschreibung der in den Ausrüstungsplänen eingesteuerten Vorhaben waren, unter der Zuarbeit der TSK-Ämter und Rüstungsstabsabteilungen, die Planungsstabsabteilungen der TSK-Führungsstäbe.[97] Die Planungsarbeit der TSK erfolgte in Zusammenarbeit mit der Hauptabteilung Rüstung, in der die Vorhaben auf ihre Realisierbarkeit überprüft sowie bewertet und mit entsprechenden Kosten-, Zeit- und Mengenvorstellungen in die Planungsvorschläge eingearbeitet wurden.[98]

Die eingereichten Planungsvorschläge unterzog der Generalinspekteur einer operativen und planerischen Bewertung, um diese mit dem knappen finanziellen Planungsvolumen in Einklang zu bringen und im Bundeswehrplan zusammenzufassen. Ein besonderes einzukalkulierendes planerisches Problem stellten für die

---

92 Depos. GM a.D. Reichardt, Bundeswehrplanung. In: Planungsstab (Red.): Punkte Entw. Weißbuch 1989, Bl. 1–5, hier Bl. 2 f.
93 Vgl. BMVg, Rahmenerlaß Rüstungsbereich, S. 21; BMVg, Weißbuch 1985, S. 182 f.; Anspach/ Walitschek, Die Bundeswehr als Auftraggeber, S. 23 f.; Schütz, Ausrüstungsplanung Heer (1994), S. 84.
94 Zum Komplex des Bundeswehrplans in der Systematik der Bundeswehrplanung siehe vertiefend BMVg, Weißbuch 1985, S. 182–184; Hartig, Der Bundeswehrplan, S. 391–396.
95 Vgl. Schütz, Ausrüstungsplanung Heer (1994), S. 84; BMVg, Rahmenerlaß Rüstungsbereich, S. 21.
96 BMVg, Rahmenerlaß Rüstungsbereich, S. 21. Die Konzeptionen der Teilstreitkräfte – Teilkonzeptionen – zeigen die abgeleiteten Ziel- und Planungsvorstellungen für militärische Teilbereiche auf, z.B. die Panzerabwehr. Vgl. Zedler, Planungs- und Führungssystem, S. 205.
97 Vgl. Schütz, Ausrüstungsplanung Heer (1994), S. 85.
98 BMVg, Rahmenerlaß Rüstungsbereich, S. 21.

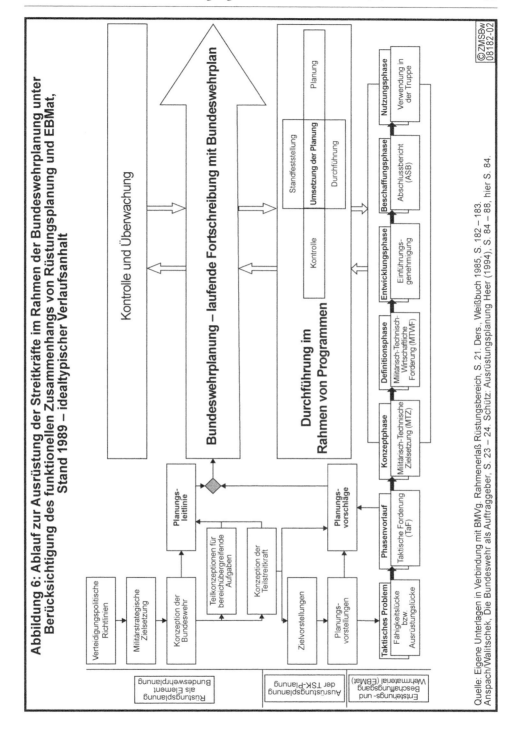

Abbildung 6: Ablauf zur Ausrüstung der Streitkräfte im Rahmen der Bundeswehrplanung unter Berücksichtigung des funktionellen Zusammenhangs von Rüstungsplanung und EBMat, Stand 1989 – idealtypischer Verlaufsanhalt

Quelle: Eigene Unterlagen in Verbindung mit BMVg, Rahmenerlaß Rüstungsbereich, S. 21. Ders., Weißbuch 1985, S. 182 – 183. Anspach/Walitschek, Die Bundeswehr als Auftraggeber, S. 23 – 24. Schütz: Ausrüstungsplanung Heer (1994), S. 84 – 88, hier S. 84.

Rüstungsplanung die »neue[n] Großvorhaben, wie z.B. Flugzeugentwicklungen«,[99] dar. Deren hoher Anteil im Verteidigungshaushalt »schränkte die Planungsflexibilität drastisch ein« und bildete zwischen dem Generalinspekteur und den Inspekteuren ein Spannungsfeld, weil dadurch »kurzfristige Neueinplanungen, die z.B. aus Gründen der Veränderung der Bedrohung notwendig wären, [...] fast ausgeschlossen« waren.[100] Laut Planungsstab hatten die Kostensteigerungen bei technologisch komplexen Waffensystemvorhaben den planerischen Effekt, dass sie sich wegen ihrer »absoluten Höhe dramatisch aus[wirken...] und [dazu führen], daß laufende Vorhaben gestreckt oder abgebrochen werden müssen«.[101] Der knappe Finanzrahmen erforderte unter Inkaufnahme vertretbarer Risiken planerische Eingriffe und Priorisierungen, die durch den Generalinspekteur zu steuern waren. Es lag in seiner Verantwortung, die systematische Weiterentwicklung der Streitkräfte so zu gewährleisten, dass kostenintensive Rüstungsvorhaben zu keinen nachteiligen Verdrängungseffekten auf andere Vorhaben führten. Die Einsatzbereitschaft der TSK durfte nicht gefährdet werden, z.B. durch zeitliche Verschiebungen von Rüstungsvorhaben oder Reduzierungen in der Munitionsbeschaffung des Heeres, um Flugzeugvorhaben der Luftwaffe zu gewährleisten. Um dem vorzubeugen, unterlag die Rüstungsplanung einer ständigen Planungskontrolle durch den Generalinspekteur, die die Mitverantwortung und Zuarbeit der Inspekteure bei der Realisierungskontrolle der Entwicklungs- und Beschaffungsvorhaben beinhaltete.[102] Hervorzuheben ist, dass im Rahmen der Bundeswehrplanung die Rüstungsplanung kein fester, sondern ein fließender Prozess war, der eine laufende Anpassung an sich ändernde finanzielle und sicherheitspolitische Rahmenbedingungen gestatten sollte.[103]

Auf Grundlage des vom Minister gebilligten Bundeswehrplans erfolgte die Realisierung der hierin eingeplanten Rüstungsvorhaben der TSK.[104] Die Umsetzung der einzelnen Vorhaben, und damit das eigentliche operative Rüstungsmanagement, wurde zwischen dem militärischen Bedarfsträger und administrativen Bedarfsdecker im EBMat vollzogen. Dieser war ein »in logisch aufeinanderfolgenden Phasen« festgelegter Prozessablauf und umfasste folgende Abschnitte:[105] der Phasenvorlauf dokumentiert die Taktische Forderung, die Konzeptphase legt die Militärisch-Technische Zielsetzung fest, die Definitionsphase klärt und bestimmt die technischen und betrieblichen Spezifikationen in der Militärisch-Technisch-Wirtschaftlichen Forderung, in der Entwicklungsphase erfolgt die Entwicklung und Erprobung und schließt mit der Einführungsgenehmigung ab, in der Beschaffungsphase mit ihrem Abschlussbericht erfolgt die Zuführung des Wehrmaterials in die Truppe und

---

[99] Vgl. Depos. GM a.D. Reichardt, Grundsätzliches zur Rüstung. In: Planungsstab (Red.): Punkte Entw. Weißbuch 1989, Bl. 1–5, hier Bl. 4.
[100] Ebd.
[101] Ebd.
[102] Vgl. Anspach/Walitschek, Die Bundeswehr als Auftraggeber, S. 24; BMVg, Weißbuch 1985, S. 184.
[103] Vgl. Schütz, Ausrüstungsplanung Heer (1994), S. 85.
[104] Vgl. Gläser, Organisation, S. 133 f.
[105] BMVg, Rahmenerlaß Rüstungsbereich, S. 23.

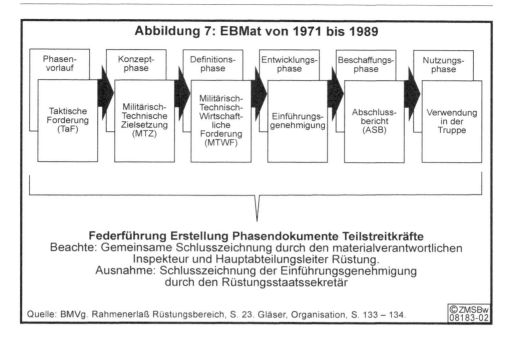

Abbildung 7: EBMat von 1971 bis 1989

Phasen-vorlauf	Konzept-phase	Definitions-phase	Entwicklungs-phase	Beschaffungs-phase	Nutzungs-phase
Taktische Forderung (TaF)	Militärisch-Technische Zielsetzung (MTZ)	Militärisch-Technisch-Wirtschaft-liche Forderung (MTWF)	Einführungs-genehmigung	Abschluss-bericht (ASB)	Verwendung in der Truppe

Federführung Erstellung Phasendokumente Teilstreitkräfte
Beachte: Gemeinsame Schlusszeichnung durch den materialverantwortlichen Inspekteur und Hauptabteilungsleiter Rüstung.
Ausnahme: Schlusszeichnung der Einführungsgenehmigung durch den Rüstungsstaatssekretär

Quelle: BMVg. Rahmenerlaß Rüstungsbereich, S. 23. Gläser, Organisation, S. 133 – 134.   ©ZMSBw 08183-02

schließlich folgt die Nutzungsphase (Abb. 7).[106] Die Federführung im EBMat lag gemäß dem Rüstungsrahmenerlass bei den militärischen Bedarfsträgern.[107] Damit wurde den fordernden Streitkräften ein Vorrang in den Arbeitsabläufen und den zu treffenden Phasenentscheidungen eingeräumt.

Der Managementprozess des EBMat wurde durch eine Matrixorganisation vollzogen, die sich aus Vertretern der militärischen und administrativen Rüstungsinstanzen zusammensetzte.[108] Die Art, der Umfang und die ebenengerechte Zuordnung der dafür zu bildenden Arbeitsgruppen (AG) sowie die Einstufung des Vorhabens resultierten aus der Taktischen Forderung (TaF) der bedarfstragenden TSK. Die in der gebilligten TaF festgelegten »Aufgaben und der Zeitpunkt der Verwendungsbereitschaft« sowie die Menge an Kampfmittel legten hinsichtlich seiner militärisch-operativen und politischen Relevanz, technischen Komplexität und des damit verbundenen finanziellen, wirtschaftlichen und administrativen Aufwands fest, ob das Vorhaben als Waffensystem, Projekt oder Gerät einzustufen war.[109] Als System wurde z.B. der Kampfpanzer »Leopard 2« oder Flugzeugvorhaben bewertet,[110] während zugleich

---

[106] Zum Inhalt der Phasen siehe Gläser, Organisation, S. 136–148; Anspach/Walitschek, Die Bundeswehr als Auftraggeber, S. 120–146.
[107] Vgl. BMVg, Rahmenerlaß Rüstungsbereich, S. 23; Gläser, Organisation, S. 133 f.
[108] Vgl. Rothenberger, Die Rüstungsführung, Teil 1, S. 19.
[109] Vgl. BMVg, Rahmenerlaß Rüstungsbereich, S. 22 f.
[110] Vgl. Rothenberger, Die Rüstungsführung, Teil 2, S. 106–108. Zu berücksichtigen ist, dass der Systempreis das eigentliche Kampfmittel und die damit verbundenen Leistungen zur Herstellung der Ausbildungs- und Versorgungsreife usw. umfasst.

unter die Kategorie Gerät Handfeuerwaffen, wie das Gewehr G3, oder Funkgeräte einzuordnen waren.[111]

Die Steuerung der als Waffensystem eingestuften Vorhaben fiel in die Zuständigkeit des Verteidigungsministeriums.[112] Entsprechend der in der TaF festgelegten Materialverantwortung setzte der zivile Rüstungsstaatsekretär für Systemvorhaben einen militärischen Systembeauftragten ein, der Angehöriger einer der Rüstungsstabsabteilungen war.[113] In seiner Eigenschaft als Systembeauftragter unterstand dieser als Angehöriger eines TSK-Führungsstabes direkt »seinem Inspekteur«.[114] Dem Systembeauftragten oblagen im Rahmen seiner Gesamtverantwortung die Planungsvorbereitung und Kontrolle für das zu realisierende Systemvorhaben, damit »das Waffensystem mit allen Geräten und Anlagen entsprechend [der TaF] zu einem leistungsfähigem System integriert wird«.[115] Für das damit verbundene komplexe militärisch-administrative Rüstungsmanagement hatte er eine AG auf der ministeriellen Ebene zu bilden, die sich aus Vertretern des administrativen Rüstungsbereichs und der TSK in der Regel wie folgt zusammensetzte: Dem aus der entsprechenden Rüstungsunterabteilung Wehrmaterial eingesetzten Projektreferenten oblag die Verantwortung für die Steuerung der technisch-wirtschaftlichen Elemente nach politischen und wirtschaftlichen Gesichtspunkten im Systemvorhaben.[116] Die militärische und administrative Durchführungsebene wurde in der AG durch einen bestellten Projektbeauftragten des BWB und dem Systemoffizier aus dem TSK-Amt vertreten.[117] Außerdem waren in der AG weitere bevollmächtige Vertreter aus dem Bereich des TSK-Führungstabes (z.B. der Logistikstabsabteilung) und der Abteilung Haushalt des Verteidigungsministeriums vertreten.[118]

In ihrer Gesamtheit bildete die AG des Systembeauftragten das innerministerielle Steuerungsgremium, um im dialogischen Prinzip das Waffensystemvorhaben entsprechend dem Phasenverlauf unter den gegebenen finanziellen und zeitlichen Rahmenbedingungen nach den Zielvorgaben des Systembeauftragten zu koordinieren.[119] Diese hatten die nachgeordneten Durchführungsinstanzen von BWB und TSK-Amt nach den in der AG abgestimmten Arbeits-, Zeit- und Kostenplänen für die militärischen und wirtschaftlich-technischen Elemente zu realisieren.[120] Jedoch führte die organisatorische Trennung von Streitkräften und administrativem Rüstungsbereich hier zu einer bürokratischen Zweigleisigkeit, die aus der

---

[111] Vgl. Anspach/Walitschek, Die Bundeswehr als Auftraggeber, S. 223.

[112] Dagegen oblag wegen ihrer geringeren Komplexität und Aufwendungen die Entwicklung und Beschaffung von Geräten den TSK-Ämtern und dem BWB.

[113] Vgl. Rothenberger, Die Rüstungsführung, Teil 1, S. 20; Anspach/Walitschek, Die Bundeswehr als Auftraggeber, S. 115.

[114] BMVg, Rahmenerlaß Rüstungsbereich, S. 22. Eine Besonderheit bildete die Luftwaffe, die für das Kampfflugzeug »Tornado« über einen ständigen Systembeauftragten verfügte.

[115] BMVg, Weißbuch 1985, S. 354.

[116] Vgl. Gläser, Organisation, S. 153.

[117] Vgl. Rothenberger, Die Rüstungsführung, Teil 1, S. 20.

[118] Vgl. ebd.; BMVg, Rahmenerlaß Rüstungsbereich, S. 36.

[119] Vgl. BMVg, Weißbuch 1985, S. 354.

[120] Vgl. Gläser, Organisation, S. 151. Weiterführend hierzu Rothenberger, Die Rüstungsführung, Teil 1, S. 22–25.

Trennung der militärischen und wirtschaftlich-technischen Verantwortlichkeiten resultierte – der militärische Systembeauftragte trug die Gesamtverantwortung und der administrative Projektreferent die für die wirtschaftlich-technischen Elemente. Ein Problem bildeten hierbei die im Rüstungsrahmenerlass unscharf festgelegten Kompetenzen und Aufgaben des Projektreferenten, der als ministerielle Instanz den Vorhabenvollzug des BWB vorrangig nach politischen und wirtschaftlichen Gesichtspunkten zu überwachen hatte.[121] Das führte auf Seiten des BWB zu der bereits dargelegten Kritik, dass dieses »lediglich eine technisch-wirtschaftliche Zuarbeit zu leisten« hatte.[122] Daher hatte der Projektreferent dafür zu sorgen, dass der administrative Rüstungsbereich in der AG einen einheitlichen Standpunkt vertrat, was Eingriffe in das Rüstungsmanagement des BWB zur Folge hatte.

Der Vorhabenvollzug erfolgte unter der Aufsicht von Systembeauftragen und Projektreferenten daher in enger Abstimmung zwischen dem TSK-Amt und dem BWB, deren Arbeitsergebnisse, eingetretene technische oder finanzielle Risiken oder sonstige Managementprobleme der Systembeauftragte in den Phasendokumenten zusammenfasste. Die Schlusszeichnung und Phasenentscheidung der Systemvorhaben wurden durch den materialverantwortlichen Inspekteur und den Hauptabteilungsleiter Rüstung vollzogen. Die Ausnahme bildete das Phasendokument Einführungsgenehmigung, dessen Unterzeichnung dem Rüstungsstaatssekretär vorbehalten war.[123]

Die Federführung zur Erstellung der Entwürfe oblag dem militärischen Systembeauftragten, womit er nach Ansicht Gläsers über ein »wirksames Machtinstrument« verfügte,[124] das mit besonderen Entscheidungsbefugnissen verbunden war. Denn bei getroffenen oder zu treffenden Entscheidungen, denen ein Mitglied seiner AG »aus fachlichen oder zeitlichen Gründen ausdrücklich widersprochen hat[te], veranlaßt[e] der Systembeauftragte eine Entscheidung der fachlich vorgesetzten Stelle dieses Mitgliedes oder führt[e] in Notfällen eine Entscheidung der Leitung des BMVg herbei«.[125] Dies bedeute beispielsweise, dass bei Widerspruch des ministeriellen Projektreferenten der Systembeauftragte über dessen vorgesetzten Unterabteilungsleiter Wehrmaterial eine Entscheidung für das Vorhaben erwirkte, was bei fortgesetztem Widerspruch eine letztinstanzliche Entscheidung durch die politische Leitung, den Rüstungsstaatsekretär oder Minister zur Folge hatte. Für die Inspekteure von Heer, Marine und Luftwaffe nahmen ›ihre‹ Systembeauftragten damit eine Schlüsselstellung in der Rüstungsorganisation und -planung ein. Denn durch sie verfügten die Inspekteure über direkte Eingriffsmöglichkeiten bei der Entwicklung und Beschaffung des geforderten Wehrmaterials, zumal die Systembeauftragten wegen ihrer Stellung in der AG nach Gläser dazu tendierten, einzelne Vorhabenprobleme direkt mit dem Projektbeauftragten des BWB und dem Systemoffizier des TSK-Amtes

---

[121] BMVg, Rahmenerlaß Rüstungsbereich, S. 37.
[122] Koerner, Das BWB und seine Dienststellen, S. 34.
[123] Vgl. Rothenberger, Die Rüstungsführung, Teil 1, S. 20.
[124] Gläser, Organisation, S. 151.
[125] BMVg, Rahmenerlaß Rüstungsbereich, S. 37.

zu behandeln.[126] Weiterhin fiel in den Aufgabenbereich der Systembeauftragten, für »ihre« Inspekteure die erreichten Arbeitsergebnisse des Wehrmaterialvorhabens für deren Unterrichtung vor dem Verteidigungs- und Finanzausschuss vorzubereiten.[127] Denn sämtliche eingeplanten System- und Gerätevorhaben unterlagen der parlamentarischen Kontrolle von Finanz- und Verteidigungsausschuss, die zwecks der Haushaltsbewilligung einen begründeten Nachweis der militärischen Relevanz und Kosteneffektivität forderten.[128] Kostenintensive Großvorhaben bzw. Vorhaben mit einem Wert von mehr als 50 Mio. DM, wie die Beschaffung von Kampfflugzeugen, wurden von den Ausschüssen als sogenannte 50-Millionen-Vorlage gesondert behandelt.[129]

Die Ausrüstung der Streitkräfte erfolgte im Rahmen einer ganzheitlichen Weiterentwicklung der Bundeswehr ablauforganisatorisch mit zwei in einer korrelierenden Zwangsbeziehung stehenden Verfahren von langfristiger Rüstungsplanung und dem operativen Rüstungsmanagement des EBMat, die in die Systematik der Bundeswehrplanung eingebettet waren.[130] Damit sollte unter den konzeptionellen und finanzplanerischen Vorgaben gewährleistet werden, dass die Entwicklung und Beschaffung von Wehrmaterial, besonders die von Waffensystemen, den festgelegten Zielvorstellungen eines zu erreichenden und weiterzuentwickelnden Materialprofils entsprechen, das die TSK zur Auftragserfüllung befähigt. Über den Prozess der TSK-übergreifenden Rüstungsplanung erfolgte die planerische Steuerung der begrenzten Finanzressourcen, die von Generalinspekteur so zu entwickeln war, dass das von den Inspekteuren geforderte und eingeplante Wehrmaterial in einem bestimmten Zeitraum in der geforderten Menge und Qualität der Truppe zur Nutzung bereitstand. In der von Generalinspekteur und Inspekteuren hierzu zu leistenden Planungsarbeit stützten sie sich ablauforganisatorisch auf ihre hierarchisierten Stabsabteilungen. Diesen arbeitete der administrative Rüstungsbereich zu, ohne dass es eines besonderen Arbeitsgremiums bedurfte. Mit der AG des Systembeauftragten existierte das Arbeitsgremium für den Dialog, in dem militärische Bedarfsträger und administrative Bedarfsdecker bei der Entwicklung und Beschaffung zusammenwirkten. Jedoch unterlagen die verschiedenen bereichsinternen und -übergreifenden ablauforganisatorischen Schnittstellen aufgrund der an das Wehrmaterialvorhaben gestellten vielschichtigen taktisch-technischen und wirtschaftliche Forderungen einer Komplexität und standen zueinander in zeitlichen und operationellen Abhängigkeiten. Kurzfristige oder unplanmäßige Verzögerungen, z.B. in der Erprobung und Entwicklung, im EBMat des eingeplanten Wehrmaterialvorhabens zogen mit ihren zeitlichen, kostenmäßigen oder technisch-operationellen Folgewirkungen planerische Konsequenzen in der Rüstungsplanung nach sich, die durch den Generalinspekteur und materialverantwortlichen Inspekteur im Rahmen der Planungsarbeit zu kompensieren waren. Die Inspekteure nahmen in der Rüstungsorganisation wegen der

---

[126] Vgl. Gläser, Organisation, S. 152. Der Projektbeauftragte des BWB unterhielt im gesamten EBMat die direkten Beziehungen zur Rüstungsindustrie.
[127] Vgl. BMVg, Weißbuch 1985, S. 354.
[128] Vgl. Kollmer, Rüstungsinterventionismus, S. 138; BMVg, Weißbuch 1985, S. 360.
[129] Vgl. BMVg, Weißbuch 1985, S. 360 f.
[130] Vgl. BMVg, Rahmenerlaß Rüstungsbereich, S. 21.

Verantwortung für die Einsatzbereitschaft »ihrer« TSK und der damit verbundenen Federführung für deren Ausrüstung 1989 eine Schlüsselrolle ein.[131] Insgesamt wies die Rüstungsorganisation der Bundeswehr im Jahr 1989 wegen des Prinzips der Trennung von Streitkräften und Verwaltung eine ablauf- und aufbauorganisatorische Komplexität mit zahlreichen polykratischen Elementen auf. Diese Streitkräfte und Bundeswehrverwaltung verknüpfende, komplexe Organisationstruktur bildete den Träger der Rüstungsplanung, um mit verfügbaren Ressourcen eine Ausrüstung der Truppe mit leistungs- und bedrohungsgerechtem Wehrmaterial zu gewährleisten.

---

[131] Ebd.

III. Bedrohung und Rüstungsentwicklung 1989 –
eine planerische Bestandsaufnahme

1. Die Bedrohung mechanisierter Angriffskräfte – materieller und operativer Abriss

Im Frühjahr 1989 ordnete der Bundesminister der Verteidigung, Dr. Gerhard Stoltenberg, eine Überprüfung der Bundeswehrplanung an, um zu untersuchen, wie mit den verfügbaren Ressourcen die Materialbedarfsplanung zur Ausrüstung der Truppe längerfristig sichergestellt werden kann. Die vom Planungsstab zu führende Untersuchung basierte auf der militärpolitischen Annahme, dass »auch künftig eine Bedrohung von den militärischen Fähigkeiten des Warschauer Pakts ausgehen« wird.[1] Obwohl sich der Kalte Krieg zu diesem Zeitpunkt in der »Entwicklung von der Konfrontation zur Kooperation« befand,[2] wurde ein Fortbestehen des Ost-West-Konflikts als höchstwahrscheinlich bewertet. Nach dieser militärpolitischen Planungsannahme wird die Sowjetunion, geleitet von ihren ideologisch-politischen Grundsätzen, verfügbaren Ressourcen und geostrategischen Möglichkeiten,[3] auch über das Jahr 1989 hinaus »Weltmacht und europäische Großmacht« bleiben.[4] Um ihrer Stellung als Supermacht gerecht zu werden, werde sie somit weiterhin über ein entsprechend dimensioniertes und ausgerüstetes Streitkräftepotential verfügen, das im Kriegsfall befähigt ist, »die militärische Entscheidung auf der gegnerischen Seite eines Kriegsschauplatzes« zu suchen.[5]

Unter dem Druck des politischen Reformkurses Michail Gorbačëvs leitete der sowjetische Generalstab zwar ab Mitte der 1980er-Jahre eine defensive Ausrichtung seiner operativen Planungen ein,[6] die nach Siegfried Lautsch einen Verzicht auf »präventive Kampfhandlungen« zur Abwehr eines angenommenen Aufmarschs

---

[1] Depos. GM a.D. Reichardt, Planungsstab. Betr.: Untersuchung der Bundeswehrplanung, Bonn, 17.5.1989, Bl. 1–3, hier Bl. 1.

[2] Depos. GM a.D. Reichardt, Planungsstab. Betr.: Sicherheitspolitische Rahmenbedingungen [3. (Vorlage-)Entwurf], Bonn, 15.6.1989, Bl. 1–11, hier Bl. 2.

[3] Depos. GM a.D. Reichardt, Sowjetische Strategie. In: Planungsstab (Red.): Punkte Entw. Weißbuch 1989, Bl. 1–6, hier Bl. 4.

[4] Depos. GM a.D. Reichardt, Planungsstab. Betr.: Sicherheitspolitische Rahmenbedingungen [3. (Vorlage-)Entwurf], Bonn, 15.6.1989, Bl. 1–11, hier Bl. 3.

[5] Depos. GM a.D. Reichardt, Sowjetische Strategie. In: Planungsstab (Red.): Punkte Entw. Weißbuch 1989, Bl. 1–6, hier Bl. 4.

[6] Vgl. Umbach, Das rote Bündnis, S. 363–384, 450–467; Lautsch, Die NVA-Operationsplanung, S. 280–282.

der NATO-Kräfte enthielt.[7] Doch war laut damaligen Urteil des Planungsstabs
damit keine reale Abkehr vom Offensivprinzip verbunden, weil die defensive
Verteidigungskonzeption von sowjetischen und nichtsowjetischen Streitkräften des
Warschauer Pakts (WP) »als entscheidendes Element die Konteroffensive und damit
die Offensive« enthielt,[8] um den Gegner auf seinem eigenen Territorium zu zerschlagen. Die Vereinten Streitkräfte des WP verfügten hierfür an operativen Kräften über
22 Armeen in Stärke von ca. 90 Divisionen,[9] die für das direkte Vorgehen nach dem
Staffelprinzip (erste, zweite Staffel plus Reserven) gegliedert und für hochintensive
Durchbruchsoperationen ausgerüstet waren.[10] Angesichts dieser Entwicklung wurde seitens der Bundeswehr geschlussfolgert, dass dem WP demnach »ein Angriff
nach Teilaufmarsch, der Stärke mit Überraschung verbindet, [als] die wahrschein-
lichste seiner militärischen Handlungsoptionen« bleibt.[11] Die damit verbundene
Aufrechterhaltung einer über das Jahr 1989 hinausgehenden Invasionsbefähigung erforderte nach Ansicht des Planungsstabs vom WP, dass er weiterhin über »eine zahlenmäßige Überlegenheit an kampfentscheidendem Großgerät, Feuerkraft und Personal
[sowie eine g]renznahe Stationierung angriffsfähiger Land- und Luftstreitkräfte [...]
mit hoher Friedenspräsenz« verfügt.[12] Für ein Fortbestehen der Invasionsbefähigung
sprachen nach Auffassung des Planungsstabes im Frühjahr 1989 folgende Faktoren:
– »Die Friedenspräsenz aller sowjetischen Streitkräfte in der DDR und CSR beträgt
    75 bis 95 % des Personal- und 100 % des Materialbestandes.
– [...] Alle als 1. Strategische Staffel benötigten Kampfdivisionen sind innerhalb
    24 Stunden einsatzbereit und benötigen nur einen kurzen Aufmarsch.
– Die logistische Bevorratung befindet sich unmittelbar bei der Truppe oder in weit
    vorgeschobenen Depots.
– Die Mobilisierung von Truppenteilen in der westlichen Sowjetunion kann gut
    verschleiert werden und die Heranführung schnell (täglich etwa eine Armee) auf
    gut ausgebauten, verschiedenen Transportwegen erfolgen«.[13]
Die anhand dieser Faktoren aufgezeigte hohe Einsatzbereitschaft zur Invasions-
befähigung war zudem mit einer zahlenmäßigen Überlegenheit an verfügbarer
konventioneller Land-, Luft und Seekampftechnik hinterlegt. Der 1987 von der
Bundesregierung veröffentlichte Streitkräftevergleich machte dies deutlich. Nach

7   Vgl. Lautsch, Die NVA-Operationsplanung, S. 280 f.
8   Depos. GM a.D. Reichardt, Sowjetische Strategie. In: Planungsstab (Red.): Punkte Entw. Weißbuch
      1989, Bl. 1–6, hier Bl. 4. Vgl. Menke, Manöverbeobachtung, S. 465–467.
9   Vgl. Hammerich, Die Operationsplanungen der NATO, S. 296; Die Bedrohung, S. 188. In den
      Aufsätzen werden diese als Kampfdivisionen benannt und sind als Gesamtbezeichnung für die Panzer-
      und motorisierten Schützendivisionen zu verstehen. Ob unter der Bezeichnung Kampfdivisionen
      ebenfalls die entsprechenden Großverbände der Luftlandetruppen bzw. Fallschirmjäger fallen, lässt
      sich nach derzeitigem Erkenntnisstand nicht erschließen.
10   Vgl. Hammerich, Die Operationsplanungen der NATO, S. 289–291 f.; Die Bedrohung, S. 190.
11   Depos. GM a.D. Reichardt, Planungsstab. Betr.: Sicherheitspolitische Rahmenbedingungen
      Vorlageentwurf, Bonn, 21.6.1989, Bl. 1–11, hier Bl. 4.
12   Depos. GM a.D. Reichardt, Sowjetische Strategie. In: Planungsstab (Red.): Punkte Entw. Weißbuch
      1989, Bl. 1–6, hier Bl. 5.
13   Depos. GM a.D. Reichardt, Problematik Warnzeit. In: Planungsstab (Red.): Punkte Entw.
      Weißbuch 1989, Bl. 1–5, hier Bl. 1.

den hierin aufgeführten Bestandszahlen standen sich in Mitteleuropa zahlenmäßig gegenüber:

Streitkräftevergleich:[14]		NATO	WP
Landsysteme	Kampfpanzer	17 885	32 220
	Gepanzerte Gefechtsfahrzeuge	38 350	68 450
	Geschütze	14 370	26 920
Luftsysteme	Jagdbomber	2245	2380
	Jagdflugzeuge	1115	4145
	Aufklärungsflugzeuge	340	580
	Kampfhubschrauber	1530	2265

Für die Bundeswehrplanung und damit die Rüstungsplanung war die fortlaufende Beurteilung des Kräfteverhältnisses von zentraler Bedeutung, denn sie gab darüber Aufschluss, »welche Kräfte am Anfang aufeinander treffen, und welche Seite anschließend das Kräfteverhältnis zu ihren Gunsten verändern kann«.[15] Innerhalb der NATO herrschte die Auffassung, dass nach dem Beginn des Angriffs die »Verhältnisse im konventionellen Bereich der Landstreitkräfte und Luftstreitkräfte sich zunehmend zugunsten des Warschauer Paktes verändern könnten«.[16] Aufbauend auf seiner zahlenmäßigen Überlegenheit und dem geografischen Raumvorteil forcierte der WP seit Ende der 1970er-Jahre eine fortlaufende Verbesserung seiner Schlagkraft

---

[14]   Vgl. BT-Drs. 11/2215 (28.4.1988): Unterrichtung der Bundesregierung. Bericht zum Stand [...] der Veränderungen im militärischen Kräfteverhältnis 1987, S. 39. Ein signifikantes Problem für den Streitkräftevergleich bildeten die Zählkriterien für die Waffensysteme. Die angegebenen absoluten Zahlen zeigen nur den Bestand in Zahlen, die keine Unterscheidungen in den Systemkategorien bezüglich Leistungsparameter oder Alter aufweisen. Vgl. hierzu die Zahlenangaben in BMVg, Weißbuch 1985, S. 58–61. So sind bei den Kampfpanzern des Warschauer Paktes auch die älteren Modelle einzubeziehen, die in Depots für den Ernstfall eingelagert wurden. Unter Berücksichtigung seiner strategischen Fähigkeiten zur Verlegung von Kräften über große Distanzen verfügte die Sowjetunion für den Krieg in Mitteleuropa über weitaus mehr Waffensysteme. Dies gilt auch für die NATO und deren geplante Personal- und Materialverstärkungen aus den USA. Hier sind als Beispiel die Reforger-Übungen (Return of Forces to Germany) zu nennen.

[15]   Depos. GM a.D. Reichardt, Kräfteverhältnis. In: Planungsstab (Red.): Punkte Entw. Weißbuch 1989, Bl. 1–5, hier Bl. 4.

[16]   Ebd.

mittels Kampfwertsteigerungen und der Zuführung moderner »Waffensysteme mit verbesserten Leitungsparametern«.[17] Nach Urteil des Planungsstabs wiesen die Modernisierungen in den wehrtechnischen Parametern Wirkung, Beweglichkeit und Panzerschutz eine »zunehmende qualitative Ebenbürtigkeit« zum Wehrmaterial von Bundeswehr und NATO auf.[18] Hierzu zählten unter anderem die Systeme Kampfpanzer T-80 und T-72, der Schützenpanzer BMP-2 und die Panzerhaubitze 2S3 sowie der Kampfhubschrauber Mi-24.[19] Zudem wurde für die 1990er-Jahre eine Fortentwicklung in der materiellen Qualitätssteigerung erwartet, die auf eine Verbesserung von Kampf- und Schützenpanzern sowie auf den Systemaufwuchs der Hubschrauber- und Artilleriekräfte abzielte.[20] So rechneten die Rüstungsplaner der Bundeswehr für Ende der 1990er-Jahre mit der Einführung eines neuen Panzerkampfwagens (Future Soviet Tank) sowie umfangreichen Ausrüstungsoptimierungen in puncto Feuerkraft, Panzerschutz, Beweglichkeit und Nachtkampffähigkeit.[21] Rüstungsplanerisch stellten die Kampfwertsteigerungen an den bestehenden Waffensystemen und Einführungen neuester Kampfpanzer, wie die des T-80, für die Bundeswehr ein Problem dar, da diese Landkampfsysteme in den Bereichen Feuerkraft und Panzerung Leistungsparameter aufzeigten, die an die des seit Anfang der 1980er-Jahren eingeführten »Leopard 2« heranreichten.[22] Der Planungsstab ging 1989 aufgrund der festgestellten Entwicklungen davon aus, dass von den 32 220 Kampfpanzern des WP bereits rund 40 % (12 888) über diese Zusatzpanzerung verfügten.[23] Vor allem der verbesserte Schutz durch die Verwendung der Reaktivpanzerung verdeutlichte die Anstrengungen des WP im Rüstungswettlauf, seine Wehrtechnik qualitativ zu steigern.[24] Dies erforderte wiederum von der Bundeswehr neue wehrtechnische und konzeptionelle Lösungsmöglichkeiten zur operativen Panzerabwehr, um mit qualitativ höherwertigen Systemen die weiterhin bestehende zahlenmäßige Überlegenheit des WP abzuschrecken und abzuwehren.

---

[17] BT-Drs. 11/2215 (28.4.1988): Unterrichtung der Bundesregierung. Bericht zum Stand [...] der Veränderungen im militärischen Kräfteverhältnis 1987, S. 38; Die Bedrohung, S. 191.

[18] Depos. GM a.D. Reichardt, Kräfteverhältnis. In: Planungsstab (Red.): Punkte Entw. Weißbuch 1989, Bl. 1–5, hier Bl. 1. Vgl. Planungsstab. Betr.: Sicherheitspolitische Rahmenbedingungen [3. (Vorlage-)Entwurf], Bonn 15.6.1989, Bl. 1–11, hier Bl. 3. Vgl. Wellershoff, Verteidigungsfähigkeit und Entspannung, S. 115–117 f.; Hammerich, Die Operationsplanungen der NATO, S. 296; Umbach, Das rote Bündnis, S. 246–250; Die Bedrohung, S. 191.

[19] Vgl. Hammerich, Die Operationsplanungen der NATO, S. 296.

[20] Vgl. Die Bedrohung, S. 191.

[21] Vgl. ebd., S. 191.

[22] Vgl. Depos. GM a.D. Reichardt, Schreiben des Generalinspekteurs an den Inspekteur des Heeres vom 11.5.1988, Betreff: Bedrohung durch WP-Kpz, Bl. 1 f., hier Bl. 1.

[23] Vgl. Depos. GM a.D. Reichardt, Kräfteverhältnis. In: Planungsstab (Red.): Punkte Entw. Weißbuch 1989, Bl. 1–5, hier Bl. 1. Grundlage für diese Berechnung bildet die in der Unterrichtung der Bundesregierung angegebenen Zahl der Kampfpanzer.

[24] Vgl. Depos. GM a.D. Reichardt, Schreiben des Generalinspekteurs an den Inspekteur des Heeres vom 11.5.1988, Betreff: Bedrohung durch WP-Kpz, Bl. 1 f. Bei dieser Panzerung handelt es sich um eine Zusatzpanzerung, die in Kacheln auf die (passive) Panzerung des Panzers angebracht ist. Die Kacheln bestehen aus zwei Metallplatten, zwischen denen sich eine Sprengstoffschicht befindet. Diese wird beim Aufschlag eines Projektils auf die äußere Metallplatte zur Wirkung gebracht und schleudert die beiden Metallkacheln gegen dieses, so dass durch die Ablenkung die Wirkung des aufschlagenden Projektils auf den Panzer minimiert wird.

Obwohl mit den im März 1989 eingeleiteten Verhandlungen über Konventionelle Streitkräfte in Europa (KSE) begonnen wurde, die auf einen Gleichstand im konventionellen Kräfteverhältnis durch die Festlegung von Obergrenzen abzielten,[25] folgerte der Planungsstab, dass über das Jahr 1989 hinaus »die Sowjetunion nur solche Veränderungen des militärischen Kräfteverhältnisses [...] anstrebt, die sich zu ihren Gunsten auswirken«.[26] Bis zum Abschluss der KSE-Verhandlungen,[27] die folglich eine Umsetzung durch Abrüstungsmaßnahmen und Kontrollen nach sich zögen, blieben über das Jahr 1989 hinaus »das konventionelle Ungleichgewicht und die Invasionsfähigkeit grundsätzlich erhalten«.[28] In seiner Beurteilung über die Bedrohungslage hob der Planungsstab hervor, dass die Umstrukturierung des östlichen Bündnisses und die von Gorbačëv proklamierte einseitige Truppenreduzierung in Verbindung mit der Einführung von verbessertem Waffensystemen dazu diente, die Qualität der in Mitteleuropa verbleibenden Truppen generell zu erhöhen.[29]

Unabhängig von der Entspannungspolitik stellte der WP wegen des für ihn günstigen Kräfteverhältnisses, der Dislozierung und Einsatzbereitschaft seiner Streitkräfte sowie der hieraus abzuleitenden wahrscheinlichsten Handlungsoption über das Jahr 1989 hinaus eine Bedrohung für die Bundeswehr und das Nordatlantische Bündnis dar. Insbesondere der vom östlichen Bündnis verfolgte Ansatz, die Qualität seiner Kampftechnik in verschiedenen Leistungsparametern für das Gefecht der verbundenen Waffen zu steigern, deutete auf eine Veränderung des Bedrohungspotentials für die 1990er-Jahre hin, die die Gefahr in sich barg, den »bisher angenommene[n] westliche[n] Vorsprung zum Teil spürbar mindern oder sogar aufheben« zu können.[30] Dies erforderte von der Bundeswehr, besonders vom Heer, eine hierauf ausgerichtete Rüstungsplanung und deren Fortschreibung, die den Schwerpunkt auf die Optimierung zur nachhaltigen Vorneverteidigung bis zum Jahr 2000 umfasste.

2. Ausrüstung zur Stärkung der konventionellen Verteidigungsfähigkeit – Planungsziele und Probleme

Die Weiterentwicklung der Bundeswehr war im März 1989 Gegenstand einer von der Arbeitsgruppe Verteidigung der CDU/CSU-Bundestagsfraktion abgehaltenen Klausurtagung. Im Fokus stand hierbei die auf das Jahr 2000 abzielende Bundeswehrplanung, über deren Sachstand, Probleme und Lösungsansätze der

---

25 Vgl. Harchan, Europäische Sicherheit, S. 151, 155–157. Neben den KSE-Verhandlungen, die multilateral zwischen den Mitgliedsstaaten von NATO und Warschauer Pakt geführt wurden, verhandelten die USA und UdSSR bilateral über die Abrüstung von Mittelstreckenwaffen und interkontinental-strategischen Waffen sowie über einen Teststopp von Nuklearwaffenversuchen.

26 Depos. GM a.D. Reichardt, Sowjetische Strategie. In: Planungsstab (Red.): Punkte Entw. Weißbuch 1989, Bl. 1–6, hier Bl. 3.

27 Vgl. Harchan, Europäische Sicherheit, S. 157.

28 Depos. GM a.D. Reichardt, Planungsstab. Betr.: Sicherheitspolitische Rahmenbedingungen [3. (Vorlage-)Entwurf], Bonn, 15.6.1989, Bl. 1–11, hier Bl. 3.

29 Ebd.

30 Depos. GM a.D. Reichardt, Grundsätzliches zur Rüstung. In: Planungsstab (Red.): Punkte Entw. Weißbuch 1989, Bl. 1–5, hier Bl. 4.

Generalinspekteur, Admiral Dieter Wellershoff, vortrug. Der festgesetzte Planungs-
schwerpunkt der Streitkräfte lag auf der Weiterentwicklung zur »Stärkung der konventionellen Fähigkeiten zur nachhaltigen Vorneverteidigung«.[31] Die Fortschreibung
dieses seit 1985 erlassenen Planungsschwerpunktes zielte auf eine laufende
Modernisierung der Wehrtechnik und das Schließen von Ausrüstungslücken zur
Bekämpfung mechanisierter Angriffskräfte im Rahmen der Vorneverteidigung ab.[32]
Mit der Konzentration auf dieses militärstrategische Prinzip wurde die Umsetzung
einer operativen Vorgabe der NATO verfolgt, die eine frühzeitige und raumbehaup-
tende Abwehr eines Überraschungsangriffs mit konventionellen Kräften beinhaltete.[33] Trotz des sich zur Kooperation fortentwickelnden Ost-West-Verhältnisses blieb
für die Bundesrepublik Deutschland die Vorneverteidigung über das Jahr 1989 hinaus eine »unverzichtbare Grundforderung« an die gemeinsame Bündnisstrategie
der Flexible Response.[34] Dieser Anspruch ergab sich vor allem aus der geringen
räumlichen Tiefe des Territoriums der Bundesrepublik, die zur Erhaltung ihrer
Integrität, Handlungsfreiheit und Begrenzung von Kriegsschäden im Ernstfall keine
Raumverluste in größerem Maßstab hinnehmen konnte.[35] Daher lag es im elemen-
taren Interesse der Bundesrepublik, die kollektive Verteidigung frühzeitig, »mög-
lichst grenznah und zusammenhängend aufzunehmen und so zu führen«,[36] dass dem
Angreifer der Zugriff auf das Territorium und dort vorhandene Potential verwehrt
wird. Im Schwerpunkt zielte das an der Vorneverteidigung ausgerichteten operative Konzept darauf ab, »die Verteidigungsräume zu halten und hierzu die auf dem
Gefechtsfeld angreifenden Kräfte zu zerschlagen«.[37] Die erfolgreiche Durchführung

---

[31] Depos. GM a.D. Reichardt, Fü S VI. Punkt[at]ion zu Prioritäten Bundeswehrplanung für Vortrag
     GenInsp bei AGV 13./14.3.1989, Bl. 1–4, hier Bl. 1.

[32] Grundlage hierfür war die 1985 als Weisung erlassene Konzeption der Bundeswehr. Vgl. Depos.
     GM a.D. Reichardt, Fü S VI. Punkt[at]ion zu Prioritäten Bundeswehrplanung für Vortrag GenInsp
     bei AGV 13./14.3.1989, Bl. 1–4, hier Bl. 1; ebd., Grundsätzliches zur Rüstung. In: Planungsstab
     (Red.): Punkte Entw. Weißbuch 1989, Bl. 1–5, hier Bl. 2; BMVg, Weißbuch 1985, S. 344–349;
     Wellershoff, Verteidigungsfähigkeit und Entspannung, S. 115–119.

[33] Vgl. Depos. GM a.D. Reichardt, Planungsstab. Betr.: Untersuchung der Bundeswehrplanung,
     Bonn, 21.6.1989, Anlage 4: Prämisse »Strategisches Prinzip der Vorneverteidigung«, Bl. 1–11, hier
     Bl. 10.

[34] Depos. GM a.D. Reichardt, Planungsstab. Betr.: Sicherheitspolitische Rahmenbedingungen
     Vorlageentwurf, 21.6.1989, Bl. 1–11, hier Bl. 8. Vgl. ebd., Aufgaben der deutschen und verbün-
     deten Streitkräfte. In: Planungsstab (Red.): Punkte Entw. Weißbuch 1989, Bl. 1–5, hier Bl. 3.

[35] Die Bedrohung, S. 188.

[36] Vgl. Depos. GM a.D. Reichardt, Planungsstab. Betr.: Sicherheitspolitische Rahmenbedingungen
     Vorlageentwurf, 21.6.1989, Bl. 1–11, hier Bl. 8; ebd., Planungsstab. Betr.: Untersuchung
     der Bundeswehrplanung vom 21.6.1989, Anlage 4: Prämisse »Strategisches Prinzip der
     Vorneverteidigung«, Bonn, Bl. 1–11, hier Bl. 10; BMVg, HDv 100/900 Führungsbegriffe, o.S.,
     Stichwort Zentrum der Kraftentfaltung und Handlungsfähigkeit.

[37] Depos. GM a.D. Reichardt, Fü S VI. Punkt[at]ion zu Prioritäten Bundeswehrplanung für Vortrag
     GenInsp bei AGV 13./14.3.1989, Bl. 1–4, hier Bl. 1. Nach der HDv 100/900 ist ein opera-
     tives Konzept die »Umsetzung militärstrategischer Weisungen in die Planung einer Operation
     durch die operative Führung. [...] Ausgehend vom feindlichen und eigenen Zentrum der
     Kraftentfaltung und Handlungsfähigkeit werden operative Absicht und operative Ziele festgelegt
     und, soweit möglich, der feindliche Kulminationspunkt beurteilt sowie vorrangig Vorstellungen
     für den Verlauf der Operationen als verbundene Land-, Luft- und Seekriegsoperation entwickelt.
     Darüber hinaus enthält das operative Konzept immer die einleitenden bzw. abschließenden Phasen

dieser komplexen Aufgabe erforderte nach der Beurteilung des Generalinspekteurs die Erhaltung und Verbesserung der konventionellen Fähigkeiten der TSK, die sie in die Lage versetzen sollten:

– »eine günstige Luftlage durch defensive und offensive Luftkriegsoperationen zu erhalten,
– das planmäßige Einführen kampfkräftiger Folgestaffeln des Gegners [...] zu unterbinden,
– ein Aufbrechen der Verteidigung über die Flanken zu verhindern«.[38]

Da der hieraus resultierende operativ-taktische Einsatz von Heer, Marine und Luftwaffe im Kriegsfall wegen der Warnzeitproblematik und des ungünstigen Kräfteverhältnisses aus der Position der Unterlegenheit zu führen war, galt es, die Truppe materiell mit einem überlegeneren Spektrum an Wehrtechnik auszurüsten, um diesen Nachteil vor und im Gefecht frühzeitig, hochbeweglich und wirksam auszugleichen.[39] Zur effektiven Kompensation wurde laut Wellershoff »ein System sich ergänzender Waffensysteme an[gestrebt], das durch den Verbund Aufklärung – Führung – Einsatzmittel zu höchster Wirksamkeit gebracht wird«.[40] Dieser Systemansatz zur Ausrüstung der Truppe mit Waffensystemen, Geräten und sonstigen Kampfmitteln für das Gefecht der verbundenen Waffen stellte im Jahr 1989 kein planerisches Novum dar. Vielmehr war es eine Fortführung der Ausrüstungsmodernisierung der Bundeswehr, die Ende der 1970er-Jahre eingeleitet wurde,[41] um den in den 1990er-Jahren angestrebten »optimierten Waffenmix innerhalb der Streitkräfte« zu erreichen.[42]

Die Grundprämisse zur Planung und Realisierung dieses operationellen Systemverbundes basierte auf dem Anspruch, dass das zu entwickelnde und beschaffende Wehrmaterial, einschließlich der Kampfwertsteigerungen und Kampfwerterhaltungen der in der Nutzung befindlichen Waffensysteme, gegenüber der Kampftechnik des östlichen Bündnisses eine qualitative Überlegenheit haben muss.[43] Zur Erreichung des Planungsziels, den Systemverbund Aufklärung – Führung – Wir-

---

Bereitstellung von Streitkräften, Verlegung, Aufmarsch sowie Rückführung und Wiedereinnahme der Grundgliederung«.

38 Depos. GM a.D. Reichardt, Fü S VI. Punkt[at]ion zu Prioritäten Bundeswehrplanung für Vortrag GenInsp bei AGV 13./14.3.1989, Bl. 1–4, hier Bl. 1.
39 Vgl. Depos. GM a.D. Reichardt, Planungsstab, 3. Entwurf. Betr.: Vorgaben für die Strukturplanung, 21.6.1989, Bl. 1–11, hier Bl. 8; BMVg, Weißbuch 1985, S. 200.
40 Wellershoff, Verteidigungsfähigkeit und Entspannung, S. 118.
41 Vgl. Depos. GM a.D. Reichardt, Bundeswehrplanung. In: Planungsstab (Red.): Punkte Entw. Weißbuch 1989, Bl. 1–5, hier Bl. 3; ebd., Grundsätzliches zur Rüstung, Bl. 1–5, hier Bl. 2; BMVg, Weißbuch 1985, S. 189–200, 203 f., 213–215; BMVg, Weißbuch 1979, S. 162–178.
42 Depos. GM a.D. Reichardt, Schreiben des Generalinspekteurs an den Inspekteur des Heeres vom 11.5.1988, Betreff: Bedrohung durch WP-Kpz, Bl. 1 f.
43 Umbach, Das rote Bündnis, S. 245. Vgl. Geiger, Die Bundesrepublik und die NATO, S. 169; Die Streitkräfte der NATO, S. 80. Angelehnt an das in der Betriebswirtschaftslehre etablierte Marktreaktionsmodell des Produktlebenszyklus kann der Lebenszyklus von Wehrmaterial wie folgt definiert werden: ein phasenbezogenes militärisch-technisch-wirtschaftlichen Reaktionsmodell, das die zeit- und bedrohungsgerechte Entwicklung für das in der Nutzung befindliche Wehrmaterial darstellt. Es können folgende Phasen unterschieden werden: Einführungsphase, in Abhängigkeit des Innovationspotenzials Steigerungsphase(n) (Kampfwertsteigerung/Nutzungsdauerverlängerung), Stagnationsphase und Ausphasung. Vgl. Balderjahn/Specht, Einführung in die Betriebswirtschaftslehre, S. 180.

kung mit qualitativ überlegener Wehrtechnik auszurüsten, standen zwei im wechselseitig ergänzenden Wirkungsverhältnis stehende Komponenten im Fokus: die Nutzung von Spitzentechnologie in der Rüstungsgüterbeschaffung mit der einhergehenden Weiterentwicklung der operativen und taktischen Konzeptionen für das Gefecht der verbundenen Waffen.[44] Ausgehend vom Stand der erreichten Forschungs- und Entwicklungsfortschritte der 1980er-Jahre wurden für die 1990er-Jahre »Qualitätssprünge« in den Bereichen Mikroelektronik, Informations- und Kommunikationstechnik, Sensortechnologie sowie Werkstofftechnik erwartet,[45] die die Entwicklung des Systemverbundes für das moderne Landgefecht progressiv ermöglichten. Die Nutzung der neusten Forschungs- und Entwicklungsleistungen des Rüstungssektors führte nach Ansicht des Führungsstabes des Heeres dazu, dass:
– die Sensortechnologie die Aufklärung verbessert und intelligente Munition ermöglicht,
– die Mikroelektronik sowie Informations- und Kommunikationstechnologie die Vernetzung von Waffensystemen »selbst und im Verbund von Systemen untereinander« optimiert,[46]
– die Werkstofftechnik den Panzerschutz und die »Durchschlagsleistung von Munition« erhöht sowie zu leichteren und »damit leistungsfähigeren Zellen für Hubschrauber, Drohnen und R[emotely] P[iloted] V[ehicle]s« führt.[47]
Die aus den Technologievernetzungen zum Systemverbund Aufklärung – Führung – Wirkung resultierenden Leistungssteigerungen von Feuer, Bewegung und Sperren im zukünftigen Gefecht der verbundenen Waffen und Operationen mit ihren Auswirkungen auf Raum, Zeit, Feuer und Bewegung beschrieb der Vertreter des Heeres auf der Klausurtagung wie folgt: »Das Gefecht wird sich weiter in der Tiefe ausdehnen, die Dominanz des Feuers steigen. Operationen werden schneller, weiträumiger, weitgehend ununterbrochen und mit größerer Intensität ablaufen. Die Fähigkeit[,] den Gegner auch außerhalb der Reichweite direkt richtender Waffen zu vernichten, führt vom bisherigen sequentiellen, d.h. nacheinander erfolgenden Bekämpfen in der Front zum simultanen, d.h. gleichzeitigen Schlagen gegnerischen [sic!] Kräfte in der Front *und* in der Tiefe«.[48]

Das den Klausurteilnehmern mit dem Systemverbund Aufklärung – Führung – Wirkung nach Technologieaspekten charakterisierte Bild vom zukünftigen Gefecht der verbundenen Waffen bildete die wehrtechnische Komponente der operativ-taktischen Planungsvorstellungen zum gleichzeitigen Schlagen des Gegners an der Front und in der Tiefe seines Raums. Diese orientierten sich an den Vorgaben des Konzepts Follow-on-Forces-Attack (FOFA) und der vom US-Heer entwickelten

---

[44]   Vgl. Depos. GM a.D. Reichardt, Planungsstab, 3. Entwurf. Betr.: Vorgaben für die Strukturplanung, 21.6.1989, Bl. 1–11, hier Bl. 7.
[45]   Depos. GM a.D. Reichardt, Fü H VI. Vortrag H[eeres]Str[uktur] 2000. Teil: Materialinvestitionen, 7.3.1989, Bl. 1–10, hier Bl. 4.
[46]   Ebd.
[47]   Ebd. Remotely Piloted Vehicles: unbemannte Flugkörper, die von einer bemannten Bodenstation mittels Kabel gesteuert werden.
[48]   Depos. GM a.D. Reichardt, Fü H VI. Vortrag H[eeres]Str[uktur] 2000. Teil: Materialinvestitionen, Bl. 1–10, hier Bl. 4. Hervorhebung im Original unterstrichen.

Doktrin AirLandBattle 2000.[49] Mit dem FOFA-Konzept wurde der Ansatz verfolgt, die gegnerischen Folgekräfte und Reserven bereits in der Tiefe ihres Raums mit weitreichenden artilleristischen und fliegerischen Kampfmitteln durch Feuer und Sperren zu bekämpfen,[50] um damit die Abwehroperationen der eigenen Kräfte am Vorderen Rand der Verteidigung (VRV) zu entlasten und damit das Risiko einer vorzeitigen nuklearen Eskalation zu minimieren.[51] Dagegen verfolgte das Konzept AirLandBattle 2000 den Ansatz des operativen Einsatzes von land- und luftmechanisierten Kräften in der Tiefe des gegnerischen Raumes mit dem Ziel, den Gegner mittels des gleichzeitigen Schlagens an der Front und in der Tiefe seines Raums wirksam zu bekämpfen.[52] Durch das offensive Zusammenwirken von im Operationsverbund eingesetzten Land- und Luftstreitkräften gegen Ziele in der Tiefe des gegnerischen Raums sollte der Angreifer an der Zusammenfassung und Verstärkung seiner Folgekräfte (2. Staffel und Reserven) für den von ihm geführten Angriff gegen den VRV gehindert werden. Entsprechend der Vorstellung vom gleichzeitigen Schlagen des Gegners sollten nach der AirLandBattle 2000 die am VRV stehenden Angriffskräfte (1. Staffel) zeitgleich durch die dort in der Verteidigung eingesetzten Kräfte zerschlagen werden.[53] Mit diesem hochbeweglichen, effektiven, aber führungsfordernden Ansatz sollte erreicht werden, dass die zahlenmäßige Überlegenheit der mechanisierten Angriffskräfte des WP am VRV nicht mehr zum Tragen käme und so die von Bundeswehr und NATO befürchtete Abnutzung in Folge der vom Angreifer angestrebten hochintensiven Durchbruchsoperationen vermieden werde.[54] Die nach beiden Konzepten angestrebte Befähigung, mit unterlegenen Kräften im Systemverbund Aufklärung – Führung – Wirkung den Angreifer an der Front und in der Tiefe gleichzeitig zu bekämpfen, hatte die Erweiterung des zweidimensionalen Gefechtsfelds zum mehrdimensionalen Gefechtsraum zur Konsequenz.[55] Nach den konzeptionellen Vorstellungen des Heeres würden daher »als neues Element des Landgefechts [...] neben [dem] im Nahbereich ausgetragene Duell vornehmlich di-

---

49 Vgl. Hammerich, Die Operationsplanungen der NATO, S. 292 f.
50 Das FOFA-Konzept stellte 1984 ein Element im nach dem Supreme Allied Commander General Bernhard Rogers benannten Rogers-Plan dar. Dieser umfasste den massiven Einsatz konventioneller Flugkörper und Raketen gegen die gegnerischen Folgekräfte und Führungs- und Verkehrsinfrastruktur, die zur Förderung der Marschbewegungen dienten. In seiner Gesamtheit wurde der Rogers-Plan wegen seiner Kostendimensionen nie realisiert. Vgl. exemplarisch zu den öffentlichen Kontroversen Der Spiegel, 48/1984, S. 158–160.
51 Vgl. Aspekte Heeresplanung, S. 118.
52 Vgl. BT-Drs. 10/1750 (16.7.1984): Antwort der Bundesregierung auf die Anfrage der Fraktion Die Günen (BT-Drs. 10/1702): Air Land Battle und Air Land Battle 2000, S. 4; Nikutta u.a. (Bearb.), Die »AirLand Battle«-Doktrin, S. 74; U.S. Army, AirLandBattle 2000, S. 1 f.
53 Vgl. Nikutta u.a. (Bearb.): Die »AirLand Battle«-Doktrin, S. 74, 84 f. Die Problematik zur Adaption der AirLandBattle 2000 stellte dessen Offensivausrichtung dar. Kritiker des Konzepts unterstellten, dass die NATO im Rahmen der Verteidigung Präventivangriffe wie die Wehrmacht führe. Denn das US-Heer wertete zur Entwicklung der AirLandBattle die Blitzkriegsoperationen der Wehrmacht aus. Vgl. exemplarisch hierfür »Gesegnet wie Hitler«. In: Der Spiegel, 21/1985, S. 63–79. Anfrage der Grünen in BT Drs10/1702 (2.7.1984): Kleine Anfrage des Abgeordneten [Jürgen] Reents und der Fraktion DIE GRÜNEN. Air Land Battle und Air Land Battle 2000.
54 Vgl. Depos. GM a.D. Reichardt, Fü H VI. Heeresstruktur 2000, 24.3.1989, Bl. 1–4, hier Bl. 2.
55 Vgl. Depos. GM a.D. Reichardt, Fü H VI. Vortrag H[eeres]Str[uktur] 2000. Teil: Materialinvestitionen, 7.3.1989, Bl. 1–10, hier Bl. 5; ebd., Fü H VI. Heeresstruktur 2000, 24.3.1989, Bl. 1–4, hier Bl. 2.

rektfeuernder Waffen das weitreichende operative Feuer [und] [...] luftbewegliche Kampftruppen dem Truppenführer neue operative Möglichkeiten [eröffnen] [...] Die neuen Elemente zwingen zu noch engerer Zusammenarbeit, nicht nur zwischen den Truppengattungen, sondern auch den TSK. Damit gewinnt die Information neben den klassischen Faktoren Kräfte, Zeit und Raum das Gewicht einer neuen Entscheidungsgröße«.[56] Die Zielstrebigkeit, mit der das Heer die Adaption zum zukünftigen gleichzeitigen Schlagen an der Front und in der Tiefe planerisch und umsetzend vorantrieb, schlug sich in der 1987 erlassenen Konzeption des Heeres nieder.[57] In Verbindung mit den nutzbaren Hochtechnologien und deren wehrtechnischer Realisierung für den Systemverbund Aufklärung – Führung – Wirkung begann der bereits Anfang der 1980er-Jahre eingeleitete Prozess zur Abkehr vom klassischen sequentiell-mobilen Schlagen des Angreifers am VRV, so dass in den 1990er-Jahren eine nachhaltige Vorneverteidigung möglich war.

Wurde den Klausurteilnehmern durch den Generalinspekteur und Vertreter der TSK-Führungsstäbe entschieden das Bild vom künftigen Gefecht der verbundenen Waffen im mehrdimensionalen Gefechtsraum beschrieben, so wurden sie auch mit der inneliegenden planerischen Komplexität des Systemverbunds und den ineinandergreifenden finanziellen sowie strukturellen Planungsproblemen konfrontiert. Denn diese stellte die Rüstungsplanung in puncto Planungs- und Programmabstimmung sowie koordinierter Entwicklung und Realisierung der Wehrmaterialvorhaben vor anspruchsvolle Herausforderungen, die besonders das Heer als den »Kern der Vorneverteidigung« betrafen.[58] Der gleichzeitige Einsatz an der Front und in der Tiefe im Systemverbund Aufklärung – Führung – Wirkung erforderte eine Vielzahl von technisch komplexen Waffensystemen, Geräten und Kampfmitteln. Konzeptionell begründet und entsprechend dem erreichten Entwicklungsstand im Entwicklungs- und Beschaffungsgang von Wehrmaterial führte das Heer im Frühjahr 1989 folgende auf das Jahr 2001 angestrebten Beschaffungsprogramme durch, die auf eine Fähigkeitsoptimierung in folgenden Aufgaben abzielten:

– im Bereich Führung und Aufklärung, als Erfordernis für die taktische und operative Führung und das Gefecht in der Tiefe, die Drohne CL-289, ein fliegendes Kleinzielortungsgerät und eine Funkgerätefamilie und

– für die Elemente Feuer und Sperren, mit dem Ziel, den Gegner in einer Tiefe von bis zu 100 km zu bekämpfen, um so die Kampftruppe an der Front zu entlasten und ein Freisetzen von operativen Reserven zu ermöglichen, die Panzerhaubitze 2000 (PzH 2000) und das Mittlere Artillerieraketensystem (MARS) mit der dazugehörigen endphasengelenkten/intelligenten Munition und die Kampfdrohne »Mücke« sowie

– im Bereich Luftbeweglichkeit die Entwicklung und Beschaffung des Panzerabwehrhubschraubers 2 (PAH-2), die Kampfwertsteigerung des PAH-1 und die

---

56   Depos. GM a.D. Reichardt, Fü H VI. Vortrag H[eeres]Str[uktur] 2000. Teil: Materialinvestitionen, 7.3.1989, Bl. 1–10, hier Bl. 5.

57   Vgl. Depos. GM a.D. Reichardt, Fü H VI. Heeresstruktur 2000, 24.3.1989, Bl. 1–4, hier Bl. 2.

58   Depos. GM a.D. Reichardt, Argumente für eine angemessene Heeresentwicklung [Stand 1989], Bl. 1–5, hier Bl. 1.

Beschaffung des Waffenträgers »Wiesel«, um damit die Panzerabwehr zu verstärken, einen Beitrag für die operative Schwerpunktbildung zu leisten und das Heer zur Luftmechanisierung zu befähigen, und

— in den Aufgaben »Kampf, Kampf- und Einsatzunterstützung zum Abnutzen gegnerischer Stoßkraft, zur Verteidigung von Räumen sowie zur Mechanisierung hochbeweglicher taktisch wie operativ einsetzbarer Kräfte« die Rüstungsvorhaben Panzerkampfwagen 2000 (PzKw 2000), Jagdpanzer »Panther« und Schützenpanzer »Marder 2« sowie die Kampfwertsteigerung der Kampfpanzer »Leopard« 1 und 2 sowie die des Schützenpanzers »Marder 1«.[59]

Ziel dieser Programme und der hier eingeplanten Vorhaben war, dass diese als vernetzte Subsysteme des Heeres ein Element im Systemverbund Aufklärung – Führung – Wirkung bilden würden,[60] um arbeitsteilig, ineinandergreifend und sich ergänzend in der zu schlagenden Operation:

— die Ziele und Gegnerkräfte frühzeitig und rasch aufzuklären,
— die hieraus gewonnenen Informationen und Erkenntnisse an die Führung zeitnah zu übermitteln, die entsprechend der Lageentwicklung zielgerichtet den Einsatz von Kräften und Mitteln befiehlt,
— so dass diese präzise und effektiv im Gefecht zur Wirkung kommen.

Für den Bereich Kampf ist exemplarisch das System Gepanzerte Kampftruppen 90 mit den oben aufgeführten Vorhaben an Panzerkampfwagen, Schützen- und Jagdpanzern zu nennen.[61] Diese wirkten als Systemmix wiederum im Verbund mit den Systemen der Kampfunterstützung, z.B. der Artillerie, und luftbeweglichen Kräften im taktischen und operativen Einsatz zusammen.[62]

Die in die Rüstungsplanung eingesteuerten Waffensysteme, Geräte und Kampfmittel zur Ausrüstung der Streitkräfte für die nachhaltige Vorneverteidigung schlugen mit einem finanziellen Gesamtvolumen von 239,63 Mrd. DM zu Buche. Davon entfielen auf:

— das Heer ca. 45,55 Mrd. DM (ohne PAH-1, -2 und Flugkörper),
— die Marine rund 51,74 Mrd. DM (ohne fliegende Systeme und Flugkörper),
— die Luftwaffe ca. 93,39 Mrd. DM,
— Munition, inklusive Lenkflugkörper, ca. 48,95 Mrd. DM.[63]

---

59 Depos. GM a.D. Reichardt, Fü H VI. Heeresstruktur 2000, 24.3.1989, Bl. 1–4, hier Bl. 3. Ebd., Auflistung Wehrmaterial Heer, Jan. 1988; ein Bl. Luftmechanisierung ist »die Befähigung von Landstreitkräften zum selbständigen und/oder unterstützenden Kampf in und aus der Luft«. BMVg, HDv 100/900 Führungsbegriffe, o.S., Stichwort Luftmechanisierung.

60 Hierbei ist zu berücksichtigen, dass dies technologisch komplexe Großvorhaben betrifft. Die Vorhaben zur Entwicklung von Handfeuerwaffen, wie dem Gewehr G11, oder für die persönliche Ausrüstung in Form und Funktion des Fünf-Farben-Tarndruckanzugs (Flecktarn) liefen parallel.

61 Vgl. Aspekte Heeresplanung, S. 115 f.

62 Vgl. Abwehr gepanzerter Kampftruppen durch das »System Heer«, S. 188–191; Panzerabwehr im Gefecht, S. 192–195; Konzeption des Kampfes, S. 196–197; Kampf gegen gepanzerte Angriffstruppen, S. 198–201, S. 202–209; Der PAH im Kampf, S. 210–212.

63 Vgl. Depos. GM a.D. Reichardt, Auflistungen Wehrmaterial Heer, Marine, Luftwaffe sowie Flugkörper/Munition, Jan. 1988. Die Hubschrauber- und Flugzeugvorhaben von Heer und Marine oblagen der Materialverantwortung der Luftwaffe.

Somit stellte die Gesamtkostenhöhe des zu deckenden Materialbedarfs die Rüstungsplanung 1989 vor eine komplexe Problemlage, die mit dem verfügbaren Planungsvolumen (Zeitachse 13 Jahren) nicht zu decken war. Denn im Frühjahr 1989 standen für die Ausrüstung der Truppe, auf Basis des von 1988 bis 1992 reichenden 22. Finanzplanes, der einen durchschnittlichen Verteidigungsetat von 54,92 Mrd. DM umfasste, für investive Rüstungsausgaben (Forschung, Entwicklung und Beschaffung) planerisch im Jahresdurchschnitt ca. 11,64 Mrd. DM zur Verfügung.[64] Dieses knappe Materialinvestitionsvolumen engte bei einem stagnierenden Verteidigungshaushalt den planerischen Handlungsspielrahmen des Generalinspekteurs für die materielle Weiterentwicklung der Streitkräfte nachhaltig ein. Die hieraus resultierenden Folgen für die Einsatzbereitschaft verdeutlichte Wellershoff den Klausurteilnehmern, indem er hervorhob, dass der investive Bereich 1989 ein planerisches Niveau erreicht hat, das »es noch erlaubt[,] die derzeitige konventionelle Verteidigungsfähigkeit hinsichtlich der materiellen Ausrüstung bis etwa Mitte der 90er-Jahre halten zu können. Danach wird die Kampfkraft ohne Mittelverstärkung unweigerlich absinken«.[65] Damit wurden den Klausurteilnehmern die planerischen Grenzen des seit Beginn der 1980er-Jahre aufgrund von Rezession, Neuverschuldung und Haushaltskonsolidierung stagnierenden Verteidigungshaushaltes aufgezeigt, dessen Ausgabestruktur 1989 eine Diskrepanz zwischen Betriebs- und Investitionsausgaben im Verhältnis von 67,5 % zu 32,5 % aufwies.[66] Erschwert wurde die zu planende Materialbedarfsdeckung zusätzlich dadurch, dass die seit den 1970er-Jahren für die Flexible Response eingeplanten Waffensystemvorhaben mit operationellem Schlüsselcharakter, z.B. das Mehrzweckkampflugzeug »Tornado«, wegen ihrer progressiv steigenden Kostenentwicklungen, deren Steigerungsraten über denen der Inflationsrate lagen,[67] für Deckungslücken im Verteidigungsbudget sorgten.[68] Zur Finanzierungsicherung dieser technisch komplexen Systemvorhaben wurden im Zeitlauf der 1980er-Jahre bereits Umschichtungen in der Rüstungsplanung durch die Eingriffe des Streckens, Streichens und Sparens vollzogen. Diese zielten vor allem auf die »Peripherie von Waffensystemen« ab,[69] die z.B. im Beschaffungsbereich Munition (Lenkflugkörper oder Panzermunition) zu nachhaltigen Kürzungen führten. In ihrer Konsequenz bewirkten diese Peripherieeinschnitte ein Absenken der Kampfkraft. So musste laut

---

[64] BT-Drs. 11/2701: Unterrichtung Bundesregierung. Finanzplan 1988 bis 1992; Flume, Verteidigungshaushalt 1989.

[65] Depos. GM a.D. Reichardt, Fü S VI. Punkt[at]ion zu Prioritäten Bundeswehrplanung für Vortrag GenInsp, 13./14.3.1989, Bl. 1–4, hier Bl. 3.

[66] Depos. GM a.D. Reichardt, Planungsstab – Arbeitsbereich Bundeswehrplanung. Einzelplan 14, 8.11.1988.

[67] Explizit handelt es hierbei um die Preissteigerungsraten. Diese ergeben sich aus den aktuellen Preisständen zu denen des Vorjahres. Die Preissteigerungsrate als globale volkswirtschaftliche Kennziffer beinhalte eine Vielzahl von ineinandergreifenden Kostenentwicklungen (Lohn-, Material-, Prozess- und sonstigen bewerteten Aufwendungen). Vgl. Hartig, Der Bundeswehrplan, S. 393 f. Zu Fragen der Kostenrechnung Anspach/Walitschek, Die Bundeswehr als Auftraggeber, S. 77–85, besonders 80–85.

[68] Vgl. Feldmeyer, Auf dem Feuerstuhl, S. 360; Apel, Der Abstieg, S. 139.

[69] BMVg, Weißbuch 1985, S. 341.

Hans Rühle, 1982–1988 Leiter des Planungsstabes im BMVg, im Jahr 1984 der Generalinspekteur General Wolfgang Altenburg dem Minister Manfred Wörner anzeigen: »Herr Minister, ich melde Ihnen eine Panzerbekämpfungslücke des deutschen Heeres für drei bis fünf Jahre«.[70] Neben dieser Art von Kürzungsmaßnahmen wurden zudem als nachgeordnet eingeordnete Entwicklungs- und Beschaffungsvorhaben zeitlich gestreckt und zahlenmäßig reduziert.[71] Zwar gelang es damit, die Finanzierung der komplexen Waffensystemvorhaben zu gewährleisten, doch verursachten deren finanziellen Bindungswirkungen laut Planungsstand von 1982, dass dadurch bis 1987 die verfügbaren Finanzmittel gebunden und erst Anfang der 1990er-Jahre wieder Finanzmittel für neue Rüstungsvorhaben, sogenannte Neubeginner, verfügbar waren. Mit diesem bekannten Dilemma konfrontiert, strebte Manfred Wörner seit seinem Amtsantritt 1982 eine reale Steigerung des Verteidigungshaushalts an,[72] um bestehende Ausrüstungslücken zu schließen und die Einsatzbereitschaft zu steigern. Jedoch musste er sich dem von Bundeskanzler Helmut Kohl verfolgten »Primat der Haushaltskonsolidierung« unterordnen,[73] so dass die nominalen Steigerungsraten für den Verteidigungshaushalt »nicht einmal die allgemeinen Inflationsraten kompensiert[en]«.[74] Bis zu seinem Ausscheiden aus dem Amt im Jahr 1988 konnten Wörner und sein von Frühjahr 1988 bis 1989 amtierender Nachfolger Rupert Scholz keine Realsteigerung des Verteidigungshaushaltes gegenüber Kohl durchsetzen.[75]

Die sich aus dem stagnierenden Verteidigungshaushalt für Wellershoff ergebende kritische Planungsgröße wurde 1989 zudem durch den beginnenden demographischen Wandel und damit einhergehende Probleme in der Heeresstruktur zusätzlich verschärft.[76] Um der Vorgabe des Primats der Politik vom 17. Oktober 1984 (und dessen Bestätigung vom Januar 1989) zu entsprechen, wonach die Streitkräfte »auch in Zukunft 495 000 Soldaten betragen«,[77] mussten für die Personalbedarfsdeckung wegen ausbleibender Budgetsteigerungen Mittel aus dem Investitionsanteil in den Betriebskostenanteil umgeschichtet werden, was den Handlungsrahmen für die Rüstungsplanung weiter einengte. Für das Heer zeichnete sich aufgrund der fortlaufenden finanziellen und personellen Rahmenbedingungen ab Mitte der 1980er-Jahre ab, dass eine materielle und personelle Weiterentwicklung auf Grundlage der erst 1980 eingenommenen Heeresstruktur 4 »weder zu bemannen noch zu bezahlen war«.[78] Um eine langfristig gesicherte Finanzierbarkeit der ganzeinheitlichen personellen und materiellen Einsatzbereitschaft des Heeres zu gewährleisten, war eine

---

70   Rühle, Warum die Politik dem Leo Urangeschosse verweigerte.
71   Vgl. Depos. GM a.D. Reichardt, Argumente für eine angemessene Heeresentwicklung [1989], Bl. 1–5, hier Bl. 4 f.
72   Vgl. ebd., Planungsstab – Bundeswehrplanung, 19.7.1988.
73   Rödder, Die Bundesrepublik, S. 84.
74   Depos. GM a.D. Reichardt, Entwicklung Rahmenbedingungen. In: Planungsstab (Red.): Punkte Entw. Weißbuch 1989, Bl. 1–5, hier Bl. 1.
75   Vgl. Feldmeyer, Auf dem Feuerstuhl, S. 360 f.
76   Vgl. Depos. GM a.D. Reichardt, Entwicklung Rahmenbedingungen. In: Planungsstab (Red.): Punkte Entw. Weißbuch 1989, Bl. 1–5, hier Bl. 2.
77   Ders.: Fü S I [Personal]. Überlegungen zur Verbesserung der Attraktivität, 8.3.1989, Bl. 1–11, hier Bl. 1.
78   Vgl. BMVg, Strukturen Heer, S. 26–31. Rink, Das Heer der Bundeswehr, S. 137, 146 f.

erneute Umstrukturierung des Heeres zwingend erforderlich. Denn die Einnahme einer neuen Struktur bildete zugleich die organisatorische Grundlage zur quantitativen Ermittlung des mittel- und langfristigen Materialbedarfs für die Befähigung zum gleichzeitigen Schlagen an der Front und in der Tiefe.[79] Mit der Einleitung von auf konzeptionellen Überlegungen beruhenden Strukturierungsmaßnahmen, die nicht nur Auswirkungen für das Heer hatten, wurde ein organisatorischer Effizienzansatz zur Erweiterung des planerischen Handlungsrahmens verfolgt. Dadurch sollte eine Verbesserung des Investitionsanteils erreicht werden. Hierzu wurde auf Grundlage von Untersuchungen auf der am 23. Mai 1987 abgehaltenen Sitzung des Militärischen Führungsrates durch den Generalinspekteur eine konzeptionelle Aufgabenpräzisierung der Streitkräfte, die eine auf Kaderung und Reduzierung abzielende Umstrukturierung des Heeres beinhaltete, festgelegt.[80] In Verbindung damit wurde auf dieser Führungsratssitzung neben der neuen Heeresstruktur eine ressourcenorientierte Aufgabenzuordnung der TSK beschlossen,[81] die nach einer Präzisierung im Februar 1988 durch Wörner abschließend gebilligt wurde.

Angelehnt an den konzeptionellen Vorstellungen zum simultanen Schlagen an der Front und in der Tiefe zielten die Reorganisation und Aufgabenpräzisierung der Streitkräfte darauf ab, dass Redundanzen in den militärischen Aufgaben, z.B. Kampfaufgaben gegen Landstreitkräfte oder Aufklärung, abgebaut und die TSK in Pilotfunktion Aufgaben für die anderen TSK übernehmen werden.[82] Im Militärischen Führungsrat wurde unter anderem beschlossen, dass »das Heer [...] langfristig an[strebt], die Folgestaffeln des WP bis in eine Tiefe von ca. 100 km jenseits der vordersten Linie bekämpfen zu können; dementsprechend verzichtet die Luftwaffe langfristig auf die Einplanung von Kräften für die Luftnahunterstützung«.[83] Für das Heer hatte dies zur planerischen Folge, dass es mit eigenen fliegerischen und artilleristischen Kräften operativ zum Einsatz gegen die feindlichen Folgekräfte befähigt sein musste,[84] woraus sich mithin taktische Forderungen an zu konzipierendes Wehrmaterial, wie den Panzerabwehrhubschrauber PAH-2, ergaben. Planerisch ergab sich für die Luftwaffe aus der Aufgabenpräzisierung die Möglichkeit, dass fliegerisches Gerät, das bislang für die Aufgabe Luftnahunterstützung genutzt wurde, nun für andere Aufgaben einzusetzen oder wegen hoher Betriebsaufwendungen mittelfristig aus der Nutzung auszuphasen war, um die damit freigesetzten finanzi-

---

79 Vgl. Betreff Strukturen. In: Schreiben Generalmajor a.D. Reichardt vom 14.11.2015 an den Verfasser.

80 Vgl. Depos. GM a.D. Reichardt, Fü H VI. Heeresstruktur 2000, 24.3.1989, Bl. 1–4, hier Bl. 2.

81 Vgl. Depos. GM a.D. Reichardt, Fü S VI. Punkt[at]ion zu Prioritäten Bundeswehrplanung für Vortrag GenInsp, 13./14.3.1989, Bl. 1–4, hier Bl. 2.

82 Vgl. Depos. GM a.D. Reichardt, Bundeswehrplanung. In: Planungsstab (Red.): Punkte Entw. Weißbuch 1989, Bl. 1–5, hier Bl. 3. Naumann, Aufgabenorientierte Bundeswehrplanung, S. 249, 252 f.

83 Depos. GM a.D. Reichardt, Bundeswehrplanung. In: Planungsstab (Red.): Punkte Entw. Weißbuch 1989, Bl. 1–5, hier Bl. 3.

84 Vgl. Aspekte Heeresplanung, S. 115–119, hier S. 118. Bernhardt, Die Luftbeweglichkeit des Heeres, S. 321–327. v. Kirchbach, Einsatz luftbeweglicher Kräfte, S. 70–77. Kiesenbauer/Kügler, Führung Luftwaffe, S. 180–184.

ellen Ressourcen für neue oder laufende Wehrmaterialvorhaben, z.B. den Jäger 90, einzuplanen.

Bei der beschlossenen Umstrukturierung der Streikräfte, bei der der Friedensumfang von 495 000 Soldaten durch eine Kürzung am Bestand der aktiven Soldaten auf 456 000 Soldaten bei gleichzeitiger Steigerung des Reservistenanteils auf 39 000 Soldaten errreicht werden sollte, war das Heer durch die Einsparungen bei den Aktiven personell am stärksten betroffen.[85] Luftwaffe und Marine konnnten die damit verbundenen Personalabbaumaßnahmen mit ihrern vohandenen Strukturen kompenesieren. Ausgerichtet an den finanziellen und personellen Rahmenbedingungen sollte mit der Heeresstruktur 2000 eine differenzierte Truppenreduzierung des Heeres erreicht werden, um so die personelle Lebensfähigkeit der Truppenteile zu verbessern.[86] Die damit verbundenen Einschnitte in der Friedenspräsenz des Heeres waren in der Ausrüstungsplanung zu berücksichtigen,[87] um die Konzeption des Heeres als Kern der Vorneverteidigung zu erhalten. Die politische Vorgabe von zwölf Divisionen zugrunde legend, wies die Heeresstruktur 2000 zwei Luftbewegliche Divisionen und zehn mechanisierte Divisionen auf,[88] so dass mit Stand 1989 »[n]ach dieser neuen Struktur [...] das Heer 42 Brigaden unterschiedlicher Art und Ausrüstung haben« sollte.[89] Damit änderte sich für die laufende Rüstungsplanung der materielle Strukturbedarf des Heeres, der angepasst an die finanziellen Möglichkeiten zeitlich so zu planen war, dass dies besonders im Bereich der mechanisierten Kampftruppen zu keiner Minderung der Einsatzbereitschaft führte. Im Schnitt kalkulierte das Heer für die komplette Modernisierung einer Panzerbrigade, deren Ausrüstung die Kampfpanzer »Leopard 2«, Schützenpanzer »Marder 1A3« und Jagdpanzer »Panther« sowie weitere Gefechtsfahrzeuge umfassen sollte, rund 2,5 Mrd. DM ein,[90] was bei den geplanten 16 Panzerbrigaden ein Investitionsvolumen von 40 Mrd. DM bedeutete. Jedoch standen dem Heer von den im Verteidigungshaushalt geplanten durchschnittlichen Investitionsausgaben in Höhe von 11,64 Mrd. DM lediglich rund 4,5 Mrd. DM (Stand 1989) für investi-

---

85 Vgl. Depos. GM a.D. Reichardt, Register 24 Personalstrukturmodell 95. In: Planungsstab (Red.): Punkte Entw. Weißbuch 1989, Bl. 1–4, hier Bl. 1

86 Vgl. Depos. GM a.D. Reichardt, Künftige Struktur Streitkräfte. In: Planungsstab (Red.): Punkte Entw. Weißbuch 1989, Bl. 1–4, hier Bl. 2; Haasler, Die Heeresstruktur 2000, S. 453 f.

87 Vgl. Depos. GM a.D. Reichardt, Künftige Struktur Streitkräfte. In: Planungsstab (Red.): Punkte Entw. Weißbuch 1989, Bl. 1–4, hier Bl. 3 f.

88 Vgl. ders.: Bl. 1–4, hier Bl. 3 f.; Haasler, Die Heeresstruktur 2000, S. 454 f. Die Aufstellung der zwei Luftbeweglichen Divisionen sollte über die Zusammenfassung von Heeresfliegern und Fallschirmjägern erfolgen.

89 Depos. GM a.D. Reichardt, Künftige Struktur Streitkräfte. In: Planungsstab (Red.): Punkte Entw. Weißbuch 1989, Bl. 1–4, hier Bl. 3–4. Ders.: Fü H VI. Strukturbedarf Kampfpanzer. Umfang der 42 Brigaden: 16 Panzerbrigaden, 6 Panzergrenadierbrigaden (Typ 1), 6 Panzergrenadierbrigaden (Typ 2), 1 Gebirgsjägerbrigade, 2 Sicherungsbrigaden, 2 Panzerabwehrhubschrauberbrigaden, 2 Luftlandebrigaden, 1 gemischte luftbewegliche Brigade und deutsche Anteil in der Deutsch-Französischen Brigade. Die Panzergrenadierbrigaden (PzGrenBrig) Typ 1 und 2 unterschieden sich von der Panzerbrigade in puncto Ausstattung durch die Art und Anzahl der Kampfpanzer. Die Panzerbrigaden sollten über den »Leopard 2« und die PzGrenBrig über den kampfwertgesteigerten »Leopard 1« verfügen. Vgl. Haasler, Die Heeresstruktur 2000, S. 454 f.

90 Vgl. ebd.: Fü H VI. Vortrag H[eeres]Str[uktur] 2000. Teil: Materialinvestitionen, Bl. 1–10, hier Bl. 2 f.

ve Ausgaben zur Verfügung.[91] Ausgehend von dieser Investitionssumme kalkulierte das Heer, unter Berücksichtigung der eingeplanten Beschaffungsvorhaben (Systeme, Simulatoren, Munition und Kampfwertsteigerungen), dass die Modernisierung der 16 Panzerbrigaden rund 20 Jahre dauere.[92] Der knappe Investitionsmittelansatz und dessen zeitliche Auswirkung hatten in ihrem planerischen Wirkungszusammenhang nach dem Urteil des Stabsabteilungsleiters Planung im Führungsstab des Heeres zur Folge, dass »eine gleichmäßige Modernisierung des ganzen Heeres nicht möglich [sei und ...] Teile des Heeres [...] daher für längere Zeit mit technisch älterem/veraltetem Material ausgerüstet« bleiben.[93] Damit entwickelte sich in der Ausrüstungsplanung des Heeres, was auch für Luftwaffe und Marine galt, ein Teufelskreis aus Mittelknappheit und Investitionsbedarf heraus, dessen Abwärtsspirale ein fortlaufendes Absinken der Kampfkraft zur Folge hatte. Denn der sich verknappende Investitionsmittelansatz führte zu weiteren Ausrüstungsdefiziten, die durch inadäquate Kompensationsmaßnahmen an veraltetem Material mittels Kampfwertsteigerungen und -erhaltungen minimiert wurden. Doch diese Kompensationsmaßnahmen belasteten den Investitionsanteil zusätzlich, was die Einplanung von Neubeginnern zusätzlich beschnitt. Zur Aufrechterhaltung der Einsatzbereitschaft verursachte zudem die Weiternutzung der veraltenden und entsprechend modern zu haltenden Kampftechnik wegen ihrer zunehmenden Unwirtschaftlichkeit zwangsläufig einen Anstieg der Betriebsausgaben im Ausgabeposten der Materialerhaltung. So wies der geplante Bestand an Kampfpanzern für 1995 insgesamt 3812 Systeme auf, worin ein Soll von 2099 »Leopard 2« und 1713 »Leopard 1« enthalten war.[94] Für die Rüstungsplanung galt es, planerisch zu berücksichtigen, dass die zur Erhaltung der taktisch-technischen Einsatzreife durchzuführenden Kampfwertsteigerungen beim älteren »Leopard 1« einem kürzeren Nutzungszyklus unterlagen, der sich langfristig nicht fortlaufend erweitern ließ, da fortschreitende Obsoleszenz, erhöhter Verschleiß und steigende Betriebskosten den Kampfwert minimierten.[95] Somit war der auf Erhaltung der Einsatzbereitschaft zu priorisierende knappe Investitionsmitteleinsatz mit einer Inkaufnahme von fortlaufenden Ausrüstungsdefiziten verbunden, die im Bereich des Heeres dazu führten, dass beispielsweise die Infanterie weiterhin über kein gepanzertes Transportfahrzeug verfügte oder kein Nachfolgesystem für die Artilleriebeobachter einplanbar war.[96] Nach einer Untersuchung des Planungsstabes führten die gleichzeitigen Bindungswirkungen von in der Einführung befindlichen Systemen sowie die Umsetzung von Modifizierungen alternder Kampftechnik bei knappen Investitionsmitteln zu Stückzahlreduzierungen, zeitlichen Streckungen oder gar zu kompletten Streichungen von eingeplanten bzw. einzuplanenden Vorhaben. Für die Ausrüstungsplanung des Heeres hatten diese haushaltsbedingten

---

[91] Vgl. ebd.
[92] Vgl. Depos. GM a.D. Reichardt, Fü H VI. Vortrag H[eeres]Str[uktur] 2000. Teil: Materialinvestitionen, Bl. 1–10, hier Bl. 3.
[93] Ebd., Bl. 1–10, hier Bl. 2 f.
[94] Vgl. Depos. GM a.D. Reichardt, Fü H VI. Strukturbedarf Kampfpanzer.
[95] Vgl. Depos. GM a.D. Reichardt, Fü H VI. Vortrag H[eeres]Str[uktur] 2000. Teil: Materialinvestitionen, Bl. 1–10, hier Bl. 8.
[96] Vgl. ebd.

planerischen Eingriffe bei folgenden Rüstungsvorhaben zeitlichen und quantitativen
Konsequenzen (Stand 1989):

– Schützenpanzer »Marder 2«, Verzögerung von vier Jahren und eine Reduzierung
  von 1500 auf 850 Stück,
– Jagdpanzer »Panther«, Verzögerung von vier Jahren und eine Reduzierung von
  936 auf 337 Stück,
– Kampfpanzer »Leopard 1«, Streichung von Kampfwertsteigerungen für Schutz
  und Wirkung.[97]

Rüstungsplanerisch betrafen die eingeschränkten finanziellen Rahmenbedingungen
nicht nur das Heer, sondern ebenfalls Marine und Luftwaffe. Die fortlaufende Verknappung des investiven Planungsvolumen generierte zwischen den TSK
eine Konkurrenzsituation, die aus den Verdrängungseffekten resultierte, die sich
aus operativen und planerischen (Neu-)Priorisierungen in der Einplanung und
Fortschreibung von Wehrmaterialvorhaben ergaben. Entsprechend der eigenen
Wertigkeit als Kern der Vorneverteidigung kritisierten 1989 Vertreter des Heeres
im Verteidigungsministerium den Finanzmittelzufluss zur Entwicklung von Jäger 90
und »Tornado« an die Luftwaffe. So missbilligte der Stabsabteilungsleiter Planung des
Heeres: »Das Jagdflugzeug 90 schluckt alleine nahezu 25 % aller Entwicklungsmittel;
und mit Tornado zusammen fasst [sic!] 30 % (!)«.[98] In monetären Zahlen ausgedrückt hieß dies, dass von den im Verteidigungshaushalt 1990 dotierten 3 Mrd. DM
für die Entwicklung von Wehrmaterial rund 900 Mio. DM auf die Luftwaffe und
ca. 546 Mio. DM auf das Heer entfielen.[99] Diese, aus Sicht des Heeres, ungleiche
Mittelverteilung kritisierte der Inspekteur des Heeres, Generalleutnant Hennig von
Ondarza, und teilte im April 1989 in einem Schreiben an dem Generalinspekteur
mit: »Im Jahr 1990 übersteigt allein der für die Entwicklung der Waffenplattform
EFA [European Fighter Aircraft, Jäger 90; St.W.] – ohne Waffen – vorgesehene
Betrag die für sämtliche Entwicklungsvorhaben des Heeres einplanbaren Mittel.
Damit ist die Modernisierung des Heeres [...] nur noch punktuell möglich«.[100] Vor
dem Hintergrund, dass dem Inspekteur keine weiteren Mittel für die Entwicklung
zur Verbesserung der operativen Panzerabwehrfähigkeit durch Umschichtungen ge-
währt wurden, stellten die fortlaufende Entwicklung und geplante Beschaffung des
Jäger 90 mit seinem Verdrängungseffekt für das Heer ein planerisches Risiko dar.
Denn ausgehend vom 22. Finanzplan musste das Heer im Frühjahr 1989 damit
rechnen, dass zu seinen Lasten Mittel zugunsten des Jäger 90 umgeschichtet werden
würden. Gegenüber dem Generalinspekteur wies der Inspekteur als Verantwortlicher
für die Einsatzbereitschaft des Heeres darauf hin, dass dies wegen nicht einzuplanen-
der Mittel für die Materialentwicklung zu Vorhabenverschiebungen führen wird,
die »Einschränkungen in der Auftragserfüllung durch das Heer nach sich ziehen«

---

[97] Vgl. ebd.
[98] Depos. GM a.D. Reichardt, Argumente für eine angemessene Heeresentwicklung [Stand 1989],
      Bl. 1–5, hier Bl. 2.
[99] Vgl. ebd., Bl. 1–5, hier Bl. 1.
[100] Ebd., Schreiben des Inspekteurs des Heeres an den Generalinspekteur. Betrifft Haushalt 1990,
      Bl. 1 f., hier Bl. 2.

werden.[101] Deutlich wird das vom Jäger 90 ausgehende planerische Risiko für das Heer anhand des Beschaffungsvolumens von 200 Maschinen (ohne Bewaffnung) im Wert von 22,35 Mrd. DM (Stand März 1988 – Gerätepreis pro Maschine ca. 111,75 Mio. DM).[102] Im Vergleich dazu plante das Heer im Jahr 1988 für ca. 22,19 Mrd. DM unter anderem die Beschaffung von 212 PAH-2, 200 MARS-Systemen mit 85 000 Einheiten Flugkörpermunition und die Kampfwertsteigerung von 2050 Systemen »Leopard 2« ein.[103]

Durch die angespannte Lage des Materialinvestitionsanteils befand sich die Rüstungsplanung im Frühjahr 1989 in einem planerischen Dilemma, das ohne verstärkten Finanzmitteleinsatz ein Absinken der Kampfkraft ab Mitte der 1990er-Jahre zur Folge haben würde. Die zielführende Realisierung der Rüstungsplanung in Verbindung mit dem Personal- und Strukturvorhaben erforderte eine nachhaltige Realmittelverstärkung des Verteidigungshaushalts, da sonst, so der Generalinspekteur auf der Klausur der AG Verteidigung der CDU/CSU-Fraktion 1989, das nicht »ausgewogene Verhältnis von Betriebs- zu Investitionskosten« in den 1990er-Jahren zum Kampfkraftverlust führe.[104] Denn unter den bestehenden finanziellen Rahmenbedingungen des 22. Finanzplans zeichnete sich ab, dass die Deckung der steigenden Betriebskosten, die sich aus den erhöhten Finanzmitteleinsatz zur Personalbedarfsdeckung ergaben, »zu Lasten dringend erforderlicher militärischer Beschaffungen« ging.[105] Dieses Dilemma veranlasste auch Gerhard Stoltenberg nach seinem Amtsantritt als Verteidigungsminister im Frühjahr 1989 dazu, wie bereits aufgeführt, dem Planungsstab den Auftrag zur Überprüfung und Fortschreibung der Bundeswehrplanung zu erteilen, um zu untersuchen, wie Auftrag und Ressourcen in Einklang zu bringen bzw. zu halten sind.[106] Die Untersuchung des Planungsstabes zeigte auch das unausgewogene Verhältnis von Betriebs- zu Investitionskosten auf und folgerte zugleich, dass ohne eine reale Steigerung des Verteidigungshaushaltes, bei gleichzeitig steigenden Personalkosten, eine bedrohungsgerechte Ausrüstung der Truppe mit modernem Wehrmaterial in den 1990er-Jahren nicht mehr aufrechtzuerhalten sei.[107] Doch angesichts der Tatsache, dass trotz des sich entspannenden Ost-West-Verhältnisses der WP seine Wehrtechnik weiterentwickelte, um qualitativ mit dem Nordatlantischen Bündnis gleichzuziehen, war für eine bedrohungsgerechte Rüstungsplanung eine reale Finanzmittelerhöhung in den 1990er-Jahren zwingend erforderlich. Obwohl Kohl auf einem haushaltspolitischen Konsolidierungskurs beharrte, konnte Stoltenberg im November 1987, noch in seiner Eigenschaft als Finanzminister, gestützt auf

---

[101] Depos. GM a.D. Reichardt, Schreiben des Inspekteurs des Heeres an den Generalinspekteur. Betrifft Haushalt 1990, Bl. 1 f., hier Bl. 2.

[102] Vgl. Depos. GM a.D. Reichardt, Vergleich Beschaffung Wehrmaterial Heer und Luftwaffe.

[103] Ebd.

[104] Depos. GM a.D. Reichardt, Fü S VI. Punkt[at]ion zu Prioritäten Bundeswehrplanung für Vortrag GenInsp, 13./14.3.1989, Bl. 1–4, hier Bl. 3.

[105] Ebd., Bl. 1–4, hier Bl. 4.

[106] Depos. GM a.D. Reichardt, Minister. Fortschreibung der Bundeswehrplanung, 9.5.1989, Bl. 1 f., hier Bl. 1.

[107] Vgl. Fischer, Verteidigungshaushalt der Zukunft, S. 36–42.

Haushaltsprognosen eine reale Mittelsteigerung zusagen, indem »der Finanzrahmen für den Verteidigungshaushalt in der mittelfristigen Finanzplanung – beginnend mit dem Jahr 1989 – verstärkt wird«.[108] Da jedoch die Gefahr bestand, dass Kohl dem Verteidigungsetat aus opportunitätspolitischen Erwägungen keine reale Steigerung zubilligte, setzte sich Stoltenberg mit seinem Wechsel auf die Hardthöhe gegenüber dem Bundeskanzler mit Nachdruck für eine Erhöhung des Etats ein. Gestützt auf die Untersuchungsergebnisse seines Planungsstabs, die Meldungen der militärischen Führung und seine finanzpolitische Expertise erreichte Stoltenberg, flankiert durch die Vortragsarbeit des Generalinspekteurs, letztendlich eine reale Mittelerhöhung, der Kohl am Ende aus sicherheits- und bündnispolitischen Gründen zustimmte.[109] Dies spiegelte sich im 23. Finanzplan für den Verteidigungshaushalt wieder,[110] der für das Haushaltsjahr 1989 ein Soll von 53,28 Mrd. DM aufzeigte, das im Planjahr 1993 auf 58,63 Mrd. DM, inklusive Steigerung des Materialinvestitionsanteils, erhöht werden sollte.[111] Bis einschließlich 1992 blieb das Investitionsvolumen wegen der verstärkten Deckung der Personalausgaben zunächst auf rund 14,5 Mrd. DM bestehen,[112] doch standen ab 1993 signifikante Steigerungen für die Rüstungsplanung zur Verfügung, die die Finanzierbarkeit zur Ausrüstung der Truppe sicherte. Mit dieser Realmittelsteigerung war rüstungsplanerisch eine kontinuierliche Ausrüstung der Truppe zum gleichzeitigen Schlagen an der Front und in der Tiefe des Raumes mit dem Systemverbund Aufklärung – Führung – Wirkung leistbar. In Verbindung mit der von Kohl gebilligten Erhöhung des Verteidigungshaushalts wurden die auf das Jahr 2000 abzielenden strukturellen, personellen und materiellen Grundzüge der von Wellershoff erarbeiteten Bundeswehrplanung schließlich am 6. Dezember 1989 vom Bundeskabinett verabschiedet.[113]

Im Frühjahr 1989 zielte die Fortschreibung der Rüstungsplanung auf eine Optimierung der konventionellen Fähigkeiten zur nachhaltigen Vorneverteidigung ab, die von der Annahme geleitet wurde, dass vom WP über das Jahr 1989 weiterhin eine Bedrohung ausgehen werde. Zur Ausrüstung der Truppe, die diese künftig zum gleichzeitigen Schlagen an der Front und in die Tiefe des gegnerischen Raums befähigen sollte, waren in die Rüstungsplanung zahlreiche Wehrmaterialvorhaben eingeplant worden. Angesichts des 1989 bestehenden ungünstigen Kräfteverhältnisses verfolgte die Bundeswehr mit einer auf den für das gleichzeitige Schlagen erforderlichen Systemverbund Aufklärung – Führung – Wirkung abzielenden Ausrüstung, dass diese im Kriegsfall sicherstellen sollte, dass die quantitative Überlegenheit des WP durch eine qualitative Überlegenheit abgewehrt werde. In ihrer Gesamtheit zielte die Rüstungsplanung der Bundeswehr auf die Optimierung des Gefechts der verbundenen Waffen in Mitteleuropa ab. Zugleich lag in diesem komplexen Ausrüstungsansatz ein planerisches Dilemma begründet, das in der Forderung nach der Nutzung

---

[108] Kabinettsbeschluss vom 16.11.1987; zit. aus: Depos. GM a.D. Reichardt, Haushalt 1989/22. Finanzplan. In: Planungsstab (Red.): Punkte Entw. Weißbuch 1989, Bl. 1–4, hier Bl. 3.
[109] Vgl. Depos. GM a.D. Reichardt, Ergebnisvermerk, 12.5.1989, Bl. 1–3, hier Bl. 2.
[110] BT-Drs. 11/5001: Unterrichtung Bundesregierung. Finanzplan 1989 bis 1993, S. 31.
[111] Vgl. ebd.
[112] Vgl. Ruppelt, Rüstungsplanung, S. 19.
[113] Vgl. Weisser, Bundeswehr-Planung, S. 79 f.

von Hochtechnologie im Wehrmaterial lag: steigende Kostenentwicklungen mit ihren Aus- und Wechselwirkungen auf die Rüstungsplanung. Die aus der Entwicklung und Beschaffung von qualitativ überlegener Wehrtechnik resultierenden Kostensteigerungen führten bei dem engen Finanzrahmen in Abhängigkeit von den Planungsprioritäten zu einem zeitlichen und quantitativen Verdrängungseffekt in der Rüstungsplanung. Damit war zugleich die Gefahr verbunden, dass bestehende Ausrüstungslücken nicht geschlossen werden konnten, da z.B. die eingeplanten Mittel für ein Landkampfsystem zugunsten eines Luftkampfsystems umgeschichtet werden mussten, um die bestehenden Bindungswirkungen für dieses fliegende System finanziell zu decken. Durch die Knappheit der Finanzmittel verschärfte sich zwischen den TSK die Konkurrenzsituation, die der Generalinspekteur als Planungsverantwortlicher so zu minimieren hatte, dass die Weiterentwicklung der Streitkräfte als Gesamtsystem gewahrt blieb. Zwar wurde ressourcenorientiert eine konzeptionelle Neuordnung eingeleitet, die mit einer begonnenen Umstrukturierung des Heeres einherging, sowie einen Ansatz verfolgte, der auf einen Einklang von Auftrag und Mittel abzielte. Dennoch reichte dies nicht aus, um bei steigenden Betriebskosten die Rüstungsplanung auf einem langfristigen Niveau halten zu können. Der Bundeswehr drohte wegen der knappen Mittel ab Mitte der 1990er-Jahre ein substanzieller Kampfkraftverlust. Eine Kompensation durch kostengünstige Maßnahmen in Form der Kampfkraftsteigerungen an alternder Wehrtechnik bot langfristig keine Handlungsalternative, da sich die Intervalle zur technischen Nachrüstung zunehmend verkürzten und den investiven Ausgabenbereich belasteten. Mit der im 23. Finanzplan niedergeschriebenen Mittelverteilung konnte zwar eine Steigerung des investiven Ausgabenanteils im Verteidigungshaushalt ab dem Jahr 1993 erreicht werden, um damit das Planungsvolumen für eine gegen die angenommene Bedrohung gerichtete Rüstungsplanung zu optimieren. Doch war es zugleich erforderlich, die Rüstungsaufgaben zwischen dem militärischen Bedarfsträger und administrativen Bedarfsdecker nach Effizienzkriterien[114] neu zu ordnen, um zur Jahrtausendwende eine Forcierung der konventionellen Fähigkeiten zur wirksamen Vorneverteidigung mit dem Waffenmix des Systemverbunds Aufklärung – Führung – Wirkung zu erreichen.

---

114 Effizienz (= Wirtschaftlichkeit) wird als ein Entscheidungskriterium zur Lösung einer bestimmten Problemlage genutzt. Es wird bei Vorliegen mehrerer Handlungsoptionen diejenige ausgewählt, die »mit der höchsten Effizienz verbunden ist«. Die Effizienz resultiert aus dem Verhältnis von Aufwand (Input) zu Ertrag (Output). Effektivität dagegen »ist die Wirksamkeit und misst den Grad, zu dem mit bestimmten [organisationssoziologischen oder ökologischen] Maßnahmen geplante Ziele erreicht werden«, zum Beispiel die Verbesserung der Arbeitsplatzumgebung durch Ausstattung der Büroräume mit ergonomischen und gesundheitsfördernden Mobiliar. Balderjahn/Specht, Einführung in die Betriebswirtschaftslehre, S. 15 f.

IV. Neustrukturierung der Rüstungsorganisation
1988–1992

1. Ein organisatorisches Kapazitätsproblem

Zeigten Wellershoff und die Vertreter von Heer, Marine und Luftwaffe 1989 in ihren Ausführungen die Materialbedarfe mit den einhergehenden rüstungsplanerischen Herausforderungen zur Ausrüstung der Truppe mit komplexer Kampftechnik für eine optimierte konventionelle Verteidigungsfähigkeit bis zur Jahrtausendwende auf, so wies gleichzeitig der zivile Rüstungsbereich in der Entwicklung und Beschaffung aufbau- und ablauforganisatorische Defizite in der Bedarfsdeckung auf. Denn trotz des stagnierenden Verteidigungshaushalts stieg bis 1989 die Anzahl der in den zu realisierenden Rüstungsprogrammen eingeplanten Wehrmaterialvorhaben.[1] Waren 1972 vom Rüstungsbereich 33 als Waffensystem eingestufte Vorhaben zu realisieren, so erhöhte sich die Anzahl bis 1987 auf 71 und stieg zum Jahr 1989 auf insgesamt 150 Vorhaben an.[2] Mit diesem progressiven Vorhabenanstieg wuchs zugleich umsetzungsbedingt auf den Ebenen Ministerium und Durchführungsbereich die Anzahl der für das operative Rüstungsmanagement erforderlichen Arbeitsgruppen. Aus den militärischen und administrativ-technischen Fachinstanzen waren die auf der Ebene des Verteidigungsministeriums angesiedelte AG des Systembeauftragen sowie auf den durchführenden Ebenen von Streitkräften und zivilem Rüstungsbereich die AG der Projektbeauftragen (Bundesamt für Wehrtechnik und Beschaffung (BWB)) und der Systemoffiziere (TSK-Amt) zu bilden. In Zahlen ausgedrückt ergibt sich folgendes Bild: Waren 1987 für die 71 Systemvorhaben rechnerisch ca. 213 AG zu bilden, so erforderten 1989 die 150 Vorhaben zur Umsetzung strukturell einen Organisationsaufwand von bis zu 450 AG.[3] Die systematische technisch-wirtschaftliche Umsetzung der taktisch-technischen Forderungen in ein Waffensystem verursachte mit dieser anwachsenden bürokratisch-hierarchischen Organisationsstruktur und den damit verbundenen Abstimmungsaufwänden einen steigenden Komplexitätsgrad in der Rüstungsorganisation. Die Umsetzung der einzelnen Rüstungsvorhaben mit dieser polykratischen Struktur erhöhte den Komplexitätsgrad des Rüstungsprozesses und den des operativen Rüstungsmanagements. Eine zusätzliche Verkomplizierung in der laufenden Entwicklung und Beschaffung der ein-

---

[1] Vgl. Schnell, 30 Jahre Rüstung, S. 16.
[2] Vgl. Depos. GM a.D. Reichardt, Grundsätzliches zur Rüstung. In: Planungsstab (Red.): Punkte Entw. Weißbuch 1989, Bl. 1–5, hier Bl. 2.
[3] Ein System zu je drei Arbeitsgruppen (System- und Projektbeauftragter sowie Systemoffizier).

geplanten Wehrmaterialvorhaben ergab sich aus dem parallel fortschreitenden Wirkungszusammenhang von Technikentwicklung und Veränderungen im Kriegsbild sowie weiterer militärischer und technisch-wirtschaftlichen Entwicklungsfaktoren, der mit erheblichen technischen und finanziellen Risiken für die Rüstungsplanung verbundenen war.[4] Denn die Forderungen der Streitkräfte nach Spitzentechnik, unter anderem in den taktischen Leitungsparametern Schutz, Wirkung, Beweglichkeit und Führung, waren in der Entwicklung und Beschaffung mit erheblichen Zeit- und Funktionsrisiken sowie steigenden Kostenentwicklungen verbunden.[5] Insbesondere die Planung, Entwicklung und Beschaffung der Waffensystemvorhaben ging aufgrund der komplexen technischen Schnittstellenkopplung verschiedener funktionell abhängiger Systemkomponenten[6] – z.B. im Fall eines Kampfpanzers: Turm, Rohr, Feuerleitanlage, Wanne, Funk, Motor, Getriebe, Munition, Ausbildungsmittel usw.[7] – mit einem erhöhten Zeit- und Kostenaufwand einher. Zudem führte die von den Streitkräften geforderte Spitzentechnik beim Bedarfsdecker dazu, dass dieser in der Umsetzung des Rüstungsvorhabens einen technischen Perfektionierungsansatz verfolgte.[8] Mit diesem ambitionierten Ansatz zielten Streitkräfte und ziviler Rüstungsbereich auf die Entwicklung und Beschaffung eines Waffensystems ab, das in seiner Funktionalität die taktisch-technischen Forderungen operationell und qualitativ übertrifft – die sogenannten Goldrandlösungen.[9] Jedoch waren wegen der begrenzten finanziellen und personellen Ressourcen die ablauforganisatorischen Kapazitäten der militärischen und zivilen Rüstungsinstanzen für das operative Rüstungsmanagement im Entwicklungs- und Beschaffungsgang von Wehrmaterial (EBMat) derart begrenzt, dass die Vielzahl der als System eingeplanten Rüstungsvorhaben und die damit verbundenen fianziellen und technischen Risiken zu einem Anwachsen der auf rüstungsplanerische Steuerung und Kontrolle abzielenden ministeriellen Bürokratie führte.[10] Dadurch wurde das bei knappen Haushaltsmitteln im EBMat umzusetzende Rüstungsmanagement zwischen den militärischen Bedarfsträgern und zivilen Bedarfsdeckern 1989 zusätzlich erschwert. Bereits Anfang der 1980er-Jahren erreichte die verfahrensbedingte Bildung der AG im Rüstungsbereich einen organisatorischen Umfang, den Minister Hans Apel als zu großen und überorganisierten »Wasserkopf« bezeichnete.[11] Zwar bezog er sich mit seinem Urteil der Überorganisation auf die im BWB gemachten Managementfehler und einhergehenden Kostensteigerungen,[12] doch schließt sei-

4   Vgl. Depos. GM a.D. Reichardt, Neuordnung Rüstungsaufgaben. In: Planungsstab (Red.): Punkte
     Entw. Weißbuch 1989, Bl. 1–4, hier Bl. 1.
5   Wörner, Rede zum 30jährigen Jubiläum, S. 17.
6   Krapke, Entwicklung von Kampfmitteln, S. 235–242.
7   Ebd., S. 234 f.
8   Vgl. Rothenberger, Die Rüstungsführung, Teil 2, S. 110.
9   Wörner, Rede zum 30jährigen Jubiläum, S. 17 und 64.
10   Vgl. Schnell, 30 Jahre Rüstung, S. 13–19.
11   Apel, Der Abstieg, S. 170.
12   Es handelte sich hierbei um die Auftragserteilung zum Bau von sechs Fregatten, für die die Werft
     Bremer Vulkan als Generalunternehmer (GU) fungierte. In Anbetracht der ungünstigen wirtschaft-
     lichen Lage der bundesdeutschen Werftenlandschaft musste die Bremer Vulkan als GU den Bau
     auf andere Werftunternehmen verteilen. Hierbei verkalkulierte sich die Vulkan-Werft und drohte

ne Kritik ebenfalls die Rüstungsabteilung des BMVg ein.[13] Damit übte er indirekt Kritik an seinen Vorgängern im Amt – Helmut Schmidt und Georg Leber –, unter denen seit 1971 der Rüstungsbereich seine redundante Überorganisation eingenommen hatte. Was Apel jedoch in seiner Kritik nicht berücksichtigte, war, dass die geschaffene Überorganisation zugleich unter Personaldefiziten litt, so dass die für das Rüstungsmanagement erforderlichen technischen Dienstposten mit Ingenieuren und Technikern in der Rüstungsabteilung und dem BWB sowie den nachgeordneten Dienststellen nicht besetzt werden konnten.[14] Denn im Gegensatz zur Industrie konnte der Rüstungsbereich in puncto Attraktivität lediglich mit einer »niedrige[n] Anfangsbesoldung« und neben Koblenz und Bonn nur mit Standorten in der Provinz aufwarten.[15] Der existierende Personalmangel trug mit seinen Vakanzen somit ebenfalls zur Verlängerung von Bearbeitungszeiten in der Entwicklung und Beschaffung bei, da das verfügbare technische und nichttechnische Personal im Rüstungsmanagement Mehrfachaufgaben bearbeiten musste. Bedingt durch eine redundante Überorganisation und den bestehenden Personalmangel befand sich der zivile Rüstungsbereich, der zugleich den steigenden Bedarf an eingeplanten militärisch-technisch komplexen Systemvorhaben zu decken hatte, Anfang der 1980er-Jahre in einer strukturellen Problemlage.

Der kohärente Anstieg von eingeplanten Systemvorhaben basierte auf dem von Georg Leber initiierten Beschaffungsprogramm, das Apel als wehrtechnische »Runderneuerung der Bundeswehr« bezeichnete.[16] Dieses Ausrüstungsprogramm, das auf die konventionelle Verteidigungsfähigkeit zur Vorneverteidigung im Rahmen der Flexible Response ausgerichtet war, umfasste die Entwicklung und Beschaffung von mit Schlüsseltechnologien ausgestatteten Waffensystemen, die ab Ende der 1970er-Jahre der Truppe zugeführt wurden. Hierunter zählten das Mehrzweckkampfflugzeug »Tornado«, der Kampfpanzer »Leopard 2«, der Panzerabwehrhubschrauber PAH-1, die Fregatten vom Typ F-122, der »Alpha Jet« und die Panzerabwehrlenkwaffe MILAN (Missile d'Infanterie léger antichar) sowie Schnellboote, der Flugabwehrkanonenpanzer »Gepard« und weitere Waffensysteme.[17] Jedoch fielen die Vorhaben in ihrer Gesamtheit, vor allem der »Tornado«, teurer aus als ursprünglich kalkuliert, da die entwicklungsbedingten Mehrkosten der Rüstungsindustrie und die durch struktruelle Mängel im Rüstungsbereich entstandene ablauforganisatorische Reibungsverluste zu Preissteigerungsraten führten, die prozentual über denen der Inflationsraten lagen.[18] Die Kostenexplosionen erreich-

---

nach Apels Erinnerungen bei einer eintretenden Pleite mit dem Abbau von Arbeitsplätzen, was wiederum Druck auf die Politik erzeugte. Im Rahmen der Nachforderungen der Bremer Vulkan kalkulierte das BWB mit mehreren Aufschlägen nach. Zum GU-Prinzip und Unterauftragnehmer vgl. Anspach/Walitschek, Die Bundeswehr als Auftraggeber, S. 142–148.

13 Vgl. Apel, Der Abstieg, S. 139, 160–170.
14 Vgl. Depos. GM a.D. Reichardt, Neuordnung Rüstungsaufgaben. In: Planungsstab (Red.): Punkte Entw. Weißbuch 1989, Bl. 1–4, hier Bl. 1.
15 Flume, Das BWB darf mit Recht stolz sein, S. 25–32.
16 Apel, Schmidt, S. 374.
17 Vgl. Anspach/Walitschek, Die Bundeswehr als Auftraggeber, S. 150–155; Apel, Der Abstieg, S. 139; Feldmeyer, Auf dem Feuerstuhl, S. 360.
18 Vgl. Apel, Der Abstieg, S. 139.

ten bis Ende der 1970er-Jahre eine milliardenschwere Größenordnung, für deren Deckung die verfügbaren Haushaltmittel nicht ausreichten, und führten zu einem nachhaltigen Finanzierungsproblem in der Rüstungsplanung.[19] Verschärft wurde das Finanzierungsproblem zusätzlich, da sich, beginnend mit der Ölkrise, die wirtschaftliche Lage der Bundesrepublik seit 1973 stetig verschlechterte und im Zeitlauf 1980 bis 1982 in einer schweren Rezession mündete.[20] Aufgrund der seit 1973 steigenden Neuverschuldung des Bundes und der damit einhergehenden sozialorientierten Umschichtungen im Bundeshaushalt unterlag der Verteidigungshaushalt Einsparauflagen, die zu einer Diskrepanz von Mitteln und Auftrag führten.[21] Für die Rüstungsplanung hatte die angespannte Haushaltslage zur Folge, dass keine zusätzlichen Finanzmittel vollziehend und planerisch verfügbar waren, so dass, wie bereits aufgeführt (vgl. III.2), in der Rüstungsplanung Umschichtungen vorgenommen werden mussten.

Um die aus Überorganisation, Personalmangel und Kostenexplosion bestehende komplexe Problemlage des Rüstungsbereiches in den Griff zu bekommen, setzte Apel 1981 eine Kommission ein, in deren Fokus die Langzeitplanung der Bundeswehr stand. Die bis 1982 tätige Langzeitkommission hatte den Auftrag, Entscheidungsmöglichkeiten zu untersuchen, »wie die Bundeswehr im Rahmen des Bündnisses in den 90er-Jahren ihren Auftrag erfüllen und dazu die personelle und materielle Einsatzbereitschaft sichern kann«.[22] Apels Ziel war es, dass die Kommission »Erkenntnisse zu sammeln und Empfehlungen zu erarbeiten« hatte,[23] die zu organisatorischen Verbesserungen im Geschäftsbereich des BMVg führen sollten. Im Juni 1982 stellte Apel die Untersuchungsergebnisse zu den Themenfeldern Personal, Rüstung und Struktur vor. Das Untersuchungsfeld Rüstung unterlag der Prämisse, »die Ausrüstung der neunziger Jahre bezahlbar zu machen«.[24] Ursächlich für die bestehende Finanzierungslücke waren die Systemvorhaben »Tornado«, »Leopard 2« und Fregatte 122, die wegen ihrer außerordentlichen Kostensteigerungen planerisch erhebliche Finanzmittel im Verteidigungshaushalt banden,[25] so dass bis 1987 keine Finanzmittel für wehrtechnische Neubeginner zur Verfügung standen.[26] Der unter Apels Vorgängern eingeleitete Trend für konventionelle Waffensysteme, »immer mehr und immer besser«,[27] ließ sich angesichts der wirtschaftlichen Lage der Bundesrepublik 1981/82 und den damit verbundenen Kosten finanziell nicht mehr aufrechterhalten.

Trotz der desolaten Finanzlage musste sichergestellt werden, dass die Streitkräfte weiterhin mit qualitativ hochwertigem Wehrmaterial ausgerüstet werden. Die erste

---

19   Vgl. Rödder, Die Bundesrepublik, S. 48, 70.
20   Vgl. ebd.
21   Vgl. Apel, Schmidt, S. 374 f.
22   Kommission für die Langzeitplanung der Bundeswehr. Bericht, S. 21.
23   Apel, Zur Langzeitplanung, S. 423.
24   Ebd.
25   Vgl. »Ein Heer für den Angriff«. In: Der Spiegel, 21/1982, S. 80–103, hier S. 86. Apel, Zur Langzeitplanung, S. 424.
26   Vgl. Apel, Zur Langzeitplanung, S. 424.
27   Apel zitiert nach: »Ein Heer für den Angriff«. In: Der Spiegel, 21/1982, S. 80–103, S. 86.

auf Kostenminimierung ausgelegt Maßnahme war, dass zunächst der technisch-wirtschaftliche Schwerpunkt bei den in der Entwicklung befindlichen Waffensystemen von den Trägerplattformen (z.B. Fahr- oder Flugzeug) auf die Waffenanlagen (z.B. Rohr oder Lenkflugkörper) und Leitanlagen (z.B. Sensorelektronik) gelegt wurde.[28] Damit verbunden war eine Prioritätenfolge, die bedeutete, dass für ein gebilligtes Waffensystem zunächst die Systemelemente zu entwickeln waren, die zur Erfüllung der bestimmten militärischen Kernaufgabe erforderlich waren, während die Plattformentwicklung nachrangig erfolgen sollte. Exemplarisch hieß dies in der Entwicklung für einen neuen Jagdpanzer, dass zunächst die Waffen- und Feuerleitanlage zu realisieren und erst danach die dazugehörige Plattform (z.B. Panzerfahrgestell[29]), was die Abstützung auf schon verfügbare Plattformen einschloss. Geleitet von der Zielvorstellung, dass der »chronisch erhöhte Preisindex für Rüstungsgüter [...] nicht hingenommen« werden könne,[30] legte Apel in Bezug auf die gewonnenen Erkenntnisse der Kommission folgende Maßnahmen zur Kostenreduzierung fest:

— Bis zum Ende des Jahres 1982 war ein Forschungs- und Technologiekonzept für Systeme nach der Prioritätenreihenfolge Wirkung – Waffe – Plattform vorzulegen.

— Vor Beginn von komplexen Neuvorhaben hatte eine Prüfung zu erfolgen, ob diese Neubeginner stattdessen durch bestehendes Wehrmaterial im Zuge von Kampfwertsteigerungen oder Nutzungsdauerverlängerungen realisierbar waren.

— Die Forderungen nach Spitzentechnik waren zu reduzieren.[31]

Parallel zu diesem Maßnahmenpaket wurde eine organisatorische Neuordnung des Rüstungsbereichs angestrebt, die Apel 1982 durch den Bruch der sozial-liberalen Koalition nicht mehr einleiten konnte.[32] Aufbauend auf den gewonnenen Erkenntnissen der Langzeitkommission und durch die eigenen Vorstellungen erweitert, erließ Apels Nachfolger Manfred Wörner im Februar 1983 die neuen Leitlinien für die Rüstungsplanung.[33] Hierbei handelte es sich um allgemein gehaltene Zielvorgaben für das operative Rüstungsmanagement. Sie dienten als »Orientierungshilfen bei Bewertungen und Entscheidungen« in der Rüstungsplanung,[34] um Kosten, Entwicklungszeiten und technisch komplexe Aufwendungen zu minimieren. Diese Leitlinien umfassten im Wesentlichen:

1) Es wurde eine »Konzentration militärischer Forderungen auf das Wesentliche«[35] angestrebt, um redundante aufwendige Technologieentwicklungen für das

---

[28] Vgl. Apel, Zur Langzeitplanung, S. 424.
[29] Dieses besteht aus den Komponenten Wanne, Laufwerk und Triebwerk.
[30] Apel, Zur Langzeitplanung, S. 424.
[31] Ebd.
[32] Vgl. Görtemaker, Geschichte der Bundesrepublik, S. 702–704.
[33] Vgl. Kommission für die Langzeitplanung der Bundeswehr. Bericht, S. 129–131; Anspach/Walitschek, Die Bundeswehr als Auftraggeber, S. 162–164; wt-Gespräch mit dem Bundesminister der Verteidigung. In: WT 5/1988, S. 13–15, hier S. 15.
[34] Anspach/Walitschek, Die Bundeswehr als Auftraggeber, S. 162.
[35] Vgl. Kommission für die Langzeitplanung der Bundeswehr. Bericht, S. 129; Anspach/Walitschek, Die Bundeswehr als Auftraggeber, S. 162.

Wehrmaterial zu vermeiden. Nach Möglichkeit sollten handelsübliche Geräte und Komponenten mit einbezogen werden.[36]

2) Damit verbunden war eine »Ableitungsfolge für militärische Forderungen« nach der Priorisierung Waffenwirkung – Waffe – Plattform.[37] Dieser Punkt beinhaltete zugleich den Ansatz, dass die Auswahlentscheidungen für den Ersatz von veraltetem Wehrmaterial nicht im »Sinne eines Nachfolgedenkens [zu] präjudizieren« waren, so dass ein veraltetes System nicht automatisch durch ein neues Nachfolgesystem ersetzt wird.[38] Denn, so Wörner: »Angesichts der technologischen Entwicklung macht es keinen Sinn, einfach die bestehende [Streitkräfte-] Struktur fortzuschreiben und im System-Nachfolge-Denken zu verharren«.[39] Die Forderung des Ministers zielte darauf ab, dass zur taktisch-technischen Lösung einer Nachfolgeentscheidung verschiedene gegenständliche Materialoptionen zu entwicklen und einzubeziehen waren. Das hieß, dass zum Beispiel ein für die militärische Aufgabe Aufklärung eingesetztes bemanntes Flugzeug nicht zwangsläufig durch ein neues bemanntes Flugzeug zu ersetzen war, sondern in die Nachfolgeentscheidung auch unbemannte fliegende Systeme wie z.B. Aufklärungsdrohnen (Unmanned Arial Vehicles) oder Satelliten einzubeziehen waren.[40]

3) Bei der Entwicklung und Beschaffung von neuen Waffensystemen war der »Lebenszyklus von Wehrmaterial« stärker zu berücksichtigen.[41] Um die Entwicklung von langwierigen und teuren Goldrandlösungen zu vermeiden, hatten neue Wehrmaterialvorhaben für die Nutzungsphase ein wehrtechnisches, betriebliches und logistisches Verbesserungspotential aufzuweisen.

4) Die Verbesserung von Entscheidungsgrundlagen in den Prozessen der Rüstungsplanung und des EBMat wurde gefordert.

Diese sehr allgemein gehaltene Leitlinie umschreibt aufbau- und ablauforganisatorische Veränderungen, die auf eine kostenmäßige Aufwandsbegrenzung und zeitliche und technische Risikominimierung sowie Wirtschaftlichkeit abzielten.[42]

2. Das Stufenkonzept zur Neuordnung der Rüstungsaufgaben

Die von Wörner 1983 erlassenen Leitlinien bildeten den Ausgang zur Neuordnung der Rüstungsaufgaben, die sowohl Streitkräfte als auch den zivilen Rüstungsbereich betrafen. Da die von Apel eingesetzte Langzeitkommission lediglich Erkenntnisse

---

[36] Vgl. Kommission für die Langzeitplanung der Bundeswehr. Bericht, S. 129.
[37] Anspach/Walitschek, Die Bundeswehr als Auftraggeber, S. 162.
[38] Ebd.
[39] Manfred Wörner im Mai 1982, zitiert aus: Auf dem Eis. In: Der Spiegel, 52/1983, S. 29–31, hier S. 31.
[40] Vgl. Anspach/Walitschek, Die Bundeswehr als Auftraggeber, S. 163.
[41] Ebd., S. 163.
[42] Vgl. Kommission für die Langzeitplanung der Bundeswehr. Bericht, S. 131; BMVg, Weißbuch 1985, S. 344–345.

sammelte und Empfehlungen erarbeitet hatte,[43] verlangte Wörner konkrete Vorschläge zur Veränderung der Rüstungsorganisation. Personell setzte Wörner hierzu ein Zeichen, indem er die Ernennung von Prof. Dr. Manfred Timmermann zum Rüstungsstaatssekretär erreichte. Zwar besaß dieser betriebswirtschaftliches Lehrwissen, aber, so der damalige Leiter des Planungsstabes Rühle, hatte »mit der Materie Rüstung konkret nie etwas zu tun gehabt [und kannte] weder die Bundeswehr im Allgemeinen noch das Verteidigungsministerium im Besonderen«.[44] Mit dieser Personalentscheidung überging Wörner sein eigenes Haus und setzte dem zivilen Rüstungsbereich den Träger einer fremden Organisationskultur vor. Für die Erarbeitung der Neuordnung hatte dies mit zur Folge, dass die dem Seiteneinsteiger Timmermann nachgeordnete Rüstungsabteilung dessen Leitungsfunktion mit »passiven Widerstand« begegnete.[45] Dass dies nicht zur beschleunigten Vorschlagserarbreitung zur angeordneten Rüstungsneuordnung beitrug, zeigte 1989 der Planungsstab an: »Nach einer Vielzahl von Anläufen sind im Herbst 1987 von einer internen Kommission und einer externen Gutachtergruppe Empfehlungen vorgelegt worden, die schließlich Grundlage für die von Minister Dr. Wörner am 29.3.1988 getroffene Grundsatzentscheidung für [...] Maßnahmen« zur Neuordnung der Rüstungsaufgaben bildeten.[46] Basierend auf den von Timmermann, dem Bundesrechnungshof und der aus Vertretern von Industrie, ehemaligen Militärs sowie Ministerialbeamten zusammengesetzten externen Beratergruppe von 1983 bis 1987/88 erarbeiteten Vorschlägen ordnete Wörner zur »Straffung der Aufgabenwahrnehmung bei der Entwicklung und Beschaffung von Wehrmaterial« ein Konzept an, dessen Umsetzung zwei Stufen beinhaltete.[47]

Zum Erreichen der angestrebte Kosten- und Risikominimierung umfasste die erste Stufe »kurzfristige, vorwiegend ablauforganisatorische Maßnahmen« des Rüstungsmanagements und zielte auf eine Konkretisierung und Verbesserung der 1971 im Rüstungsrahmenerlass aufgeführten Bestimmungen und Abläufe ab.[48] Das hierzu umzusetzende Maßnahmenbündel betraf zusammenhängend eine Modifizierung des EBMat, die Stellung des Systembeauftragten im operativen Rüstungsmanagement und die Delegation von ministeriellen Rüstungsaufgaben auf den nachgeordneten Bereich. Der EBMat wurde durch eine Veränderung der Phasen modifiziert, indem der bestehende Abschnitt Phasenvorlauf mit der Konzeptphase

43   Vgl. Kommission für die Langzeitplanung der Bundeswehr. Bericht, S. 24.
44   Rühle, Von der Leyens Physikerin auf vermintem Gelände.
45   Ebd.
46   Depos. GM a.D. Reichardt, Neuordnung Rüstungsaufgaben. In: Planungsstab (Red.): Punkte Entw. Weißbuch 1989, Bl. 1−4, hier Bl. 1. Vgl. Aus dem Auftragnehmerkreis. In: Wehrdienst 1085/1989 (6.9.1987), S. 1−4, hier S. 1 f.
47   Ministerweisung vom 29.3.1988. In: Anlage zu Wehrdienst 1124/1988 (18.4.1988), Bl. 1−3, hier Bl. 1. Die Kommission setzte sich aus Dr. Siegfried Mann (Hauptgeschäftsführer des Bundesverbands der deutschen Industrie), Dr. Helmut Lohr (Vorstandsvorsitzender Standard Elektrik Lorenz AG Stuttgart), Vizeadmiral a.D. Ansgar Bethke (ehemals Inspekteur der Marine), Ministerialdirektor a.D. Hans Eberhard (ehemals Abteilungsleiter Rüstung) und Prof. Dr. Reiner Marr (Universität der Bundeswehr München) zusammen.
48   Depos. GM a.D. Reichardt, Neuordnung Rüstungsaufgaben. In: Planungsstab (Red.): Punkte Entw. Weißbuch 1989, Bl. 1−4, hier Bl. 1.

zu einem ›neuen‹ Phasenvorlauf gebündelt wurde. Den Phasenabschluss bildete nun die bedarfsbegründende Taktisch-Technische Forderung (Abb. 8).[49] Damit sollte die »Planungs- und Entscheidungssicherheit« zur Bedarfsbegründung verbessert werden und Vorhaben »erst dann in den Bundeswehrplan übernommen werden, wenn die Risiken minimiert, d.h., Verfügbarkeit der notwendigen Technologien nachgewiesen sowie Kosten und Realisierungszeiten konkret bestimmbar sind«.[50] Die Implementierung von Verfahren zur Bestimmung von planungs- und entscheidungsrelevanten Kosten- und Zeitverbesserungen hatte für die Studiengruppen der TSK-Führungsstäbe eine Erhöhung des inhaltlichen und organisatorischen Arbeits- und Zeitaufwandes zur Folge. Die auf Obergrenzen ausgerichteten Kosten-Nutzen-Analysen (design to cost[51]) sowie Bedarfs- und Technikanalysen, die »ein evolutionäres Vorgehen mit eingeplantem Wachstumspotential« zu berücksichtigen hatten,[52] flossen mit eingeforderten Beiträgen nachgeordneter Bereiche in die Erarbeitung der Taktisch-Technischen Forderung ein. Mit diesem Dokument wurde die zur Schließung einer Ausrüstungslücke angestrebte Lösungsmöglichkeit, einschließlich der hinterlegten zeitlichen und finanziellen Konkretisierungen sowie technischen Spezifikation, »im Detail« beschrieben. Es diente weiterhin zur Einstufung des Rüstungsprojekts als System- oder Gerätevorhaben.[53] In sich barg der modifizierte und bis in die Einzelheiten gehende Phasenvorlauf den Nachteil, dass das zu entwickelnde Kampfmittel schon so objektbezogen definiert und spezifiziert wurde, dass bereits in dieser Phase des EBMat die Festlegung für ein bestimmtes Kampfmittel erfolgte, obwohl dieses erst »nach abgeschlossener Definition [... zur] Entwicklung und Beschaffung eines konkreten Vorhabens im Bundeswehrplan festgeschrieben werden« durfte.[54]

Einhergehend mit der Veränderung des Phasenvorlaufs beinhaltet die erste Stufe eine »Stärkung der Stellung des Systembeauftragten« im operativen Rüstungsmanagement des EBMat,[55] der, so Wörners Vorstellung, »die beteiligten Fachbereiche zu den in den Phasendokumenten festgelegten Zielen zu führen« hatte.[56] Besaß er hierzu schon ein direktes Vortragsrecht gegenüber seinem Inspekteur, so wurde ihm zusätzlich »im Rahmen seiner Managementaufgabe [ein] unmittelbares

---

[49] Vgl. Wolde, Neuordnung, S. 230; Kuhn, Die Studiengruppen des Heeres, S. 215–217. Die Taktisch-Technische Forderung baute auf der ihr vorgeschalteten Erarbeitung des Taktischen Konzepts (vormals Taktische Forderung) auf.

[50] Depos. GM a.D. Reichardt, Neuordnung Rüstungsaufgaben. In: Planungsstab (Red.): Entw. Weißbuch 1989, Bl. 1–4, Bl. 1.

[51] Vgl. ebd. Ministerweisung vom 29.3.1988. In: Anlage zu Wehrdienst 1124/88 (18.4.1988), Bl. 1–3, hier Bl. 2.

[52] Depos. GM a.D. Reichardt, Neuordnung Rüstungsaufgaben. In: Planungsstab (Red.): Entw. Weißbuch 1989, Bl. 1–4, hier Bl. 2.

[53] Vgl. Kuhn, Die Studiengruppen des Heeres, S. 217.

[54] Depos. GM a.D. Reichardt, Neuordnung Rüstungsaufgaben. In: Planungsstab (Red.): Entw. Weißbuch 1989, Bl. 1–4, hier Bl. 4. Vgl. Wolde, Neuordnung, S. 230.

[55] Vgl. Depos. GM a.D. Reichardt, Neuordnung Rüstungsaufgaben. In: Planungsstab (Red.): Entw. Weißbuch 1989, Bl. 1–4, hier Bl. 2.

[56] Wörner, »Eines ist sicher«, S. 14.

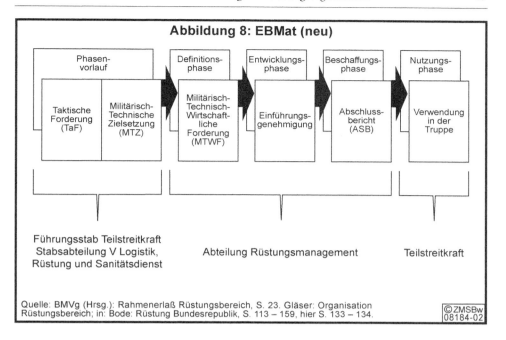

Abbildung 8: EBMat (neu)

Phasen-vorlauf		Definitions-phase	Entwicklungs-phase	Beschaffungs-phase	Nutzungs-phase
Taktische Forderung (TaF)	Militärisch-Technische Zielsetzung (MTZ)	Militärisch-Technisch-Wirtschaft-liche Forderung (MTWF)	Einführungs-genehmigung	Abschluss-bericht (ASB)	Verwendung in der Truppe

Führungsstab Teilstreitkraft Stabsabteilung V Logistik, Rüstung und Sanitätsdienst

Abteilung Rüstungsmanagement

Teilstreitkraft

Quelle: BMVg (Hrsg.): Rahmenerlaß Rüstungsbereich, S. 23. Gläser: Organisation Rüstungsbereich; in: Bode: Rüstung Bundesrepublik, S. 113 – 159, hier S. 133 – 134.

©ZMSBw 08184-02

Vortragsrecht bei dem für die Rüstung zuständigen Staatssekretär« erteilt.[57] Zudem wurde ihm das »Entscheidungsrecht unterhalb der Ebene von Phasenentscheidung[en]« übertragen,[58] das die Stufenentscheidungen innerhalb der Phasen des EBMat umfasste und bislang der Rüstungsabteilung zustand.[59] Mit der Erteilung von weiteren Vortrags- und Entscheidungsrechten an die militärischen Systembeauftragten verstärkten Heer, Marine und Luftwaffe ihre Stellung in der Rüstungsplanung. Mit der in der ersten Stufe ebenfalls vorgesehenen Implementierung einer zusätzlichen, auf der Stabsabteilungsleiterebene einzurichtenden Vorhabenkonferenz, die unterhalb der Ebene Inspekteure und Rüstungsabteilungsleiter vorgesehen war, sollten Entscheidungsprozesse in der Vorhabenrealisierung im Ministerium abgekürzt werden.[60] Das unter der Leitung des Rüstungsstabsabteilungsleiters der vorhabenverantwortlichen TSK zu bildende Gremium (z.B. Fü H VII), besetzt mit gleichrangigen Vertretern aus der zivilen Rüstungsabteilung (z.B. Rü III) und der Stabsabteilung Planung des Führungsstabes (Fü S VI) sowie den militärischen Systembeauftragten und administrativen Projektreferenten,[61] sollte ablauforganisatorisch die politische Leitung und militärische Führung auf der ministerielle Ebene in der Rüstungsführung

---

57 Ministerweisung vom 29.3.1988. In: Anlage zu Wehrdienst 1124/1988 (18.4.1988), Bl. 1–3, hier Bl. 1. Vgl. Neuordnung Rüstungsaufgaben. In: Wörner, »Eines ist sicher«, S. 15.

58 Ministerweisung vom 29.3.1988. In: Anlage zu Wehrdienst 1124/1988 (18.4.1988), S. 1–3, hier S. 1.

59 Vgl. BMVg, Rahmenerlaß Rüstungsbereich, S. 31.

60 Ministerweisung vom 29.3.1988. In: Anlage zu Wehrdienst 1124/88 (18.4.1988), S. 1–3, hier S. 2.

61 Vgl. ebd., S. 1–3, hier S. 1.

entlasten.[62] Damit verbunden war zugleich ein Reorganisationsansatz, der darauf abzielte, »die im Ministerium gesteuerten Rüstungsvorhaben [...] schrittweise abzubauen« und in den nachgeordneten Durchführungsbereich von BWB und TSK-Ämtern zu delegieren.[63] Der Grund für diese Maßnahme lag in der Tatsache, dass das Verteidigungsministerium nicht mehr über ausreichend qualifiziertes Personal zur Planung und Steuerungen von Systemvorhaben verfügte. Dieser Personalengpass wurde bislang dadurch kompensiert, dass die »Anträge auf Einstufung von Vorhaben als Waffensystem und auf Einsetzung von Systembeauftragten [...] nur genehmigt [wurden], wenn gleichzeitig das Management für ein anderes Vorhaben aufgehoben und dadurch Personal verfügbar [war]«.[64]

Zielte die erste Stufe kurzfristig auf ablauforganisatorische Maßnahmen im operativen Rüstungsmanagement ab, so beinhaltete die sich hieran anschließende zweite Stufe mittelfristige, »vorwiegend aufbauorganisatorische Maßnahmen« zur Verbesserung des Rüstungsbereichs auf der ministeriellen Ebene.[65] Im Mittelpunkt stand hierbei die Bündelung der militärischen und administrativen Rüstungskompetenzen in einer einzigen ministeriellen Organisationseinheit. Hierzu wurde die Aufwertung der Abteilung Rüstung (Rü) zur Hauptabteilung Rüstung (HA Rü) angeordnet, in deren Zielstruktur die bislang getrennten Fachlichkeiten und Zuständigkeiten vereinigt werden sollten. Den Kern dieser Strukturvorgabe stellte die Aufstellung der Abteilung Rüstungsmanagement dar, die durch die Zusammenlegung der TSK-Rüstungsstabsabteilungen mit den Unterabteilungen Wehrmaterial Land, Luft und See zu bilden war. Neben der Abteilung Rüstungsmanagement umfasste die Zielstruktur der HA Rü weiterhin die Abteilung Rüstungstechnik (Rü T) und Unterabteilungen für zentrale wehrwirtschaftliche/-politische Aufgaben.[66] Die strukturellen Zielvorgaben für die Abteilung Rüstungsmanagement sahen die Aufstellung der TSK-spezifischen Unterabteilungen Systeme Heer, Systeme Luftwaffe und Systeme Marine vor. Verbunden waren diese Organisationsmaßnahmen zugleich mit der Dienstpostenfusionierung von militärischen Systembeauftragten und zivilen Projektreferenten zum Dienstpostenkonstrukt Systemmanager.[67] Mit diesem Schritt sollte erreicht werden, »das dringend benötigte Personal freisetzen zu können«,[68] um die ministerielle Koordinierung der Systemvorhaben mit einem reduzierten Personalansatz bewältigen zu können. Im neugeschaffenen Dienstposten des Systemmanagers als neue ministerielle Instanz zur Steuerung und Kontrolle von Waffensystemvorhaben wurden die Kompetenzen und Verantwortlichkeiten des

---

62 Vgl. Depos. GM a.D. Reichardt, Neuordnung Rüstungsaufgaben. In: Planungsstab (Red.): Punkte Entw. Weißbuch 1989, Bl. 1–4, hier Bl. 2.

63 Ministerweisung vom 29.3.1988. In: Anlage zu Wehrdienst 1124/1988 (18.4.1988), Bl. 1–3, hier Bl. 2. Vgl. Neuordnung Rüstungsaufgaben. In: Wörner, »Eines ist sicher«, S. 15.

64 Ministerweisung vom 29.3.1988. In: Anlage zu Wehrdienst 1124/1988 (18.4.1988), S. 1–3, hier S. 2.

65 Depos. GM a.D. Reichardt, Neuordnung Rüstungsaufgaben. In: Planungsstab (Red.): Punkte Entw. Weißbuch 1989, Bl. 1–4, hier Bl. 2.

66 Vgl. Schütte, Die Hauptabteilung Rüstung, S. 4 f.

67 Vgl. ebd. Vgl. Wolde, Neuordnung, S. 230 f.

68 Depos. GM a.D. Reichardt, Neuordnung Rüstungsaufgaben. In: Planungsstab (Red.): Punkte Entw. Weißbuch 1989, Bl. 1–4, hier Bl. 2 f.

militärischen Systembeauftragten und die des administrativen Projektreferenten im EBMat konzentriert.[69] Damit wurde das im operativen Rüstungsmanagement bestehende Trennungsprinzip – der Systembeauftragte trägt die Gesamtverantwortung für das Systemvorhaben und der Projektreferent die Verantwortung für wirtschaftlich-technische Elemente – auf der ministeriellen Ebene abgeschafft.[70]

Die Schaffung des Dienstpostens Systemmanager beinhaltete darüber hinaus ein Weisungsrecht gegenüber den in seiner Arbeitsgruppe beteiligten Systemoffizieren und Projektbeauftragten aus den nachgeordneten militärischen und administrativen Durchführungsinstanzen.[71] Zur Gewährleistung, dass die Abteilung Rüstungsmanagement militärische und administrative Fähigkeiten, Kompetenzen, Wissen und Fachkenntnisse vereint, wurde für die Abteilung Rüstungsmanagement eine paritätische Besetzung der Dienstposten Systemmanager, Referatsleiter und Unterabteilungsleiter mit militärischem und administrativem Personal angestrebt. Auch wenn bereits Angehörige von Marine, Luftwaffe und Heer in der vormals von Beamten dominierten Rüstungsabteilung dienten,[72] bedeutete dies, dass die aufbauorganisatorische Trennung auf der ministeriellen Ebene zwischen den Streitkräften und der Bundeswehrverwaltung durchlässiger wurde. Obwohl die Zusammenlegung der militärischen Rüstungsstabsabteilung mit den zivilen Wehrmaterialunterabteilungen und der Dienstpostenschaffung des Systemmanagers wirtschaftlich-militärisch-technische und finanzielle Synergie- und Effizienzeffekte für die Vorhabensteuerung ermöglichte,[73] hob der Planungsstab 1989 während der anlaufenden Vorbereitung zur Umsetzung hervor: Wegen »der beträchtlichen Auswirkungen auf die Zuständigkeiten der Rüstungsabteilung und auf die Materialverantwortung der Inspekteure der Teilstreitkräfte stößt diese Lösung auf großen Widerstand im Hause«.[74]

Vor allem für die Inspekteure stellten die umzusetzenden Organisationsmaßnahmen der zweiten Stufe, in Verbindung mit dem modifizierten EBMat in der ersten Stufe, einen signifikanten Eingriff in ihre Befugnisse im Rüstungsprozess und damit zur Sicherstellung und Weiterentwicklung der materiellen Einsatzbereitschaft ihrer TSK dar. Denn die mit der Neuordnung der Rüstungsaufgaben verbundene Auflösung ihrer Rüstungsstabsabteilungen und der damit einhergehende Wegfall ›ihrer‹ Systembeauftragten hatte zur Folge, dass im neuen EBMat die Federführung als Bedarfsträger, wie sie im Rüstungsrahmenerlass von 1971 bestimmt wurde,[75] nicht mehr bei den Inspekteuren lag. Damit reduzierten sich ihre vorhabenbezogenen Einfluss- und Einwirkungsmöglichkeiten,[76] über die sie vorher in allen

---

[69] Vgl. Wolde, Neuordnung, S. 230 f.

[70] Vgl. Rüstung-Neuordnung. In: Wehrdienst 1242/1990 (22.10.1990), S. 1–4, S. 2.

[71] Vgl. Wolde, Neuordnung, S. 230 f.; Schloenbach, Rüstungsmanagement heute, S. 26.

[72] Vgl. Anspach/Walitschek, Die Bundeswehr als Auftraggeber, S. 235. Exemplarisch Mit leicht säuerlicher Miene. In: Wehrdienst 1196/1989 (30.10.1989), S. 1–4, S. 1.

[73] Vgl. Zur Neuorganisation der Rüstung. In: Wehrdienst 1112/1988 (25.1.1988), S. 1–4, hier S. 1 f.

[74] Depos. GM a.D. Reichardt, Neuordnung Rüstungsaufgaben. In: Planungsstab (Red.): Punkte Entw. Weißbuch 1989, Bl. 1–4, hier Bl. 2 f.

[75] Vgl. BMVg, Rahmenerlaß Rüstungsbereich, S. 23.

[76] Vgl. Wolde, Neuordnung, S. 233.

Phasen des ›alten‹ EBMat mit dem Systembeauftragten verfügten, nun primär auf die Studiengruppen und deren Federführung im ›neuen‹ Phasenvorlauf sowie die Nutzungsphase des Wehrmaterials in der Truppe.[77] Unter den neuen organisatorischen Rahmenbedingungen des Rüstungsbereiches würde es für sie daher schwieriger werden, taktisch-technische Nachforderungen an das in der Entwicklung befindliche Wehrmaterial einzubringen. Denn die Gesamtverantwortung für den Vollzug der Phasen Definition, Entwicklung und Beschaffung oblag im ›neuen‹ EBMat nun der Abteilung Rüstungsmanagement mit ihren Systemmanagern.[78] Damit wurde deutlich, dass sich in diesen Phasen die damit verbundenen Entwicklungs- und Beschaffungsaktivitäten primär an den wirtschaftlich-technischen und Kostenaspekten zu orientieren hatten und erst sekundär an militärischen Prämissen. Um sicherzustellen, dass die TSK im ›neuen‹ EBMat dennoch beteiligt waren, hatten die Inspekteure zur AG des Systemmanagers bevollmächtige Vertreter zu entsenden, die stimm-, aber nicht weisungsberechtigt die Belange des militärischen Bedarfsträgers zu vertreten hatten. Unberührt von den ablauf- und aufbauorganisatorischen Änderungsmaßnahmen verblieb im Rahmen der Rüstungsplanung die Planungs- und Materialverantwortung für ›ihre‹ TSK weiterhin bei den Inspekteuren.[79]

3. Die Umsetzung zur Neuordnung von Rüstungsaufgaben

Die auf Organisationsstraffung, Kosten- und Risikominimierung ausgerichtete zweistufige Neuordnung der Rüstungsaufgaben, die mit Befugnis- und Verantwortungsbeschneidungen der Inspekteure verbunden war, wurde von 1988 bis 1992 in drei Phasen vollzogen.[80] Die in der Ministerweisung vom März 1988 angeordneten ersten zwei Phasen erforderten in ihrer Umsetzung eine Prozesssystematik, mit der sichergestellt werden sollte, dass trotz der umzusetzenden strukturellen und personellen Organisationsmaßnahmen die Realisierung der laufenden Systemvorhaben im Rahmen der Rüstungsplanung weiterhin erfolgen konnte. Denn die aus der Bedrohungslage 1989 gefolgerten wehrtechnischen, konzeptionellen und qualitativen Veränderungen ließen entgegen den politischen Veränderungen innerhalb des Ostblocks und der sich verändernden Konfliktlage zwischen Ost und West keinen Stillstand in der Rüstungsführung zu. Die Einsteuerung des ›neuen‹ Phasenvorlaufs im EBMat und die Einrichtung der Vorhabenkonferenz erfolgten als erste Phase in der Zeitspanne von 1988 bis 1989. Diese beiden Maßnahmen bildeten den Vorlauf zur Umorganisation der bisherigen Abteilung Rü zur Hauptabteilung Rüstung, die der seit April 1989 amtierende Verteidigungsminister Gerhard Stoltenberg am 29. Januar 1990 per Verfügung anordnete.[81]

---

[77] Vgl. Kuhn, Die Studiengruppen des Heeres, S. 215 f.
[78] Vgl. Zur Neuorganisation der Rüstung. In: Wehrdienst 1112/1988 (25.1.1988), S. 1–4, hier S. 1 f.
[79] Vgl. Wolde, Neuordnung, S. 233.
[80] Vgl. Schütte, Die Hauptabteilung Rüstung, S. 4 f.
[81] Vgl. Letzten Montag. In: Wehrdienst 1208/1990 (5.2.1990), S. 1–4, hier S. 1. Schreiber, Die Abteilung Rüstungstechnik, S. 172. Stoltenbergs Amtsvorgänger war Rupert Scholz. Dieser lei-

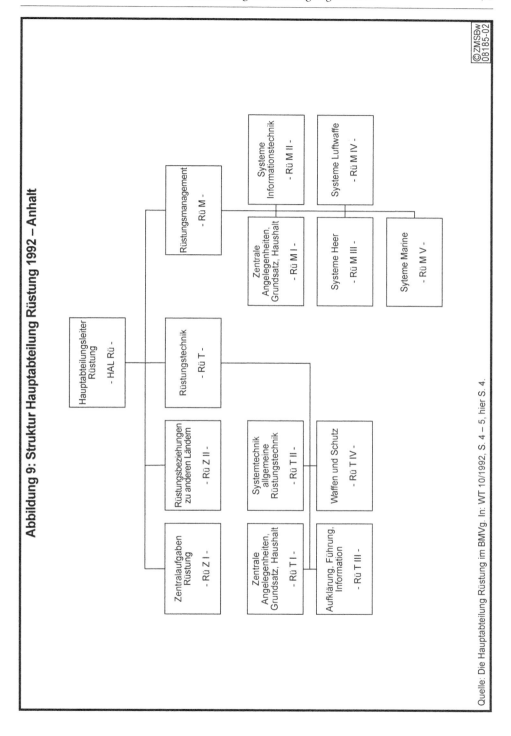

Abbildung 9: Struktur Hauptabteilung Rüstung 1992 – Anhalt

Quelle: Die Hauptabteilung Rüstung im BMVg. In: WT 10/1992, S. 4 – 5, hier S. 4.

Die Umgliederung der Abteilung Rü in eine Hauptabteilung war am 1. Juli 1990 abgeschlossen worden und umfasste zunächst die Abteilungen Rüstungstechnik und Rüstungsprojekte sowie die Unterabteilung Zentralaufgaben (Abb. 9).[82] Diese Organisation stellte in Grundzügen die einzunehmende Zielstruktur dar, wobei die Abteilung Rüstungsprojekte mit ihren Projektunterabteilungen Heer, Marine und Luftwaffe bis zur engültigen Zusammenlegung mit den Rüstungsstabsabteilungen von Heer, Marine und Luftwaffe zur Abteilung Rüstungsmanagement ein organisatorisches Übergangselement bildete. Für die Zusammenlegung mit den militärischen Rüstungsstabsabteilungen mussten zunächst bei laufender Rüstungsplanung und zu vollziehendem Rüstungsmanagement die bisher eigenständigen zivilen Unterabteilungen Wehrmaterial Land, See und Luft in die Abteilung Rüstungsprojekte und deren teilstreitkraftorientierten Projektunterabteilungen integriert und auf den Aufgabenschwerpunkt Management der Systemvorhaben ausgerichtet und reorganisiert werden. Im Rahmen dieser Reorganisation wurden die bislang von den Wehrmaterialunterabteilungen verantworteten Forschungs- und Technikaufgaben ausgegliedert und auf die nach Dimensions- und Fähigkeitskategorien nachgeordneten Unterabteilungen der Abteilung Rüstungstechnik übertragen, z.B. Waffen und Schutz.[83] Mit der Aufstellung der in der Hauptabteilung Rüstung gebildeten Abteilung Rüstungsprojekte als organisatorisches Zwischenelement folgte die Leitung des Verteidigungsministeriums nicht dem Vorschlag des Bundesrechnungshofs. Dieser sah vor, die militärischen Rüstungsstabsabteilungen und die Abteilung Rü sofort und ohne Zwischenlösung zusammenzulegen, um das freigewordene Personal so schnellstmöglich auf die vakanten Stellen im Rüstungsbereich umzusetzen.[84] Jedoch berücksichtigte der Bundesrechnungshof 1988 mit seiner auf finanzielle und personelle Einsparungen ausgerichteten sowie auf ökonomischen Kennzahlen basierenden Sichtweise nicht die sich verändernde sicherheitspolitische Lage, die trotz der Entspannung kein Nachlassen in der Rüstungsplanung zuließ. Zudem ließ der Bundesrechnunghof außer Acht, dass bei einer sofortigen organisatorischen Zusammenlegung der betreffenden Organisationseinheiten von Streitkräften und Verwaltung, die trotz des bislang geführten gemeinsamen Dialogs weiterhin unterschiedliche Organisationskulturen mit ihren verschiedenen Arbeits- und Funktionsweisen aufwiesen, dennoch eine Übergangsphase zur Findung, Abstimmung und Korrektur in der neuen Organisationseinheit erforderlich gewesen wäre, um keine Brüche und Friktionen im laufenden Rüstungsmanagement zu generieren.

Parallel zur Umgliederung der Abteilung Rü in eine Hauptabteilung begannen im März 1990 die Vorarbeiten zur zweiten Phase.[85] Dabei handelte es sich um die

---

tete das Ministerium nach Manfred Wörners Wechsel zur NATO von 1988 bis 1989. Nach der Wiederwahl Helmut Kohls und der Fortführung der christlich-liberalen Koalition wurde Stoltenberg zum Verteidigungsminister ernannt. Ludwig Holger Pfahls, bisher beamteter Staatssekretär des administrativen Bereichs, wurde nach dem Abgang Timmermanns Rüstungsstaatssekretär.

[82]   Vgl. Schütte, Die Hauptabteilung Rüstung, S. 4.
[83]   Vgl. Schreiber, Die Abteilung Rüstungstechnik, S. 172 f.
[84]   Vgl. Mit der Weisung. In: Wehrdienst 1218/1990 (17.4.1990), S. 1–4, hier S. 2.
[85]   Vgl. ebd.

Delegation von Systemvorhaben und ministeriellen Rüstungsaufgaben auf den nachgeordneten administrativen und militärischen Ämterbereich. Nachdem die Arbeitsfähigkeit der Hauptabteilung Rüstung hergestellt worden war, begann am 1. Juli 1990 die Umsetzung der zweiten Stufe. Das hierzu gesetzte Ziel lautete, die im Ministerium gesteuerten Systemvorhaben schrittweise um ein Drittel zu reduzieren.[86] Verbunden war dies mit der Auflage, dass »künftig [...] nur [für] die wichtigen Systeme der Bundeswehr oder solche mit besonderem politischem Gewicht« die wirtschaftlich-technische und militärische Steuerung im Ministerium wahrzunehmen war.[87] Alle anderen an die Ämterebene delegierten Systemvorhaben unterlagen zukünftig, so die Vorstellung der politischen Leitung, lediglich der wirtschaftlich-politischen und planerischen Vorhabenüberwachung des Ministeriums.[88] Die hieraus resultierende Einstufung der Systemvorhaben erforderte eine Abstimmung zwischen den militärischen Bedarfsträgern und dem administrativen Bedarfsdecker auf der ministeriellen Ebene, primär zwischen den Inspekteuren und dem Hauptabteilungsleiter Rüstung. Aus ihrer TSK- und Hauptabteilungsleiterperspektive hatten sie planerisch zu priorisieren und festzulegen, welche Systemvorhaben hinsichtlich ihrer Bedeutung für die Streitkräfte und ihres politischen Stellenwertes im Ministerium verbleiben sollten und letztlich in der Phase drei, die zeitlich noch bestimmt werden musste, von der zu bildenden Abteilung Rüstungsmanagement zu bearbeiten waren. In Zahlen bedeutete dies, dass von den im Jahr 1989 ca. 150 im Ministerium gesteuerten System- und Projektvorhaben rund 50 Vorhaben an die Ämterebenen zu delegieren waren. Jedoch wurde die im Januar/März 1990 angeordnete und seit Juli laufende Umsetzung der zweiten und dritten Phase durch den Prozess zur Einheit Deutschlands und von der ab 3. Oktober 1990 beginnenden »Vollendung der inneren Einheit« unter den sich verändernden sicherheitspolitischen, finanziellen und strukturellen Rahmenbedingungen überholt. Diese Entwicklung stellte die Rüstungsplanung, einschließlich der Neuordnung der Rüstungsaufgaben, vor zusätzliche Herausforderungen.[89]

Die Übernahme der materiellen, personellen und infrastrukturellen Hinterlassenschaften der NVA und der Aufbau der Bundeswehr im Beitrittsgebiet stellten bei gleichzeitiger Reduzierung und Umstrukturierung der Streitkräfte auf 370 000 Soldaten (Ziel Ende 1994) unter den sich verknappenden Haushaltmitteln für die politische Leitung und militärische Führung eine grundlegende Lageänderung dar.[90] In Bezug auf die laufende Umsetzung der zweiten Phase und die hieran im Anschluss geplante, aber noch nicht zeitlich bestimmte Zusammenlegung der TSK-Rüstungsstabsabteilungen mit den Projektabteilungen (Phase 3) ließ sich

86   Vgl. Die Pfahlsche Weisung, S. 2. Es handelt sich hier um einen Abdruck der Weisung vom 7.3.1990. Dieser ist jedoch unvollständig, da die Zeitschrift »Wehrdienst« als ein an die Rüstungsindustrie ausgerichtetes Informationsblatt handelt, das seine Informationen zielgruppengerecht aufarbeitet. Die Hauptabteilung Rüstung im BMVg. In: WT 10/1990, S. 45−46, hier S. 46.
87   Die Pfahlsche Weisung, S. 2.
88   Vgl. Abteilung Rüstungsprojekt. In: Wehrdienst 1209/1990 (12.2.1990), S. 3.
89   BMVg, Weißbuch 1994, S. VII. Vgl. Wolde, Neuordnung, S. 231.
90   Vgl. BT-Drs. 12/101 (20.2.1991): Unterrichtung Bundesregierung. Finanzplan 1990 bis 1994, S. 3−4, 9−10, 39.

die ursprüngliche Umsetzung der Rüstungsaufgabenneuordnung unter den sich ändernden strukturellen, personellen und finanziellen Rahmenbedingungen im Zeitlauf 1990 nicht mehr halten.[91] Zusätzlichen Druck übte der Rechnungsprüfungsausschuss des Bundestages aus, der bis zum 1. April 1991 die Vorlage eines Umsetzungskonzepts verlangte, das die Zusammenlegung der Abteilungen beinhaltete, die der Bundesrechnungshof bereits seit 1988 vorschlug und wiederholt forderte.[92] Diesbezüglich ordnete Minister Stoltenberg bereits im März 1991 die Zusammenlegung an,[93] an die sich im September 1991 zusätzlich ein einheitsbedingtes Ressortkonzept zur Neuorganisation der Territorialen Wehrverwaltung und des Rüstungsbereiches anschloss.[94] Die im Ressortkonzept festgelegten Personalentscheidungen umfassten eine auf das Jahr 2000 abzielende Reduzierung des Personalumfangs im administrativen Rüstungsbereich von 19 500 auf 13 000 Stellen.[95]

Auf Grundlage der im Jahr 1991 angewiesenen Zusammenlegung wurde die Umsetzung der dritten Phase auf die erste Jahreshälfte 1992 vorgezogen, mit dem Ziel, die Maßnahmen zur Umstrukturierung bis zum 30. Juni 1992 abzuschließen, sodass die Hauptabteilung Rüstung ab dem 1. Juli 1992 ihre Zielstruktur eingenommen hatte und das Rüstungsmanagement verantwortet.[96] Die bisher von den Rüstungsstabsabteilungen von Heer, Marine und Luftwaffe und den hier diensttuenden Systembeauftragten wahrgenommenen Verantwortlichkeiten wurden in die TSK-spezifischen Systemunterabteilungen der Abteilung Rüstungsmanagement (vormals Rüstungsprojekte) fachlich und personell überführt.[97] Gleichzeitig zu dem am 1. Januar 1992 begonnenen Auflösungsprozess der Rüstungsstabsabteilungen wurden die Logistikstabsabteilungen der TSK-Führungsstäbe (Heer Fü H V, Marine Fü M V, Luftwaffe Fü L V) in die Stabsabteilungen Logistik und Rüstung umstrukturiert.[98] In den hier aufgestellten Rüstungsreferaten wurden die den Inspekteuren verbleibenden Zuständigkeiten bei der Entwicklung und Beschaffung von Systemvorhaben wahrgenommen.[99] Die mit der Verlagerung der Rüstungsaufgaben verbundenen Auflösungen und Umgliederungen der Rüstungs- und Logistikstabsabteilungen wurde ab 1992 parallel zur Umstrukturierung der Streitkräfte vollzogen, in deren

---

[91]   Vgl. System- und Projektmanagement. In: Wehrdienst 1248/1990 (3.12.1990), S. 1–4, hier S. 2 f. sowie Rüstungsbereich. In: Wehrdienst 1270/1991 (21.5.1991), S. 2.

[92]   Vgl. Bei der Neuordnung [...] wirken BMVg und Bundesrechnungshof eng zusammen. In: Wehrdienst 1184/1988 (3.12.1990), S. 1–4, hier S. 3; System- und Projektmanagement. In: Wehrdienst 1248/1990 (3.12.1990), S. 1–4, hier S. 2.

[93]   Vgl. Hauptabteilung Rüstung. In: Wehrdienst 1301/1992 (27.1.1993), S. 1–4, hier S. 2.

[94]   Vgl. Wirtgen, Aspekte aus der Geschichte des Rüstungsbereiches, S. 32; Weber, Rüsten, S. 98.

[95]   Vgl. Wirtgen, Aspekte aus der Geschichte des Rüstungsbereiches, S. 32; Guddat, Rüstung heute, S. 8.

[96]   Vgl. Rüstungsbereich. In: Wehrdienst 1270/1991 (21.5.1991), S. 1–4, hier S. 1 f.

[97]   Vgl. ebd., S. 1.

[98]   Vgl. BMVg, Strukturen Heer, S. 49 f.; Wolde, Neuordnung, S. 233.

[99]   Vgl. Wolde, Neuordnung, S. 231, 233. Dagegen unterstanden die im »neuen« Phasenvorlauf des EBMat federführenden Studiengruppen den Leitern der Planungsstabsabteilungen (Heer Fü H VI, Marine Fü M VI, Luftwaffe Fü L VI). Vgl. Kuhn, Die Studiengruppen des Heeres, S. 218.

Rahmen die Führungsstäbe und deren nachgeordnete Führungsorganisation zeitgleich umstrukturiert wurde.[100]

Am 1. Juli 1992 wurde die Zielstruktur der Hauptabteilung Rüstung eingenommen, die aus der Abteilungen Rüstungsmanagement und Rüstungstechnik sowie den Unterabteilungen Zentralaufgaben Rüstung und Rüstungsbeziehungen zu anderen Ländern bestand.[101] Zusätzlich wurde ein Arbeitsstab NVA-Material gebildet, dem die Verwertung des Wehrmaterials der NVA oblag.[102] Die Gesamtheit der seit 1988 laufenden Neuordnung der Rüstungsaufgaben in zwei Ablaufphasen und den damit verbundenen Organisationsmaßnahmen, insbesondere die Auflösung der Rüstungsstabsabteilungen der TSK-Führungsstäbe, wurden nicht in Gänze abgeschlossen. Unabhängig davon, ob die seit 1990 durchgeführten aufbau- und ablauforganisatorischen Maßnahmen schon 1992 kosteneffizient und risikominimierend in den laufenden Entwicklungs- und Beschaffungsvorhaben griffen,[103] wurde 1993 eine Fortführung zur organisatorischen Straffung der neu gegliederten Hauptabteilung Rüstung und dem nachgeordneten Bereich eingeleitet.[104] Denn die Zusammenlegung der Rüstungsstabsabteilungen mit den Wehrmaterialunterabteilungen, die zum Ziel hatte, Personalengpässe und Doppelarbeiten auf der ministeriellen Ebene zu beseitigen, hatte sich nach Ansicht des seit Frühjahr 1992 amtierenden Rüstungsstaatssekretärs Generalleutnant a.D. Jörg Schönbohm bereits bewährt.[105] Angesichts des sich seit 1990 rückläufig entwickelnden Verteidigungshaushalts waren weitere Eingriffe aufgrund des stärker werdenden Missverhältnisses von Betriebs- zu Investitionsausgaben erforderlich.[106] Zudem änderte sich seit 1990 mit der Reduzierung und Umstrukturierung der Streitkräfte, unter sich zeitgleich verknappenden finanziellen Rahmenbedingungen, der materielle Strukturbedarf der TSK, der wiederum eine planerische Anpassung der laufenden Rüstungsplanung erzwang.

Die angespannte Haushaltslage, die Vielzahl der eingeplanten Systemvorhaben, deren Kostensteigerungen und die Personalsituation im Rüstungsbereich zeigten Anfang der 1980er-Jahre die komplexe Problemlage der Rüstungsorganisation und die Grenzen des Rüstungsrahmenerlasses von 1971 auf. Mit der 1982 eingeleiteten und ab 1988 begonnenen Neuordnung der Rüstungsaufgaben wurde ein Ansatz zur Effizienzverbesserung verfolgt, der auf Planungssicherheit, Kostenbegrenzung und Risikominimierung in der Prozessorganisation des Rüstungsmanagements abzielte. Im Kern umfasste dies vor allem Änderungsmaßnahmen des EBMat, die in ihrer Gesamtheit mit dazu beitragen sollten, die Flexibilität in der Rüstungsplanung zu steigern. Hierzu erfolgte auf der ministeriellen Ebene die Zusammenführung der Rüstungsstabsabteilungen der TSK mit den zivilen Unterabteilungen Wehrmaterial Heer, Marine und Luftwaffe, einschließlich Dienstpostenzusammenführung der militärischen Systembeauftragten und administrativen Projektreferenten, in der

---

[100] Vgl. BMVg, Strukturen Heer, S. 49−51.
[101] Vgl. Schütte, Die Hauptabteilung Rüstung, S. 4 f.
[102] Vgl. ebd.
[103] Vgl. Wirtgen, Aspekte aus der Geschichte des Rüstungsbereiches, S. 33.
[104] Vgl. Bundesministerium der Verteidigung Organisation. In: Wehrdienst Nr. 28/93 (12.7.1993), S. 1.
[105] Vgl. Rüstungs-Straffung. In: Wehrdienst Nr. 25/93 (21.6.1993), S. 1.
[106] Vgl. Achterberg, Rüstung, S. 42−44.

aufzustellenden Abteilung Rüstungsmanagement, die ein Organisationselement in der neustrukturierten Hauptabteilung Rüstung bildete. Mit der Zusammenlegung wurde das Ziel verfolgt, dass die nachgeordneten Durchführungsbereiche von Streitkräften und Rüstungsbereich ihre Weisungen von einer einzigen ministeriellen Instanz erhielten und nicht wie vorher durch den doppelten Instanzenstrang von TSK-Führungsstäben und Abteilung Rüstung mit seinen nachteiligen Redundanzen. Durch die organisatorische Maßnahme verloren die Inspekteure die ganzheitliche Federführung im EBMat, die sich nun nur noch auf die Abschnitte Phasenvorlauf und Nutzung beschränkte. Die Federführung für die Phasen der Entwicklung, Definition und Beschaffung oblag nun dem administrativen Rüstungsbereich, in dem verstärkt, um die militärischen Prämissen zu berücksichtigen, Angehörige der Streitkräfte dienten. Jedoch hatten die Inspekteure keine Möglichkeiten, dadurch in den laufenden Entwicklungsprozess einzugreifen. Zugleich stieg nach den Auflösungen der TSK-Rüstungsstabsabteilungen für die in den TSK-Führungsstäben verbliebenen Studiengruppen der Arbeitsaufwand, die nun die Taktisch-Technischen Forderungen bereits so zu präzisieren, kalkulieren und konkretisieren hatten, dass sich die Kosten-, Zeit- und Realisierungsrisiken und deren Auswirkungen auf die Rüstungsplanung minimieren ließen. In der Annahme, dass die vom WP ausgehende Bedrohung über das Jahr 1989 weiterhin bestehen werde, zielte die Neuordnung der Rüstungsaufgaben darauf ab, eine Stärkung für die nachhaltige Vorneverteidigung bis zum Jahr 2000 umzusetzen, deren Rahmenbedingungen sich jedoch ab 1990 änderten und eine erneute Anpassung erforderten.

V. Die postkonfrontative Anpassung der Rüstungsplanung – 1990 bis 1994

1. Die einheitsbedingte Fortschreibung – Januar 1990 bis Juni 1991

Im Zeitlauf des Jahres 1990 veränderten die auf Entspannung zwischen Ost und West abzielende sicherheitspolitische Entwicklung und der sich gleichzeitig vollziehende Prozess zur Konstituierung der Deutschen Einheit grundlegend die Rahmenbedingungen für die Rüstungsplanung. In Bezug zu den sich aus dem Beitritt der neuen Bundesländer resultierenden Auswirkungen auf die laufende Planungsarbeit stellte der Generalinspekteur, Admiral Dieter Wellershoff, laut Ohrenzeugen knapp fest: Die »Wiedervereinigung wirft mir meinen gesamten Bundeswehrplan über den Haufen«.[1] Laut dem Anfang Februar 1991 vom Führungsstab der Streitkräfte (Fü S VI Planung) vorgelegten Bericht über den Stand der Umstrukturierung der Bundeswehr im vereinten Deutschland erzwangen folgende Faktoren einen neuen Planungsansatz:

– die »Reduzierung des Friedenumfangs der Bundeswehr bis Ende 1994 auf 370 000 Mann«,[2]
– die Implementierung bzw. Abwicklung der personellen, materiellen und infrastrukturellen Hinterlassenschaften der NVA,
– die Aufstellung von Truppenteilen des Heeres, der Luftwaffe und Marine im Beitrittsgebiet und deren Befähigung zur Landes- und Bündnisverteidigung,
– als »Ergebnis der Wiener Abrüstungsverhandlungen die Reduzierung der Hauptwaffensysteme, wobei die der Bundeswehr zugestanden Obergrenzen nicht ausgeschöpft werden sollen [und]
– die Entwicklungen in der NATO und die Absichten der Bündnispartner«.[3]

Von den hier aufgeführten Planungsfaktoren stellte die im Juli 1990 zwischen Gorbačëv und Kohl vereinbarte, an den Abschluss der Verhandlungen zur Begrenzung der konventionellen Streitkräfte in Europa gekoppelte Reduzierung der Bundeswehr auf eine Friedensstärke von 370 000 Köpfen bis zum 31. Dezember

---

[1] Feldmeyer, Admiral an der Epochengrenze.
[2] Führungsstab der Streitkräfte. Sachstandsbericht vom 18.2.1991; zit. aus: Wehrdienst 1258/91 (25.2.1991), S. 2.
[3] Ebd., S. 2.

1994 eine feste Größe dar.[4] Diese Personalstärke erforderte eine Überarbeitung der laufenden Organisationsplanung für eine neue Struktur, die festlegte, in welcher Gliederung und mit welcher Ausrüstung der weiterhin gültige Auftrag zur Landes- und Bündnisverteidigung von Heer, Marine und Luftwaffe in Frieden, Krise und Krieg verwirklicht werden konnte.[5] Für die Bundeswehr, die »ihren Auftrag nur im Rahmen des Bündnisses erfüllen« konnte und sich mit Struktur und Ausrüstung an der Strategie der Flexible Response mit dem militärstrategischen Prinzip der Vorneverteidigung ausrichtete,[6] galt es in Bezug auf die Umstrukturierung, die Vorgaben der NATO zu berücksichtigen. Da sich die NATO jedoch seit Sommer 1990 ebenfalls im Prozess einer Strategie- und Strukturrevision befand, hatte sich die Strukturplanung der Bundeswehr bis zum Prozessabschluss zunächst an den Vorgaben der Londoner Erklärung vom 6. Juli 1990 auszurichten.[7] Nach den hier aufgeführten Prämissen »werden [die] integrierte Streitkräftestruktur und [...] Strategie des Bündnisses« künftig folgende Merkmale aufweisen:[8]
– auf Mobilität und Flexibilität strukturierte Streitkräfte,
– eine herabgesetzte und disponible Einsatzbereitschaft der aktiven Truppenteile und
– die Befähigung zum Aufwuchs der Streitkräfte in der Krise.[9]
Da die auf diesen Grundzügen basierende Erarbeitung der NATO für ein neues Strategiekonzept in Abhängigkeit zum laufenden Rückzug der sowjetischen Streitkräfte aus Mitteleuropa und der angestrebten vertraglich geregelten Realisierung zur Begrenzung der konventionellen Streitkräfte in Europa stand, bildeten diese ineinandergreifenden Faktoren für die ab August 1990 beginnende Bundeswehr-Strukturplanung zwei unpräzise, aber zu berücksichtigende militärstrategische Größen.[10] Durch die hieraus zunächst bestehende Unbestimmtheit in der Bündnisentwicklung begann für die Bundeswehr, laut dem späteren Leiter Planungsstab, Vizeadmiral Ulrich Weisser, bis zur Vorlage des neuen Strategiekonzepts der NATO und den damit verbundenen Vorgaben eine Phase »maximierter Planungsunsicherheit«.[11] Jedoch resultierte hieraus kein Planungsstillstand, sondern es galt unter dieser Bedingung für die auf 370 000 Köpfe zu strukturierende und auszurüstende Truppe, die sich zugleich in der Neuaufstellung im Beitrittsgebiet befand, uneingeschränkt der Auftrag zur Landes- und Bündnisverteidigung. Hieran war zu-

4   Vgl. Gesprächsunterlagen des Bundeskanzlers Kohl. Vorbemerkung (Dok. 344 A). In: Dokumente zur Deutschlandpolitik, S. 1309–1312, hier S. 1310 f.
5   Vgl. Rink, Das Heer der Bundeswehr, S. 138. BMVg, HDv 100/900 Führungsbegriffe; o.S.; Buchstabe S, Stichwort Stärke- und Ausrüstungsnachweisung.
6   Vgl. Depos. GM a.D. Reichardt, Planungsstab. Betr.: Sicherheitspolitische Rahmenbedingungen Vorlageentwurf, Bonn 21.6.1989, Bl. 1–11, hier Bl. 1.
7   Vgl. Weisser, Die Weichen, S. 159.
8   Die Nordatlantische Allianz, Punkt 14.
9   Vgl. Beigefügter Entwurf Gipfelerklärung (Dok. 321 A) zu dem Fernschreiben des Präsidenten Bush an Bundeskanzler Kohl vom 21. Juni 1990 (Dok. 321). In: Dokumente zur Deutschlandpolitik, S. 1237–1241, hier S. 1239.
10 Vgl. Führungsstab der Streitkräfte. Sachstandsbericht vom 18.2.1991; zit. aus: Wehrdienst 1258/91 (25.2.1991), S. 2. Die Nordatlantische Allianz, Punkt 14.
11 Weisser, Die Weichen, S. 159.

gleich die personelle und territoriale Anpassung der Bundeswehrverwaltung mit einer Zielstärke von 160 000 Mitarbeiterinnen und Mitarbeitern gekoppelt.[12] Davon war der Rüstungsbereich, der sich seit Januar 1990 in der Umsetzung zur Neuordnung der Rüstungsaufgaben befand, nicht ausgenommen. Dessen Reduzierung von 19 500 auf 13 000 Stellen bedingte einen zusätzlichen Eingriff in den bereits laufenden Reorganisationsprozess (vgl. IV.3). Dies hatte den Effekt, dass der Rüstungsbereich bei gleichzeitiger Neuordnung der Rüstungsaufgaben und Personalreduzierung in seiner Funktion als Bedarfsdecker den weiterhin gleichbleibenden administrativen, technischen und wirtschaftlichen Aufwand bei der Entwicklung und Beschaffung von Wehrmaterial nun mit weniger personellen und finanziellen Ressourcen zu realisieren hatte.[13]

In dieser Phase bildeten die Streitkräfte der Sowjetunion und die der nichtsowjetischen Warschauer-Pakt-Staaten weiterhin den wehrtechnischen Orientierungsrahmen zur Ausrüstung der Truppe. Trotz des in Heer, Marine und Luftwaffe beginnenden Auflösungsprozesses des »alte[n] Verständnis[ses] von der Bedrohung«[14] richteten sich die TSK zur Umstrukturierung und Ausrüstung der Truppe an der »Erosion des Warschauer Paktes als operationsfähiges Bündnis« und dem Rückzug der sowjetischen Streitkräfte aus Mitteleuropa aus.[15] Obwohl aus dem einseitigen Truppenabzug, der veränderten Gefechtsbereitschaft und den paktinternen Problemen eine Abnahme zur Fähigkeit der raumgreifenden Offensive resultierte,[16] verfügte der Ostblock 1990 weiterhin über ein dem Westen quantitativ überlegenes konventionelles Streitkräftepotential. Auch wenn Verteidigungsminister, Generalinspekteur, Inspekteure und deren Stäbe 1990 mit einem erfolgreichen Abschluss des aus Annäherung und Abrüstung bestehenden Entspannungsprozesses rechneten,[17] wurde eine strukturelle und materielle Ausrichtung der Streitkräfte verfolgt, die sie zur Verteidigung an der Landesgrenze im Rahmen einer »verminderten Vornepräsenz« befähigte.[18] Damit wurde zur Verteidigungsvorsorge im sich dynamisch wandelnden sicherheitspolitischen Umfeld des Jahres 1990 den seit 1979 geltenden Verteidigungspolitischen Richtlinien weiterhin entsprochen.[19] Denn die Annäherung zwischen West und Ost barg laut dem Inspekteur des Heeres, Generalleutnant Hennig von Ondarza, »das Risiko des Scheiterns und den nicht aus-

---

[12] Ebd., S. 131.
[13] Vgl. Weber, Rüsten, S. 98.
[14] Ondarza, Das Heer hält Kurs, S. 151.
[15] Gesprächsunterlagen des Bundeskanzlers Kohl. NATO-Militärstrategie (Dok. 344 I). In: Dokumente zur Deutschlandpolitik, S. 1322 f., hier S. 1322. Vgl. Ondarza, Das Heer hält Kurs, S. 151. Dingler, Rüstung, S. 401–403.
[16] Vgl. Umbach, Das rote Bündnis, S. 510.
[17] Vgl. Ondarza, Das Heer hält Kurs, S. 151 f. Stoltenberg, Die Bundeswehr, S. 9 f. Stoltenberg, Künftige Perspektiven, S. 35 f. »Den Wandel gestalten« [Bericht] Von der Kommandeurtagung. In: WT 7/1990, S. 33 f.; Weisser, Bundeswehr-Planung, S. 79; Weisser, Die Weichen, S. 159; Mann, Die Deutsche Marine, S. 621. Bürgener, Strategie im Wandel, S. 9; Bruemmer, Die Bundeswehr, S. 11 f.; Jungkurth, Luftwaffenplanung, S. 10.
[18] Gesprächsunterlagen des Bundeskanzlers Kohls. Militärstrategie Hilfsmaßnahmen (Dok. 344 I). In: Dokumente zur Deutschlandpolitik, S. 1322 f. Vgl. Ondarza, Das Heer auf dem Weg, S. 230.
[19] Vgl. Depos. GM a.D. Reichardt, Aufgaben der deutschen und verbündeten Streitkräfte. In: Planungsstab (Red.): Punkte Entw. Weißbuch 1989, Bl. 1–5, hier Bl. 1.

zuschließenden Rückfall in Unvernunft« in sich.[20] Dieses Worst-case-Szenario war ab 1990/91 wegen des auf wirtschaftlichen und ethnischen Problemen beruhenden Verfallsprozesses sowie der unbestimmten Entwicklung der Sowjetunion als Welt- und Nuklearmacht nicht auszuschließen.[21]

In Bezug auf das Verhältnis zwischen NATO und Warschauer Pakt (WP) wurde dieses Rückfallrisiko im November 1990 mit der Unterzeichnung des KSE-Vertrags und der zwischen den beiden Militärbündnissen proklamierten Beendigung der Gegnerschaft beseitigt.[22] Nach der strategisch-operativen Bewertung von NATO und Bundeswehr war damit der von der Sowjetunion geführte WP nicht mehr zum Überraschungsangriff mit raumgreifender Offensive befähigt.[23] Die hieraus resultierende günstige Lage der NATO in Europa wurde zusätzlich dadurch gestärkt, dass sich der WP im Zuge der verteidigungs- und außenpolitischen Renationalisierungsbestrebungen seiner nichtsowjetischen Mitgliedsstaaten im Lauf des ersten Halbjahres 1991 selbst auflöste.[24] Dadurch wurde die Fortentwicklung des zwischen Deutschland und der Sowjetunion entstehenden militärischen »Raumpuffers«[25] – Rückzug der Sowjet-Armee aus Polen – zusätzlich verbessert. Damit lag das vereinte Deutschland, obwohl der Abzug der sowjetischen Streitkräfte aus dem Beitrittsgebiet noch nicht abgeschlossen war, nicht mehr in der strategischen Reichweite des Risikos Sowjetunion.

Im Februar 1991 wurden die organisatorischen Eckpunkte zur Reduzierung der Streitkräfte von 531 000 (Oktober 1990) auf einen Friedensumfang von 370 000 Soldaten, einschließlich der Aufstellung im Beitrittsgebiet und Befähigung zum Aufwuchs auf 900 000 Soldaten Verteidigungsumfang, für eine neue Streitkräftestruktur zur konventionellen Verteidigungsfähigkeit des vereinten Deutschlands im Bündnis festgelegt.[26] Die hierzu von Heer, Marine und Luftwaffe bis Ende 1994 durchzuführende Umstrukturierung beruhte auf den gemeinsamen Merkmalen einer ressourcenorientierten stärkeren »Differenzierung der Präsenz und Kaderung« sowie auf der Straffung der Führungsorganisation.[27] Daraus ergaben sich

---

[20] Ondarza, Das Heer hält Kurs, S. 151. Vgl. Dingler, Rüstung in Zeiten des Wandels, S. 402 f.; Ondarza, Das Heer auf dem Weg, S. 230.

[21] Vgl. Ondarza, Das Heer hält Kurs, S. 151 f. Kuebart, Perspektiven der künftigen Luftwaffe, S. 54 f.; Bürgener, Strategie im Wandel, S. 10. Dingler, Rüstung in Zeiten des Wandels, S. 402 f.

[22] Vgl. Das Heeresamt, S. 78 f.; Brückner, Historischer Einschnitt, S. 94.

[23] Vgl. Depos. GM a.D. Reichardt, Konferenz über Konventionelle Rüstungskontrolle KRK. In: Planungsstab (Red.): Punkte Entw. Weißbuch 1989, Bl. 1–5, hier Bl. 2; Brückner, Historischer Einschnitt, S. 94.

[24] Am 25.2.1991 unterzeichneten die Mitgliedsstaaten des Warschauer Paktes eine vertragliche Regelung zur Auflösung. Nach dieser wurde bis zum 1.4.1991 die militärische Organisationsstruktur aufgelöst, woran sich die Auflösung der politischen Strukturen am 1.7.1991 anschloss. Weiterführend Umbach, Das rote Bündnis, S. 552–556; Militärorganisation des Warschauer Paktes aufgelöst. In: S&T, 4/1991, S. 223.

[25] Vgl. Dingler, Rüstung, S. 403. Vgl. Hubatschek, Wandel, S. 161 f.; Naumann, Die Bundeswehr, S. 28; Bürgener, Strategie im Wandel, S. 10.

[26] Vgl. Dingler, Heeresstruktur 5, S. 27–30; Weisser, Die Weichen, S. 160; Vorstellungen zur künftigen Ausrüstung der Bundeswehr.

[27] Führungsstab der Streitkräfte. Sachstandsbericht vom 18.2.1991; zit. aus: Wehrdienst 1258/91 (25.2.1991), S. 2.

für die Streitkräfte organisatorische Zielvorgaben, um eine finanzierbare materielle Weiterentwicklung von Heer, Marine und Luftwaffe ab 1995 sicherzustellen. Die geplante Umfangsreduzierung des Heeres von 340 000 (Stand ab 3. Oktober 1990) auf ca. 255 000 Mann zielte im Kern auf die Zusammenlegung des Feldheeres mit dem Territorialheer und Reduzierung der Kampftruppenbrigaden ab.[28] Aufbauend auf der Planungsarbeit für die Heeresstruktur 2000 sollte das Heer 1991 mit der Einnahme der Heeresstruktur 5 in drei Korps-/Territorialkommandos mit acht mechanisierten Divisions-/Wehrbereichskommandos und 28 Kampftruppenbrigaden (Panzer-, Panzergrenadier- und Luftlande- sowie Gebirgsjägerbrigaden) gegliedert sein.[29] Die beiden anderen TSK passten sich mit den Umstrukturierungen zur Luftwaffenstruktur 4 und Flotte 2005 an die von Zwei-plus-Vier-Vertrag und KSE-Vertrag gekoppelten Stärkevorgaben an. Für die Luftwaffe ging dies mit der Reduzierung des Personalbestands von 110 000 auf 83 000 Mann einher, womit die Auflösung von drei Jagdbombergeschwadern (ausgerüstet mit System »Alpha Jet«) und einem Aufklärungsgeschwader (ausgerüstet mit System RF-4F »Phantom«) sowie die Reorganisation der bodengestützten Luftverteidigung verbunden war.[30] Mit der Reduzierung von 38 000 auf 32 000 Mann setzte die Marine ihre seit Mitte der 1980er-Jahre laufende Umgliederung zur Flotte 2005 fort, um »längerfristig den [Schiffs-]Bestand bis etwa 2005 in etwa zu halbieren«.[31] Planerisch resultierte Anfang 1991 aus der Umstrukturierung der Streitkräfte für die Materialplanung der Effekt, dass das durch die Auflösung von Truppenteilen freigesetzte Wehrmaterial für die im Beitrittsgebiet aufzustellenden Truppenteile zu verwenden war und gleichzeitig veraltetes ausgephast werden konnte, um den Ausrüstungsbestand modern und kosteneffizient zu halten.[32] Weiterhin zielte die Umstrukturierung der TSK darauf ab, die im Beitrittsgebiet aufzustellenden Truppenteile mit Bundeswehr-eigentümlichem Wehrmaterial auszurüsten, um die dortige materielle Bereitschaftslücke zu beseitigen.[33]

Mit der Einnahme der neuen Strukturen sollte ab 1995 die von mobilen Kräften zu führende militärische Verteidigungs- und Risikovorsorge der territorial erweiterten Bundesrepublik zu Lande, in der Luft und zur See bezahlbar sichergestellt werden.[34] Damit wurde Anfang 1991 die von der NATO im Sommer 1990 eingeleitete Revision des militärstrategischen Prinzips der Vorneverteidigung zu einer verminderten Vornepräsenz mit berücksichtigt, die laut Stoltenberg »die bisherige Form des li-

---

28   Vgl. BMVg, Strukturen Heer, S. 36.
29   Vgl. Führungsstab der Streitkräfte. Sachstandsbericht vom 18.2.1991; zit. aus: Wehrdienst 1258/91 (25.2.1991), S. 2. BMVg, Strukturen Heer, S. 36−38; Heckmann, wt-Interview mit Inspekteur des Heeres, S. 13 f.; Ondarza, Das Heer hält Kurs, S. 154. Zudem war geplant, in zwei Divisionsstäben je einen operativ-taktischen Stab zu integrieren.
30   Vgl. Möllers, 50 Jahre Luftwaffe, S. 167−177.
31   Vgl. Führungsstab der Streitkräfte. Sachstandsbericht vom 18.2.1991, zit. aus: Wehrdienst 1258/91 (25.2.1991), S. 2; Bing, Marinerüstung auf »Flotte 2005«. In: WT 10/1991, S. 4−12; Weisser, Die Weichen, S. 162.
32   Vgl. Dingler, Rüstung in Zeiten des Wandels, S. 401−403; Jahresendgespräch mit dem Inspekteur der Luftwaffe. In: WT 12/1994, S. 14−19.
33   Vgl. Buhrmester, Das Erbe, S. 76.
34   Vgl. Ondarza, Das Heer hält Kurs, S. 232; Kuebart, Perspektiven der künftigen Luftwaffe, S. 54 f.

near von Nord nach Süd ausgerichteten Konzepts der konventionellen Verteidigung im Bündnis« ablösen werde, so dass »[a]n seine Stelle [...] eine flexible Form der Konzentration von beweglichen Kräften treten [werde], wo immer im Ernstfall dies erforderlich ist«.[35] Obgleich sich das ›wo‹ auf das Bündnisgebiet bezieht, bildete, auf Grundlage der weiterhin gültigen Verteidigungspolitischen Grundlagen von 1979, die NATO-Zentralregion (Mitteleuropa) den räumlichen Einsatzschwerpunkt für die umzustrukturierenden TSK und deren Materialplanung, auch wenn Anfang 1991 wegen des Golfkonflikts und seiner Eskalation zum Krieg Kräfte in die Türkei und in das Mittelmeer zum Schutz des Bündnispartners und der Handelsschifffahrt verlegt und dort eingesetzt wurden.[36]

Zur Sicherstellung der konventionellen Verteidigungsfähigkeit gegen ein sich aus der diffusen Bedrohungslage entwickelndes Risiko mit verlängerter Warnzeit galten im Zeitlauf Januar 1990 bis Juni 1991, laut dem damals amtierenden Rüstungsstaatssekretärs, Dr. Ludwig-Holger Pfahls, folgende Planungsprioritäten, um mit reduzierten Kräften einen erweiterten Raum zu verteidigen:

1) Fähigkeitsverbesserung zur weiträumigen Aufklärung und zügigen Führung, um für die militärische und politische Führung ein umfassendes Lagebild in Frieden, Krise und Krieg sowie für die Rüstungskontrolle sicherzustellen,
2) Optimierung der Fähigkeiten für das präzise und weitreichende Feuer, in Verbindung mit der Weiterentwicklung von zielsuchender intelligenter Artilleriemunition, so dass reduzierte Kräfte in einem vergrößerten Raum wirken können,
3) Verbesserung der »Sperrfähigkeit für das Heer in Breite und Tiefe« und
4) »die Weiterentwicklung hochleistungsfähiger, mobiler Waffensysteme für alle Teilstreitkräfte, die es ermöglichen, rasch Schwerpunkte zu bilden oder zu verlagern«.[37]

Die von Pfahls öffentlich aufgeführten materiellen Planungsprioritäten basierten weiterhin auf den rüstungsplanerischen Eckpunkten für die materielle Stärkung der konventionellen Fähigkeiten zur nachhaltigen Vorneverteidigung von 1989. Denn 1990/91 wurden, ausgehend von einer vertraglichen Durchführung zur Begrenzung der konventionellen Streitkräfte in Europa, aus Sicht des Heeres die »operativen Vorstellungen für die künftige Führung der Verteidigung [...] durch die Parität der Hauptwaffensysteme, die einen möglichen Angreifer zu hoher Kräftekonzentration an einer oder weniger Stellen zwingt [sic!] um örtliche operative Überlegenheit herzustellen, der wiederum der [sic] Verteidigung mit operativer Beweglichkeit begegnen muß«, bestimmt.[38]

Ausgehend von den materiellen und konzeptionellen Zielvorstellungen des Jahres 1989 und im Hinblick auf die Einnahme der Heeresstruktur 5, wurde die

---

[35]   Rede Minister Stoltenbergs, zit. aus: Stoltenberg, Künftige Perspektiven, S. 35 f. Vgl. Militärstrategie (Dok. 344 I). In: Dokumente zur Deutschlandpolitik, S. 1322.
[36]   Vgl. Lemke, Die Allied Mobile Force, S. 284−297; Breitwieser, Verfassungshistorische und verfassungsrechtliche Aspekte, S. 161; Beeger/Humm, Rolle und Beitrag Deutschlands, S. 315−319. Der Einsatz Kurdenhilfe in der Türkei und dem Iran war ein humanitärer Hilfseinsatz.
[37]   Pfahls, Ende der Ost-West-Konfrontation, S. 228.
[38]   Dingler, Rüstung, S. 404.

Ausrüstung des Heeres für den beweglich zu führenden operativen Einsatz mit der Befähigung zum gleichzeitigen Schlagen an der Front und in die Tiefe des Raumes fortgesetzt. Zur Fortentwicklung der hierauf konzeptionierten Materialforderungen umfasste die laufende Ausrüstungsplanung des Heeres unter anderem:

— für die taktische und operative Aufklärung die Beschaffung der Drohne CL-289 und die Forderung zur Entwicklung des Kleinfluggeräts zur Zielortung (KZO) für die Zielaufklärung mit Datenübertragung, um verzugslos Ziele mit »in die Tiefe wirkender Munition« (Granaten und Lenkflugkörper der Artillerie) zu bekämpfen,[39]

— zur Verbesserung des Fähigkeitsprofils Führung auf den Ebenen Korps, Division und Brigade das mobile Fernmeldeverkehrssystem Automatisiertes Kommunikationssystem 90 (AUTOKO 90) für die verschlüsselte Übermittlung von Sprech- und Dateninformationen,

— für den Bereich Wirkung die Weiterentwicklung des Systems Gepanzerte Kampftruppen durch Kampfwertsteigerung von Schützenpanzer »Marder 1« und Kampfpanzer »Leopard 2« sowie die Entwicklung des Schützenpanzers »Marder 2« und

— zur Befähigung der Luftbeweglichkeit/Luftmechanisierung die Entwicklung des PAH-2 sowie

— zur Weiterentwicklung für die weiträumige Speerfähigkeit und weitreichende Artillerie mit intelligenter Munition die Entwicklung der Panzerhaubitze 2000 und die Beschaffung von Streumunition und Raketenminen für das Mittlere Artillerieraketensystem (MARS).[40]

Im Hinblick auf die absehbare Absenkung des finanziellen Planungsvolumens legte der Inspekteur des Heeres bereits im ersten Halbjahr 1991 folgende Prioritätenreihenfolge für die Ausrüstung des Heeres fest, die die Befähigung von verringerten Kräften in einem erweiterten Raum sicherstellen sollte: Aufklärung, Führung, Wirkung im Ziel und die Weiterentwicklung der Luftbeweglichkeit/ Luftmechanisierung.[41] Damit wurden wegen der laufenden Finanzplanung des Bundes von 1990 bis Mitte 1991 in der Materialentwicklung des Heeres die seit den 1980er-Jahren laufenden Systemvorhaben fortgeschrieben und keine Neubeginner eingeplant.[42]

Zur Weiterentwicklung von Führung, Aufklärung und Wirkung im Luftkampf und für die luft- und bodengebundene Luftverteidigung sowie Einsatzunterstützung (Logistik und Transport) strebte die Luftwaffe im Rahmen der Umstrukturierung zur Luftwaffenstruktur 4 an:

---

[39] Ondarza, Das Heer auf dem Weg, S. 232.
[40] Vgl. Dingler, Rüstung in Zeiten des Wandels, S. 407; ders., Heeresstruktur 5, S. 27 f.; Cosoboth/ Winter, Die Rolle der Heeresfliegertruppe, S. 332–334; Bernhardt, Die Luftbeweglichkeit des Heeres, S. 332; Ondarza, Das Heer auf dem Weg, S. 232, 235 f.; Heckmann, Aus der Arbeit der »Abteilung Heeresrüstung«, S. 50 f.; Vorstellungen zur künftigen Ausrüstung der Bundeswehr.
[41] Vgl. Ondarza, Das Heer auf dem Weg, S. 236.
[42] Vgl. Dingler, Heeresstruktur 5, S. 28.

– für den Luftkampf und lufthoheitliche Aufgaben die Fortführung der Entwicklung des Jäger 90 (einschließlich Bewaffnung und Munition) als Nachfolger für die F-4 »Phantom«, die bis zur Ablösung in ihrem Kampfwert zu steigern ist,

– zur Ablösung des Leichten Transporthubschraubers (LTH) UH-1 D eine Forderungskonkretisierung und Entwicklung des Transporthubschraubers NH-90,

– als Ersatz für die RF-4 F »Phantom« die Weiterentwicklung des »Tornados« zu einem »penetrierenden Aufklärungssystem«,[43] einschließlich der Entwicklung und Beschaffung des »Tornados« in der Konfiguration Electronic Combat and Reconnaissance (ECR),

– für den Bereich weitreichende Aufklärung die Entwicklungsfortführung des aus ortsfesten und fliegenden Systemelementen bestehenden luftgestützten, abstandsfähigen Primär-Aufklärungssystems (LAPAS) und

– für eine integrierte Einsatzsteuerung von Personal, Material und Waffensystemen ein elektronisches Informations- und Führungssystem für die Einsatzbereitschaft der Luftwaffe (EIFEL) sowie

– die Übernahme und mittelfristige Nutzung von Fluggerät der ehemaligen NVA, um Fähigkeits- und Ausrüstungsdefizite zu überbrücken – Erprobung der MiG-29 und Verwendung von Transportflugzeugen.[44]

Zeitgleich zur geplanten Umstrukturierung und Ausrüstung wurde von Januar bis März 1991 ein Kontingent der Luftwaffe nach Aktivierung der Allied Mobil Force im Rahmen der Operationen Ace Guard und Southern Guard im Südosten der Türkei eingesetzt, um dem Bündnispartner bei der Luftverteidigung beizustehen.[45] Dieser Einsatz zeigte der Luftwaffe in verschiedenen Bereichen Ausrüstungs- und Fähigkeitslücken auf, die einsatzbedingt mit soldatischem Einfallsreichtum und Hingabe geschlossen werden konnten. Hierunter fiel die ABC-Schutzausstattung der im System »Alpha Jet« eingesetzten Flugzeugbesatzungen, die aus laufenden Truppenversuchen zugeführt wurde, oder es erfolgte zur Ausrüstung mit erforderlichem Feldzeugmeistergerät ein Rückgriff auf Material der ehemaligen NVA (z.B. Unterkunftscontainer).[46] Am schwerwiegendsten zeigten sich die Material- und Fähigkeitsdefizite im Lufttransport. Denn für eine vollumfängliche und zeitnahe Verlegung der zur Luftraumsicherung und -verteidigung eingesetzten mobilen Flugabwehrraketensysteme »Hawk« und »Roland« war die Luftwaffe nicht ausgerüstet. Zwar verfügte sie mit der Transall über ein leistungsfähiges Transportflugzeug, doch war das zu transportierende System »Roland« aufgrund seiner Ausmaße nicht für den Lufttransport mit der als Kampfzonentransporter konzipierten Transall ausgelegt.[47] Ausgehend von diesem Problem von Personal und Material, das mit Hilfe

---

43   Kleppin, Verfahren und Stand Luftwaffenplanung, S. 249.
44   Vgl. Jungkurth, Luftwaffenplanung, S. 12–14; Vorstellungen zur künftigen Ausrüstung der Bundeswehr; Kuebart, Perspektiven der künftigen Luftwaffe, S. 54 f.; Lübbe, Die Ausrüstung der Luftwaffe, S. 31.
45   Vgl. Lemke, Die Allied Mobile Force, S. 284–297.
46   Vgl. Beeger/Humm, Rolle und Beitrag Deutschlands, S. 315, 317; Richter, Die Luftwaffe, S. 23.
47   Vgl. Richter, Die Luftwaffe, S. 23; Pommerin, Auf dem Weg, S. 340 f. Da der Transport auf dem Seeweg wegen der Forderung nach einer verzugslosen Herstellung der Gefechtsbereitschaft (fully

der Anmietung von Antonow-Großraumflugzeugen gelöst wurde, erfolgte bereits im Zeitlauf des Jahres 1991 die Erarbeitung von konzeptionellen und taktisch-technischen Forderungen für ein Future Large Aircraft, das bis zur Einführung zugleich eine Nutzungsdauerverlängerung der Transall bis zum Jahr 2010 zum Ziel hatte.[48]

Die Ausrüstungsplanung der Marine umfasste im Rahmen ihrer Verkleinerung zur Flotte 2005 eine Modernisierung ihrer schwimmenden und fliegenden Systeme zur Seekriegführung im Bündnis und der damit zusammenhängen Einsatzaufgaben. Dies beinhaltete im Wesentlichen eine an das Personalaufkommen angepasste Ausrüstungsplanung, die nach Stand Ende 1991 im Kern einen Strukturbedarf von 16 bis 20 Fregatten, 10 bis 14 U-Booten, 20 bis 30 Schnellbooten und 60 bis 65 Marinejagdbombern sowie bis zu 42 Hubschraubern und 14 Aufklärungsflugzeugen aufwies. Ausgerichtet an diesem Mengengerüst waren unter anderem die Beschaffung der Fregatten F-123/124, Kampfwertsteigerungen und Neuentwicklungen im Bereich der Über- und Unterwasserkriegführung geplant, wobei eine Steigerung des Einsatzwerts der Über- und Unterwassereinheiten mit der Entwicklung eines Bordhubschraubers auf Basis des NH-90 angestrebt wurde.[49] Im Gegensatz zur Luftwaffe, die erst im Januar 1991 an der Südflanke eingesetzt wurde, wurden bereits im Sommer 1990 Einheiten der Marine in das südöstliche Mittelmeer zur Minenabwehr und Seeraumüberwachung entsandt, die sich bis März 1991 im dortigen Einsatz befanden.[50] Im Anschluss an den Mittelmeereinsatz wurde der Minenabwehrverband in den Persischen Golf verlegt, der nun außerhalb des Bündnisgebietes bis Juli 1991 Operationen zur Minenräumung durchführte. Im Nachgang zum Einsatz urteilte der Inspekteur der Marine, Vizeadmiral Hein-Peter Weyher, öffentlich, dass die Marine für die Einsatzaufgabe Minenabwehr (Erkennung und Beseitigung) über angemessene Waffensysteme verfügte, die jedoch vorrangig für den Einsatz im Raum der NATO-Nordflanke konzipiert wurden.[51] Diesbezüglich traten wegen der großen räumlichen Entfernung Ausrüstungsdefizite im Bereich der Fernmeldeausrüstung und Einsatzunterstützung im Bereich der schwimmenden Logistiksysteme für die Folgeversorgung auf (z.B. die Hilfsschiffe), die die bestehenden Forderungen zur Nachfolgebeschaffung durch das Vorhaben Tender 404 untermauerten.

Die quantitative Bedarfsanpassung der von den TSK aufgestellten Ausrüstungsplanungen zur Entwicklung und Beschaffung von Wehrmaterial für Auf-

---

operational capability) ausgeschlossen wurde, stützte sich die Luftwaffe auf die Dienste eines russischen Lufttransportunternehmens ab. Vgl. Göbel, Künftige Ausrüstung, S. 20. Kampfzone ist laut der HDV 100/900 ein »vorne nicht begrenzter Teil des Kriegsschauplatzes, der rückwärts an die Verbindungszone angrenzt. Abhängig von der Zuständigkeit für die Operationsführung besteht die Kampfzone aus der vorderen Kampfzone, im allgemeinen NATO-Operationsgebiet, und der rückwärtigen Kampfzone, die Teil des nationalen Operationsgebietes ist«. BMVg, HDv 100/900 Führungsbegriffe; o.S.; Buchstabe K, Stichwort Kampfzone.

48 Vgl. Vorstellungen zur künftigen Ausrüstung der Bundeswehr, S. 29; Riedl, Die Ziele der Bundesregierung für Luftfahrt, S. 528. Die Konzeption des Future Large Aircraft mündete in der Entwicklung und Beschaffung des Airbus A400M.

49 Vgl. Mann, Die Deutsche Marine, S. 623; Rhades, »Bordhubschrauber 90, MPA-90 und U-212«, S. 6 f.; Burggraf, »Flotte 2005«, S. 752 f., 756.

50 Vgl. Beeger/Humm, Rolle und Beitrag Deutschlands, S. 318 f.; Minenabwehrverband im Persischen Golf, S. 97–100.

51 Vgl. Rhades, »Bordhubschrauber 90, MPA-90 und U-212«, S. 26 f.

klärung, Führung und Wirkung baute auf der laufenden Planung zur Umstrukturierung der TSK in Abhängigkeit vom finanziellen Planungsvolumen auf.[52] Denn die Umgliederung von Heer, Marine und Luftwaffe zur Heeresstruktur 5, Luftwaffenstruktur 4 und Flotte 2005 bildete die organisatorische Grundlage für begründete operationell-quantitative Mengengerüste, die zur Ableitung von finanzierbaren Folgerungen erforderlich waren, um eine Deckung des lang- und mittelfristigen Materialbedarfs sicherzustellen.[53]

Die planerische Einsteuerung der sich aus der Umstrukturierung der TSK ergebenden materiellen Bedarfsträgerforderungen in die ganzheitliche Bundeswehrplanung hatte sich laufend an der Finanzplanung und Haushaltsführung des Bundes zu orientieren, die jedoch von 1990 bis zur Konstituierung der ersten gesamtdeutschen Bundesregierung im Januar 1991 auf der Finanzplanung von 1989 basierte und einheitsbedingt revidiert werden musste.[54] Bekanntlich erzwangen die aus der Einheit resultierenden Mehrkosten für den »ökonomischen und sozialen Wiederaufbau« des Beitrittsgebiets einen Neuansatz der Finanzplanung,[55] die zeitgleich zur Umstrukturierung der Bundeswehr erfolgte. In Anbetracht der aus Ost-West-Annäherung und KSE-Prozess ›erwirtschaften‹ Friedensdividende,[56] die Admiral Wellershoff auf der 1990 abgehaltenen Kommandeurtagung prognostizierte,[57] legten CDU/CSU und FDP 1991 in ihrem Koalitionsvertrag unter dem Punkt Finanzpolitik fest:

> »Aufgrund der außen- und sicherheitspolitischen Entwicklung werden die Ausgaben für die gesamtdeutschen Streitkräfte deutlich unter die bisherigen Planungsansätze zurückgeführt«.[58]

Damit wurde der Grundstein für die zu vollziehenden Einsparungen im Verteidigungshaushalt gelegt, die ein Absinken der Finanzlinie für den Verteidigungshaushalt zur Folge hatten. Planerisch erzwangen die vereinbarten Budgetabsenkungen bereits kurzfristig vorzunehmende Einschnitte mittels Streichen, Strecken und Sparen im Bereich der Materialinvestitionen, um Auftrag und Mittel zunächst so improvi-

---

[52] An die Grobplanung schloss sich die Feinplanung mit der Stationierungsentscheidung, der Umsetzung der Personalreduzierung und den Konsequenzen für die Ausrüstungsplanungen der TSK an.

[53] Vgl. Betreff Strukturen. In: Schreiben Generalmajor a.D. Reichardt vom 14.11.2015 an den Verfasser sowie Führungsstab der Streitkräfte. Sachstandsbericht vom 18.2.1991, zit aus: Wehrdienst 1258/91 (25.2.1991), S. 2; Dingler, Heeresstruktur 5, S. 27 f.; Vorstellungen zur künftigen Ausrüstung der Bundeswehr.

[54] Vgl. BT-Drs. 12/101 (20.2.1991): Unterrichtung Bundesregierung. Finanzplan 1990 bis 1994, S. 9. Der Verteidigungshaushalt 1991 im Vergleich zum Haushalt 1990 [Fassung dritter Nachtragshaushalt, Abschnitt A = Bundeswehr West]. In: Wehrdienst 1271/1991 (27.5.1991), S. 1–4, hier S. 1; Der Haushaltsentwurf 1991 im Vergleich zum Haushalt 1990. In: Wehrdienst 1260/1991 (11.3.1991), S. 1.

[55] BT-Drs. 12/101 (20.2.1991): Unterrichtung Bundesregierung. Finanzplan 1990 bis 1994, S. 3.

[56] Eine aus der Kürzung von Verteidigungsausgaben und Streitkräftereduzierung resultierende Mittelfreisetzung, die einen Finanzmitteleinsatz für friedliche Investitionszwecke und Transferleistungen des Staatswesens ermöglicht. Vgl. Wulf, Friedensdividende, S. 138.

[57] Vgl. »Den Wandel gestalten« [Bericht] Von der Kommandeurtagung. In: WT 7/1990, S. 33–34, hier S. 34.

[58] Koalitionsvereinbarung für die 12. Legislaturperiode des Deutschen Bundestages (= CDU-Dokumentation 2/1991), Bonn 1991, S. 15.

sierend in Deckung zu bringen, bis auf Basis verlässlicher ökonomischer Daten die Finanzplanung des Bundes eine kontinuierliche Fortschreibung der Rüstungsplanung zuließe. Doch war mit der im Koalitionsvertrag vereinbarten Absenkung des Verteidigungshaushaltes und dessen Umsetzung noch nicht die haushälterische Talfahrt des Verteidigungsbudgets verbunden, die ab 1992 wegen des korrelierenden Wirkungszusammenhangs von weltwirtschaftlichem Abschwung, eintretender Rezession mit einheitsbedingten Mehrkosten, Einsparauflagen und Deckungslücken sowie steigendem Personalkostenanteil im Verteidigungsbudget an Tempo aufnahm.[59] Bis zum Beginn der haushälterischen Talfahrt kalkulierte die Bundesregierung 1990/91 mittelfristig mit einem »vereinigungsbedingtem Wachstumsimpuls«,[60] aus dem sich, so Manfred Görtemaker, »die deutsche Einheit [...] ›praktisch von selbst‹ – durch Privatisierung und Vereinigungsboom – finanzieren« werde.[61] Aufbauend auf der Jahr 1990/91 optimistisch prognostizierten Finanzkalkulation wurde zunächst eine angepasste Absenkung des Verteidigungshaushaltes eingeleitet, die das finanzielle Planungsvolumen äußerst knapp hielt und Materialinvestitionen begrenzte, um ein modernes Ausrüstungsniveau zu halten und weiterzuentwickeln.[62] Mit Stand erstes Quartal 1991 galt es für die ineinandergreifenden finanziellen Wirkungszusammenhänge von Struktur- und Rüstungsplanung, mittelfristig zwei im Koalitionsvertrag festgelegte Vorgaben zu berücksichtigen:

— »Unter Ausnutzung aller Einsparmöglichkeiten muß die Eingliederung der NVA in die Bundeswehr im Rahmen des am 3. Juli 1990 vom Kabinett für 1991 beschlossenen Plafonds des Einzelplans 14 von 52,6 Mrd. DM finanziert werden.

— In den Folgejahren wird der Plafond im Hinblick auf die Verkleinerung der Bundeswehr stufenweise abgesenkt«.[63]

Der einheitsbedingte Neuansatz der Finanzplanung des Bundes und seiner von 1990 bis 1991 übergangsweise vollzogenen Haushaltsführung leitete als reliabel aufzufassende Planungsvorgabe eine laufende Verknappung des Finanzrahmens der Bundeswehr ein, die ab dem Haushaltsjahr 1992 zu vollziehen war (Abb. 11).[64] Hierbei war der Haushaltsvollzug so zu realisieren, dass ein sozialverträglicher Personalabbau und die Umstrukturierung zeitgleich zu gestalten und zu vollziehen waren. Diese Sozialvorgabe beeinflusste die Ausgabestruktur des Verteidigungsbudgets und generierte damit ein planerisches Problem, dass sich aus dem Missverhältnis von Betriebs- zu Investitionsausgaben ergab.[65] Da keine zusätzlichen Mittel für die kostenintensive Personalreduzierung zu erwarten waren, muss-

59 Vgl. Achterberg, Rüstung, S. 44; Fischer, Die Entwicklung des Einzelplans 14, S. 451–456; ders., Rückläufige Haushaltsentwicklung, S. 10–15; ders., Zur Finanzlage der Verteidigungsausgaben (1993), S. 5 f.; ders., Zur Finanzlage der Verteidigungsausgaben (1994), S. 5–8.
60 BT-Drs. 12/5501: Unterrichtung Bundesregierung. Finanzplan 1993 bis 1997, S. 4.
61 Görtemaker, Geschichte der Bundesrepublik, S. 768.
62 Vgl. Vorstellungen zur künftigen Ausrüstung der Bundeswehr.
63 Koalitionsvereinbarung für die 12. Legislaturperiode des Deutschen Bundestages (= CDU-Dokumentation 2/1991), Bonn 1991, S. 15.
64 Vgl. BT-Drs. 12/101 (20.2.1991): Unterrichtung Bundesregierung. Finanzplan 1990 bis 1994, S. 39. Vgl. Quo vadis, Heeresrüstung?, S. 450.
65 Vgl. Führungsstab der Streitkräfte. Sachstandsbericht vom 18.2.1991. In: Wehrdienst 1258/91 (25.2.1991), S. 2.

Abbildung 11:
Entwicklung des Verteidigungshaushalts von 1990 bis 1994[1]

	1990[2] vor Beitritt	1990[3] inkl. Nachtrag für Beitritts-gebiet	1991[4]	1992[5] inkl. Nachtrag	1993[6] inkl. Nachtrag und Sperre (Stand April)	1993 inkl. Nachtrag (Stand Juli)	1994[7]	1994[8] nach Sperre real verfüg-bar
Anteil Betriebs-ausgaben in Mrd. DM	36,51	42,20	38,55	38,95	38,46	38,55	37,88	36,89
Anteil Investitionsausgaben in Mrd. DM	17,43	21,31	14,99	13,59	11,56	11,99	10,56	10,25[9]
davon Investitionen für Entwicklung und Beschaffung von Wehrmaterial in Mrd. DM (Materialinvestitionsbudget)	14,24	16,31	12,59	10,78	9,40	9,55	8,43	8,19
aufgeschlüsselt für Forschung, Entwicklung, Erprobung	3,34	3,42	3,13	2,99	2,50	2,55	2,52	2,45
aufgeschlüsselt für Beschaffung von Wehrmaterial	10,90	12,89	9,46	7,79	6,90	7,00	5,91	5,74
Abzüglich globaler Minderausgaben bzw. Einsparauflage in Mrd. DM	0,58	1,25	1,00	(0,43)[10]	(0,90)[11]			
Ist-Gesamt in Mrd. DM	53,37	62,27	52,53	52,11	49,32	49,85	48,48	47,23

[1] Für diese Übersicht wurden die verfügbaren Ist-Werte herangezogen, da in diesen die Sperren und Nachtragshaushaltsbeschlüsse enthalten sind. Die Angaben aus den Finanzplänen weisen eine Zeitspanne von 5 Jahren auf, wobei dem ersten und zweiten Jahr ein gebilligter Ansatz und dem dritten bis einschließlich fünftem Jahr ein kalkulierter Sollwert zu Grunde gelegt wird. Da jedoch der gebilligte Ansatz nicht dem tatsächlichen Haushaltsvollzug entspricht, wurden aufgewandte Ist-Werte genutzt. Zur Finanzplanung vgl. Bayer, Der Einzelplan 14, S. 250.

[2] Vgl. Der Verteidigungshaushalt 1991 im Vergleich zum Haushalt 1990 [Fassung dritter Nachtragshaushalt, Abschnitt A = Bundeswehr West]. In: Wehrdienst 1271/1991 (27.5.1991), S. 1–4, hier S. 1.

[3] Vgl. Der Haushaltsentwurf 1991 im Vergleich zum Haushalt 1990. In: Wehrdienst 1260/1991 (11.3.1991), S. 1.

[4] Vgl. Der Haushaltsentwurf 1992 im Vergleich zum Haushalt 1991. In: Wehrdienst 1279/1991 (22.7.1991), S. 1.

[5] Vgl. Der Haushaltsentwurf 1993 im Vergleich zum Haushalt 1992. In: Wehrdienst 1325/1992 (13.7.1992), S. 1.

[6] Vgl. Einzelplan 14/1993 im Vergleich zum Haushalt 1992. In: Wehrdienst 14/93 (5.4.1993), S. 1–4, hier S. 1.

[7] Vgl. Voranschlag Einzelplan 14/1995 im Vergleich zum Haushalt 1994. In: Wehrdienst 17/94 (25.4.1994), S. 2.

[8] Vgl. Voranschlag für 1995: Entwurf Epl 14/95 im Vergleich zum Haushalt 1994. In: Wehrdienst 38/94 (19.9.1994); S. 3.

[9] Angaben beruhen auf einer Verlaufskalkulation unter Berücksichtigung der gesperrten bzw. als Sparbeitrag veranschlagten Mittel in Höhe von 1,25 Mrd. DM, die in zwei Blöcken im Haushaltsjahr 1994 wirksam wurden. Der erste Block war mit ca. 600 Mio. DM sofort zu leisten, der zweite Block im Zeitlauf von 1994 mit 650 Mio. DM zu vollziehen; vgl. „Spar-Kommissar". In: Wehrdienst 06/94 (7.2.1994), S. 2. Aufgeführte Einzelwerte zu den investiven Ausgabebereichen sind teilweise in ihrer Höhe in den Veröffentlichungen unterschiedlich aufgeführt. Daher wurden für die in der Tabelle aufgeführten Investitionsangaben als Grundlage das real verfügbare Budget von 47,23 Mrd. DM mit dem Verhältnis Betriebsausgaben (78,3%) zu Investitionsausgaben (21,7 %) zugrunde gelegt. Ausgehend vom errechneten Investitionsanteil von 8,19 Mrd. DM erfolgte auf Grundlage des vor der Sperre bestehenden Verhältnisses zwischen Investitionsausgaben Forschung, Entwicklung, Erprobung von 29,99 % zu Beschaffungsinvestitionen von 70,01 % eine prozentuale Kalkulationsableitung für den tatsächlich verfügbaren Investitionsbetrag. Vgl. Verteidigungshaushalt. In: Die Bundeswehr im Umbruch. Griephan special. Wehrdienst 04/94 (Dezember 1994), S. 1–12, hier S. 3; Achterberg, Rüstung auch eine Frage des Geldes, S. 44. Achterberg verzeichnet in seiner Darstellung ein Beschaffungsvolumen von 5,55 Mrd. DM, doch weist er diese allgemein als militärische Beschaffungen aus.

[10] Einsparauflage konnte rechnerisch nicht in vollem Umfang als Ist-Wert ermittelt werden. Daher zur Veranschaulichung 0,430 Mrd. DM als Soll in Klammern angegeben.

[11] Entspricht der Einsparauflage des ersten Quartals 1993, die rechnerisch nicht in vollem Umfang als Ist-Wert ermittelt werden konnte. Daher zur Veranschaulichung 0,900 Mrd. DM als Soll in Klammern angegeben.

© ZMSBw
09345-02

ten zugunsten der Ausgabeposten Personal und soziale Fürsorgemaßnahmen zwangläufig Umschichtungen im Verteidigungsbudget vorgenommen werden, so dass bereits 1991 der Betriebskostenanteil bei 73,1 % zu 26,9 % Investitionsanteil lag.[66]

Aus dem sich mit veränderter Ausgabestruktur verknappenden Finanzrahmen resultierte für die Ausrüstungsplanung bereits ab Juni 1991 eine planerische »Diskrepanz zwischen Notwendigem und Machbaren«.[67] Demnach standen für die Entwicklung und Beschaffung von Wehrmaterial lediglich 10,78 Mrd. DM zur Verfügung, wovon rund 7,79 Mrd. DM für die Beschaffungstitel geplant waren[68] — zum Vergleich: Ende 1989 standen für die Beschaffung allein 11,64 Mrd. DM bereit. Aufbauend auf diesem Missverhältnis, das mit Abschluss der Umfangsreduzierung von Streitkräften und Bundeswehrverwaltung 1995 bereinigt sein sollte, galt es bereits 1991, Folgerungen für die Ausrüstungsplanungen zu treffen und einzuleiten. Diese wurden dringlicher, da sich im Rahmen des Haushaltsvollzugs des ersten Halbjahrs 1991 im Bundeshaushalt eine nachhaltige Finanzenge bildete. Diese resultierte vorrangig aus den zahlungswirksamen Verpflichtungen im Umfang von 17 Mrd. DM, die die Bundesregierung als Beitragsleistung für die US-geführte Militärkoalition im Golfkonflikt beisteuerte.[69] Zur Konsolidierung des laufenden Haushaltsvollzuges wurde 1991 eine globale Minderausgabe (Umsetzung von Einsparverpflichtungen durch Ausgabesenkung) verhängt, so dass für den Bereich Verteidigung statt des geplanten Ausgabesolls von ca. 52,5 Mrd. DM real nur 51,5 Mrd. DM ausgegeben werden durften. Das führte zu einer Deckungslücke im laufenden Haushaltsvollzug der Bundeswehr, die kurzfristig beseitigt wurde, indem die an die Rüstungsindustrie zu leistenden Zahlungsverpflichtungen in das Haushaltsjahr 1992 verschoben wurden. Doch hatte diese Verschiebung den Effekt, dass die Bindungswirkungen von rund 500 Mio. DM als sogenannte Überkipper das Materialinvestitionsvolumen für die Ausrüstungsplanung im Haushaltsjahr 1992 zusätzlich verringerten.[70]

Obwohl die Rüstungsplanung seit 1990 zunächst lediglich mit einer »Fortschreibung des Bundeswehrplan[s] 90 infolge der übergangsmäßigen Haushaltsführung« des Bundes vollzogen wurde,[71] ergaben sich bis Ende Juni 1991 wegen der diktierten Sparauflagen und zu vollziehenden Absenkung des Haushalts erste rüstungsplanerische Konsequenzen für die im Entwicklungs- und Beschaffungsgang von Wehrmaterial (EBMat) laufenden Wehrmaterialvorhaben. Bis zum Abschluss der Haushaltsverhandlungen und Finanzplanung blieb die anstehende Billigung des Phasenübergangs von den in den Phasen Definition und Entwicklung ausgereiften

---

66   Vgl. Fischer, Die Entwicklung des Einzelplans 14, S. 452.
67   Vorstellungen zur künftigen Ausrüstung der Bundeswehr, S. 28.
68   Vgl. Der Haushaltsentwurf 1993 im Vergleich zum Haushalt 1992. In: Wehrdienst 1325/1992 (13.7.1992), S. 1.
69   Vgl. BT-Drs. 12/101 (20.2.1991): Unterrichtung Bundesregierung. Finanzplan 1990 bis 1994, S. 9. Zur Einsatzunterstützung und Beitragsleitung der Bundesrepublik vgl. Beeger/Humm, Rolle und Beitrag Deutschlands, S. 307−331, 547−554.
70   Vgl. Mit einer Bugwelle. In: Wehrdienst 1290/1991 (28.10.1991), S. 1, sowie Bindungen. In: Wehrdienst 1295/1991 (2.12.1991), S. 3; Schütz, Ausrüstungsplanung − Heer (1993), S. 26−28.
71   Zitat Oberst i.G. Dingler in: Quo vadis, Heeresrüstung?, S. 450. Vgl. Karl, Die Bundesrepublik als integrationspolitischer Musterschüler?, S. 243.

Systemen aus.[72] Für die in diesen Phasen noch federführenden Inspekteure – zeitgleich lief die Neuorganisation der Rüstungsaufgaben – war damit die Möglichkeit gegeben, flexibel und kompatibel auf die noch ausstehende Planungsrichtlinie des Generalinspekteurs und die von ihnen zu erarbeitenden Planungsvorschläge für die ab 1992 beginnende Neuschreibung der Bundeswehrplanung zu reagieren.[73] Unter anderem wurde die Beschaffung des Gewehrs G11 als Nachfolger des Sturmgewehrs G3 zunächst zurückgestellt.[74] Bereits auf Grundlage der organisatorischen Eckpunkte für die neuen Strukturen von Heer, Marine und Luftwaffe erfolgten erste quantitative Ableitungen für den Bedarf der Streitkräfte. Jedoch ließ sich dies erst endgültig mit dem Abschluss der Festlegungen zur Umstrukturierung der TSK und der in der Finanzplanung getroffenen Eckpunkte im Zeitlauf des zweiten Halbjahrs 1991 vor und ab 1992 in die Bundeswehrplanung einbeziehen. Bis dahin war der formale Zyklus der Bundeswehrplanung mit einer bloßen Fortschreibung ausgesetzt worden,[75] wobei der Handlungsspielraum des Generalinspekteurs von den politischen Vorgaben mitbestimmt wurde, die aus einer laufenden Überprüfung und Fortschreibung der Langfristplanung in Bezug auf Struktur und Einsatzbereitschaft resultierte. Doch bereits im ersten Halbjahr 1991 zeichnete sich ab, dass das planerische Finanzvolumen nicht ausreichend war, um den an 370 000 Soldaten (Aufwuchs auf 900 000 Soldaten Verteidigungsumfang) anzupassenden materiellen Strukturbedarf zu erhalten und weiterzuentwickeln.[76] Gleichzeitig galt es neben der Finanzplanung, planerisch die ineinandergreifende Entwicklung folgender Einflussfaktoren zu berücksichtigen:

– die für das zweite Halbjahr 1991 vorgesehene Verabschiedung eines neuen strategischen Konzepts der NATO und der damit verbundenen Richtlinien für Struktur, Einsatzbereitschaft, Ausrüstung und Fähigkeitsentwicklung der Streitkräfte und

– den seit 1990 laufenden sicherheitspolitischen Anpassungsprozess des geeinten Deutschlands zur postkonfrontativen militärischen Verteidigungsvorsorge im sich wandelnden strategischen Umfeld und seine sich für die Planung ergebenden militärpolitischen Folgerungen für Auftrag, Aufgaben und Konzeption der Bundeswehr.[77]

Im Gegensatz zur Finanzplanung ergaben sich aus dem vorläufigen Entwicklungsverlauf dieser beiden Einflussfaktoren von 1990 bis einschließlich Ende Juni 1991 vorerst keine planerischen Konsequenzen für die Rüstungsplanung, da es an konzeptionell-strukturellen Bündnisvorgaben fehlte. Doch wurde für das zweite Halbjahr 1991 die Herausgabe eines neuen Strategiekonzepts der NATO erwartet, aus dessen Richtlinien für die künftige Streitkräftestruktur im Bündnis und dem einhergehenden Neuschreibungsprozess der Verteidigungspolitischen Richtlinien Folgerungen für die militärstrategische Zielsetzung der Bundeswehr und deren Rüstungsplanung

---

[72] Vgl. Fischer, Rückläufige Haushaltsentwicklung, S. 13.
[73] Vgl. Rüstungsplanung. In: Wehrdienst 1300/1992 (20.1.1992), S. 1.
[74] Vgl. Flume, Neues aus der Heeresrüstung, S. 411.
[75] Vgl. Lützow, Die Heeresrüstung (1992), S. 455.
[76] Vgl. Vorstellungen zur künftigen Ausrüstung der Bundeswehr.
[77] Vgl. Weisser, Die Weichen, S. 159; Schlaffer, Die Bundeswehr auf dem Weg, S. 247–257.

zu ziehen waren. Diese musste in Verbindung mit dem abzusenkenden finanziellen Planungsvolumen wiederum an die laufende Strukturplanung angepasst werden, deren Umsetzung gleichzeitig unter hohem Zeitdruck stand.[78]

2. Ausrüstung zur Landesverteidigung mit Krisenbeherrschung – 1991 bis 1994

a) Die strukturelle und finanzielle Anpassung der Rüstungsplanung – 1991

Im Juli 1991 erteilte Minister Stoltenberg dem Generalinspekteur, Admiral Dieter Wellershoff, den Auftrag zur Neuschreibung der Bundeswehrplanung und Erarbeitung eines Konzepts, das »zu einer grundlegenden Überprüfung der bisherigen Planungen für die Beschaffung von Wehrmaterial führen soll«.[79] Minister und Generalinspekteur wurden im Jahr 1991 erneut mit der Tatsache konfrontiert, dass wie 1989 keine Budgetzuwächse zu erwarten waren. Das erzwang eine Neugestaltung der Planung, da sonst »ohne steuernden Eingriff der Auftrag und die verfügbaren Mittel langfristig« auseinanderzutreiben drohten.[80] Im Gegensatz zu 1989, als die Bündnisstrategie Flexible Response und das strategische Prinzip der Vorneverteidigung »gültige und [...] nicht zur Disposition« stehende Planungsvorgaben bildeten,[81] standen diese nun unter disponiblen Planungsvorbehalt, da im Sommer 1991 der Revisionsprozess des Bündnisses noch nicht abgeschlossen war. Unter Berücksichtigung der laufenden Strategie- und Strukturrevision der NATO lassen sich unter Annahme der 1989 durchgeführten finanzorientierten Planungsarbeit zunächst folgende Forderungen für den planerischen Handlungsspielraum des Generalinspekteurs ab Juli 1991 ableiten:[82]

– Die Haushaltsmittelabsenkung verlangte, auch teilstreitkräftübergreifend, eine substanzielle Neuordnung von Prioritäten in der Rüstungsplanung.
– Auch künftig musste die Bundeswehr zur Landesverteidigung über eine begrenzte Anzahl an sofort einsetzbaren Großverbänden von hoher Beweglichkeit, effektiver Feuerkraft mit abgestufter Einsatzbereitschaft und Befähigung zum Aufwuchs verfügen.
– Die Einnahme der neuen Strukturen musste bis Ende 1994 umzusetzen sein.
– Der planerische Vorbehalt von Kräften in Bezug auf die sich aus der zeitgleich laufenden Überprüfung der Verteidigungspolitischen Richtlinien und Strategie-

78 Vgl. Interview mit dem Inspekteur des Heeres, Generalleutnant Jörg Schönbohm. In: WT 12/1991, S. 5–8, hier S. 5.
79 ›Planungskonferenz über die Eckdaten des Bundeswehrplans 93‹ vom 11.1.1992. In: Wehrdienst 1300/92 (20.1.1992), S. 3–4, hier S. 3.
80 Depos. GM a.D. Reichardt, Planungsstab: Untersuchung der Bundeswehrplanung, 17.5.1989, Bl. 1–11, hier Bl. 1.
81 Ebd., Bl. 2.
82 Vgl. Depos. GM a.D. Reichardt, Auswertung des Auftrags BM an GenInsp; [28.5.1989], Bl. 1 f.

und Strukturrevision der NATO ergebenden Folgerungen für die materielle Weiterentwicklung der Bundeswehr musste berücksichtigt werden.

Das größte Problem zur ganzheitlichen Rüstungsplanung der Streitkräfte fußte auf dem im Sommer 1991 gefassten Kabinettsbeschluss, das Verteidigungsbudget stufenweise abzusenken. Ausgehend von dem im Haushaltsentwurf 1992 festgelegten Plafond von 52,5 Mrd. DM, wurden im 25. Finanzplan die jährlichen Absenkungsstufen für das Verteidigungsbudget bis zum Jahr 1995 diktiert.[83] Danach wurde festgelegt, dass das Verteidigungsbudget 1993 um 1,4 Mrd. DM und in den Jahren 1994 und 1995 um je 1,5 Mrd. DM verringert werden sollte, so dass 1995 der Verteidigungshaushalt ein geplantes Budget von 48,1 Mrd. DM umfassen werde.[84]

Die geplante Budgetabsenkung hatte zur Folge, dass das für die langfristige Weiterentwicklung der Streitkräfte bereits schon überplante Finanzvolumen signifikant verknappt wurde. Betrug das 1990 vor der Einheit angesetzte Planungsvolumen zur Ausrüstung der Streitkräfte zunächst ca. 185,12 Mrd. DM,[85] so standen dem Generalinspekteur ab August 1991 rund 141,18 Mrd. DM zur Verfügung.[86] Das aus dieser Kürzung resultierende Defizit von ca. 43,94 Mrd. DM zwang zu entscheidenden Einschnitten in den Ausrüstungsplanungen der TSK, um eine haushälterische Deckungssicherheit im Materialinvestitionsbereich zu gewährleisten und gleichzeitig die bestehenden Überplanungen der Jahre 1990 und 1991 zu beseitigen.[87] Ausgerichtet am Diktat einer vom Finanzministerium festgelegten regressiven Finanzlinie, hatte der Generalinspekteur für den Zeitraum von 1993 bis 2005 die Reduzierung des Materialinvestitionsvolumens in Höhe von ca. 43,75 Mrd. DM einzuplanen.[88] Dieser Kürzungsbetrag zwang als Planungsleitlinie die TSK zu zeitlichen und substanziellen Anpassungen ihrer Ausrüstungsplanungen. Gleichzeitig sollten sie einen planerischen Spielraum bilden, um kompatibel auf veränderte Bündnisanforderungen und die in der Neugestaltung befindlichen nationalen Verteidigungsrichtlinien reagieren zu können. Bei der vorgegebenen regressiven Absenkung des Planungsvolumens mit den bestehenden Bindungswirkungen von gebilligten Wehrmaterialvorhaben erhöhte sich der Verdrängungseffekt, der dazu

---

[83]   Vgl. BT-Drs. 12/1001 (16.8.1991): Unterrichtung Bundesregierung. Finanzplan 1991 bis 1995, S. 39.

[84]   Vgl. Hubatschek, Haushaltsentwicklung, S. 598 f.

[85]   Basierend auf den Ist-Werten von 1990 (vor der Einheit) für die Entwicklung und Beschaffung wurde das Gesamtvolumen überschlagend frakturiert: (3,34 Mrd. DM Entwicklung + 10,90 Mrd. DM Beschaffung) x 13 Planjahre = 185,12 Mrd. DM (siehe vergleichend. Abb. 11). Die Investitionsausgaben für Anlagen wurden nicht einbezogen. Zur Vereinfachung wurden lediglich 13 Planjahre berechnet.

[86]   Basierend auf den Soll-Werten des 25. Finanzplans für die Entwicklung und Beschaffung wurde das Gesamtvolumen für die Zeit ab 1992 überschlagend frakturiert: (3,01 Mrd. DM Entwicklung + 7,85 Mrd. DM Beschaffung) x 13 Planjahre = 141,18 Mrd. DM. Vgl. Hubatschek, Haushaltsentwicklung, S. 598 f. Zur Vereinfachung wurden von den 15 Planjahren 13 berechnet, da die Planjahre 1 und 2 zur Vorplanung dienen. Zudem wurde auf die Preissteigerungsrate verzichtet.

[87]   Vgl. Rüstungs-Planung. In: Wehrdienst 1300/92 (20.1.1992), S. 1−3, hier S. 3.

[88]   Vgl. Entscheidungen zur Rüstungsplanung. In: S&T, 2/1992, S. 102−103; Heckmann, »Weitreichende Richtlinie für die Zukunft«, S. 15; Rüstungs-Planung in: Wehrdienst 1300/92 (20.1.1992), S. 1−3, hier S. 3.

führte, dass die TSK verstärkt um die knappen Haushaltsmittel konkurrierten. Dieser Effekt, in Verbindung mit den aus den Umschichtungen im Verteidigungsbudget resultierenden Eingriffen des Streckens, Sparens oder Streichens, die zu Lasten anderer Truppengattungen oder TSK gingen, wurde noch zusätzlich durch außerplanmäßige absolute Kostenentwicklungen bei technologisch komplexen Großvorhaben, wie dem Jäger 90, verschärft.[89]

Ab Juli 1991 wurden zudem in die Erarbeitung der TSK-Planungsvorschläge die von der NATO im Vorjahr präferierten Parameter Mobilität und Flexibilität sowie die vom Generalinspekteur vorgegebene Anpassung der Planungsprioritäten zur ganzheitlichen Ausrüstung der Streitkräfte für den auf Aufklärung – Führung – Wirkung konzipierten Waffensystemmix eingesteuert. Mit der Planungsarbeit einher ging die Selbstauflösung des WP zum 1. Juli 1991. Damit fiel das letzte bestehende Fragment der ehemaligen Bedrohung weg, nachdem dessen Mitgliedsstaaten bereits am 1. April 1991 die militärische Organisationsstruktur aufgelöst hatten. Die aus dieser Entwicklung resultierenden operativen Erfordernisse zur angestrebten verminderten Vornepräsenz zur Landes-/Bündnisverteidigung sowie die aus dem Golfkrieg und den damit zusammenhängenden Einsätzen (in der Türkei, dem Mittelmeer und dem Persischen Golf) gewonnenen operativen, taktischen und wehrtechnischen Erkenntnisse erforderten eine Überprüfung der bestehenden Planungsprioritäten zur Ausrüstung.[90] Eine besondere Gewichtung lag hierbei auf dem Parameter Mobilität, der »die strategische und operative Verlegefähigkeit sowie die taktische Beweglichkeit der Kräfte und Mittel im Operationsgebiet« umfasste.[91] Dass die Bundeswehr in diesem Bereich Ausrüstungs- und Fähigkeitsdefizite aufwies, wurde bei der Verlegung und Folgeversorgung von Kräften außerhalb des deutschen Staatsgebiets bzw. der NATO-Zentralregion deutlich. Wegen ihrer Konzeption als mechanisierte Armee im Bündnis beschränkte sich der Auftrag der Bundeswehr auf die Landesverteidigung, so dass sich der Parameter Mobilität prinzipiell auf den bundesrepublikanischen bzw. zentraleuropäischen Einsatzraum mit seinen Randmeeren im Rahmen der Vorneverteidigung begrenzte.[92] Daher war die operative Mobilität im Schwerpunkt auf das Heer, einschließlich der von der Luftwaffe hierfür zu leistenden Lufttransportaufgaben, ausgerichtet und stützte sich zudem auf die Verkehrsinfrastruktur (u.a. Autobahnen) und topographischen Bedingungen der (alten) Bundesrepublik. Bedingt durch die Umstrukturierung der Streitkräfte und die geführten Einsätze entwickelte sich im Rahmen der Erarbeitung der Materialplanungsvorschläge zwischen den TSK eine ausrüstungsplanerische »Priorisierungsdebatte«,[93] um die materielle Weiterentwicklung an sich veränderte operative Erfordernisse für eine mobile und flexible Landesverteidigung anzupassen. Damit war zugleich die beginnende langfristige Relativierung der »historisch gewach-

89   Vgl. Schütz, Ausrüstungsplanung – Heer (1993), S. 28.
90   Vgl. Dingler, Heeresstruktur 5, S. 27–30; Golf-Geld. In: Wehrdienst 1267/91 (29.4.1991), S. 2; Preylowski, Krieg am Golf, S. 164–167; Henry, Landkriegführung; Bernhardt, Aufgaben im Wandel, S. 602–618.
91   BMVg (Hrsg.): HDv 100/100 Truppenführung, S. 107.
92   Vgl. Bernhardt, Künftiges Heer, S. 69; Bode, Rüstung, S. 21–23.
93   Oberst i.G. Dingler zu: Quo vadis, Heeresrüstung?, S. 452.

senen« Gesamtaufgabe der operativen Panzerabwehr der Streitkräfte verbunden,[94] auf die besonders das Heer bislang seine Ausrüstungsprioritäten ausrichtete. Es ist hierbei hervorzuheben, dass die Herabstufung der operativen Panzerabwehrfähigkeit in der Rüstungsplanung keine Aufgabe des Konzepts zum gleichzeitigen Schlagen an der Front und in die Tiefe des Raums bedeutete, sondern dieses 1991 weiterhin Gültigkeit für das Gefecht der verbundenen Waffen zur nicht linearen grenznahen Verteidigung in einem räumlich begrenzten Kriegsschauplatz besaß.[95] Da Heer, Marine und Luftwaffe ihre im Verbund zu führenden Anfangs- und Folgeoperationen künftig mit reduzierten Kräften im Staats- bzw. bis an die Peripherie des Bündnisgebiets effektiv abzudecken hatten,[96] fiel es in die Verantwortung des Generalinspekteurs, die Bedarfsträgerforderungen und Materialplanungsvorschläge der TSK ganzheitlich so zu gewichten, dass diese finanzierbar den operativen Erfordernissen an eine »diffuse Bedrohungs- und Risikolage« entsprechen konnten.[97]

Angesichts des rückläufigen Planungsvolumens bei zeitgleicher Umstrukturierung der Streitkräfte und sich ändernden Prioritäten hatten die TSK vorrangig finanzorientierte Materialanpassungen vorzulegen, die deren materielle Einsatzbereitschaft und Weiterentwicklung sichern und kompatibel zur laufenden Strategie- und Strukturrevision des Bündnisses halten sollte. Obwohl das Heer weiterhin den Kern der Verteidigung bildete, hatte es, wegen des Wegfalls der Bedrohung und analog zur Umstrukturierung, die umfangreichsten Einschnitte in seiner Ausrüstungsplanung zu vollziehen. Wie sich zwischen dem Inspekteur des Heeres und dem Generalinspekteur der Entstehungsprozess zur Neuschreibung der Bundeswehrplanung in Art, Umfang und Intensität bezüglich des materiellen Stellenwertes des Heeres im Gesamtsystem Bundeswehr vollzog, ließ sich wegen des mangelnden Quellenzugangs nicht rekonstruieren. Doch zeigt das veröffentlichte Ergebnis zu den am 20. Dezember 1991 und am 11. Januar 1992 abgehaltenen Planungskonferenzen für den Bundeswehrplan 93 mit der 1993 bis 2005 umfassenden Rüstungsplanung, dass von den ca. 43,75 Mrd. DM zu leistenden Einsparungen das Heer mit ca. 25,24 Mrd. DM den höchsten Anteil durch Streichungen, Streckungen und Stückzahlreduzierung erbringen musste.[98] Dies bedeutete, dass das Heer sein bisheriges Planungsvolumen zu halbieren hatte, das in etwa knapp über dem Entwicklungs- und Beschaffungsvolumen

---

[94]   Auftrag und Aufgaben des Heeres. In: WT 5/1992, S. 30–33, hier S. 30 f.
[95]   Vgl. BMVg, Weißbuch 1994, S. 92; Bürgener, Strategie im Wandel, S. 12 sowie Ondarza, Das Heer auf dem Weg, S. 231.
[96]   Vgl. Bürgener, Strategie im Wandel, hier S. 12. Gemäß HDv 100/100 Truppenführung Landstreitkräfte, S. 142–143, umfassen Anfangsoperationen den »Aufwuchs der Kräfte [...] im Operationsgebiet, [die] Verbesserung eigener Fähigkeiten oder [die] Verhinderung frühzeitiger Entwicklung der gegnerischen Fähigkeiten. Dies kann unter anderem folgende Aufgaben einschließen: Nachrichtengewinnung und Aufklärung, Beseitigung von Hindernissen und Öffnen oder Räumen von Sperren, Aufmarsch von Kräften der Einsatzunterstützung von Landstreitkräften, Erringen einer günstigen Luftlage, Schutz und Unterstützung des Aufmarsches der Hauptkräfte, Nehmen von Schlüsselgelände und Ausschalten von Schlüsselzielen.« Hieran schließen sich in Abhängigkeit der Lageentwicklung Folgeoperationen an.
[97]   Winkelmann, Das Heer, S. 21. Vgl. Hansen, Auswirkung einer neuen NATO-Strategie, S. 7 f.
[98]   Vgl. Heckmann, »Weitreichende Richtlinie für die Zukunft«, S. 15. Die geplanten Stückzahlreduzierungen umfassten ein Volumen von rund 7,45 Mrd. DM und die Streichung von Vorhaben ca. 17,79 Mrd. DM.

des Jägers 90 lag, der mit Stand 1988 planerisch mit 22,35 Mrd. DM zu Buche schlug.[99] Öffentlich begründet wurden die Einschnitte im Heer laut dem seit 1. Oktober 1991 amtierenden Generalinspekteur, General Klaus Dieter Naumann, damit, dass bei der Neuschreibung der Bundeswehrplanung zunächst der konzeptionelle Ansatz zur Verbesserung der operativen und taktischen Beweglichkeit verfolgt werde, um hierauf aufbauend eine weitreichende Verlegefähigkeit für die Landes- und Bündnisverteidigung zu entwickeln.[100]

Die zu leistenden Einsparmaßnahmen des Heeres umfassten daher speziell Waffensysteme und Kampfwertsteigerungen, die für die Gesamtaufgabe Panzerabwehr und die damit zusammenhängenden Einsatzaufgaben von Kampf, Aufklärung, Fördern und Hemmen von Bewegungen konzipiert und in den EBMat planerisch eingesteuert worden waren. Aus der Ausrüstungsplanung des Heeres wurden unter anderem ersatzlos gestrichen:

– der Jagdpanzer »Panther« im Umfang von ca. 4,74 Mrd. DM,
– der als Nachfolgesystem für den Kampfpanzer »Leopard 1« eingeplante Panzerkampfwagen 2000 im Umfang von ca. 9,35 Mrd. DM und
– das Minenkampfsystem DAVID (Dynamisches, automatisiertes Verteidigungssystem mit Interaktiver Führung und Datenverarbeitungsunterstützung), bestehend aus Minen und fahrzeuggestützten Systemelementen im Umfang von ca. 2,35 Mrd. DM.[101]

Mittels Stückzahlreduzierungen wurden unter anderem folgende Vorhaben an die Mengengerüste für die einzunehmende Heeresstruktur 5 planerisch angepasst:

– das Aufklärungsfahrzeug »Zobel« im Umfang 500 Mio. DM,
– die Kampfwertsteigerung Kampfpanzer »Leopard 2« im Volumen von 1,7 Mrd. DM,
– die Kampfdrohne Heer mit einem Reduzierungsvolumen von ca. 200 Mio. DM,
– der Schützenpanzer »Marder 2« reduziert um 360 Mio. DM,
– die Panzerhaubitze 2000 um ca. 925 Mio. DM sowie
– der Panzerabwehrhubschrauber PAH-2 im Umfang von rund 2 Mrd. DM.[102]

Im Kern zielten die Streichungen und Stückzahlreduzierungen mit den einhergehenden zeitlichen Streckungsmaßnahmen laut dem damaligen Stabsabteilungsleiter Rüstung im Führungsstab des Heeres, Oberst i.G. Hans-Theodor Dingler, darauf ab, dass »alle Technologien gehalten werden, die für die Ausstattung eines modernen Heeres mit der Befähigung zum Gefecht [der verbundenen Waffen] unter den Bedingungen der Hochtechnologie zwingend erforderlich sind«.[103] Unter Berücksichtigung des operativen Aspekts, dass das Heer mit der geplanten Einnahme der neuen Struktur ein vergrößertes Staatsgebiet mit reduzierten Kräften zu verteidigen habe,[104] wurden für die materielle Weiterentwicklung für das gleichzei-

---

99   Vgl. Depos. GM a.D. Reichardt, Vergleich Beschaffung Wehrmaterial Heer und Luftwaffe.
100 Vgl. Karl, Die Bundesrepublik als integrationspolitischer Musterschüler?, S. 245.
101 Vgl. Heckmann, »Weitreichende Richtlinie für die Zukunft«, S. 15.
102 Vgl. Rüstungs-Planung. In: Wehrdienst 1300/92 (20.1.1992), S. 1–3, hier S. 2 f.; Heckmann, »Weitreichende Richtlinie für die Zukunft«, S. 15.
103 Oberst i.G. Dingler in: Quo vadis, Heeresrüstung?, S. 450.
104 Vgl. Bernhardt, Künftiges Heer, S. 69.

tige Schlagen an der Front und in die Tiefe des Raums, neben der Wirkung, die Fähigkeiten Aufklärung und Führung priorisiert.[105] Denn das sich zuungunsten des Heeres hieraus diametral entwickelnde Kräfte-Raum-Zeit-Verhältnis erforderte für die Planung und Operationsführung im Verbund Aufklärung – Führung – Wirkung eine materielle Optimierung zur Gewinnung, Übermittlung und Verarbeitung von Informationen zur Lagefeststellung und -beurteilung, um für die Truppe und Führung die sich aus dem lageabhängigen Faktorenverhältnis ergebende Nachteile zu minimieren. Das galt nicht nur speziell für das Heer, sondern auch für Luftwaffe und Marine sowie für den teilstreitkräfteübergreifenden Einsatz- bzw. Operationsverbund. Zur Beseitigung der Materialdefizite in den Bereichen Aufklärung und Führung wurden planerisch die Vorhaben:

– computergestütztes Heeresführungs- und Informationssystem (HEROS),
– Kleinzielfluggerät Zielortung (KZO) des Heeres,
– TSK-übergreifend das Auswertesystem des militärischen Nachrichtenwesens JASMIN (Joint Analysis System Military Intelligence) und
– die Funkgerätefamilie SEM 90 (Sender/Empfänger, mobil) fortgeführt.[106]

Im Gegensatz zu dem vom Heer zu leistenden Einsparvolumen von ca. 25,24 Mrd. DM und den TSK-übergreifenden Einsparungen im Bereich der Munitionsbevorratung und -beschaffung (ca. 10. Mrd. DM) fielen die von Luftwaffe und Marine zu leistenden Einschnitte wesentlich geringer aus. So umfasste das Einsparvolumen der Luftwaffe rund 6,13 Mrd. DM und das der Marine ca. 2,08 Mrd. DM.[107] Deren rüstungsplanerischen Abstriche beinhalteten zugunsten der angestrebten Mobilitätsverbesserung vorrangig Systeme für TSK-spezifische Aufgaben in den Bereichen Aufklärung und Wirkung. Zur Vermeidung von Fähigkeits- und Ausrüstungslücken wurden die ausgeplanten bzw. reduzierten Waffensysteme und Einsatzmittel durch andere planerisch kompensiert, worunter beispielsweise fielen:

– die Reduzierung der Aufklärungsausstattung für den »Tornado« und seine entwicklungstechnische Betreuung im Wert von 1,8 Mrd. DM,
– die Streichung der Drohne-Anti-Radar und Aufklärungsdrohne im Bereich der Luftwaffe mit ca. 1,6 Mrd. DM,
– die Reduzierung der Kampfwertsteigerung des Flugabwehrraketensystems »Roland« in der Luftwaffe bzw. dessen Streichung in der Marine im Wert von 285 Mio. DM und
– die Reduzierung des ersten Beschaffungsloses für das U-Boot der Klasse U 212 im Umfang von 1 Mrd. DM.[108]

Da die Marine bereits seit Mitte der 1980er-Jahre mit der Umstrukturierung zur Flotte 2005 eine Verkleinerung und Modernisierung ihrer schwimmenden Einheiten anstrebte, war es ihr vorerst möglich, die auf die neue Marinestruktur

---

[105] Vgl. Heckmann, »Weitreichende Richtlinie für die Zukunft«, S. 13.
[106] Vgl. Rüstungs-Planung. In: Wehrdienst 1300/92 (20.1.1992), S. 1–3, hier S. 2 f.; Heckmann, »Weitreichende Richtlinie für die Zukunft«, S. 13.
[107] Vgl. Heckmann, »Weitreichende Richtlinie für die Zukunft«, S. 15. Die Werte ergeben sich aus der Summierung der ebd. aufgeführten Reduzierungs- und Streichungsvolumen.
[108] Vgl. Rüstungs-Planung. In: Wehrdienst 1300/92 (20.1.1992), S. 1–3, hier S. 2 f.; Heckmann, »Weitreichende Richtlinie für die Zukunft«, S. 15.

ausgerichtete materielle Weiterentwicklung, wie die Fregatte F-123/124, den Tender 404 und einen Einsatzgruppenversorger, in die Rüstungsplanung einzubringen. Denn trotz der Konzeption für den Einsatz an der Nordflanke konnte die Marine, aufbauend auf den bisherigen Vorhabenplanungen und trotz der im Mittelmeer und Golfeinsatz festgestellten Ausrüstungsdefizite im Fernmelde- und Logistikbereich, ihre Ausrüstungsplanung kontinuierlich weiterentwickeln, da sich an den Seekriegsaufgaben der Marine bislang nichts geändert hatte.[109]

Obwohl mit dem Einsatz in der Türkei für die Luftwaffe der Parameter Mobilität eine neue Dimension erreichte, der zunächst durch die Umstrukturierung der Lufttransportverbände und die temporäre Nutzung von ehemaligen NVA-Transportmaschinen kompensiert wurde,[110] bildete die Ausrüstung der fliegenden Kampfverbände mit einem neuen Jagdflugzeug zur Verbesserung von Luftverteidigung und -kampf weiterhin den Schwerpunkt.[111] Gemäß ihrer konzeptionellen Ausrichtung entsprach die Luftwaffe damit ihrer Einbindung in die integrierte Luftverteidigung der NATO, deren operative Erfordernisse seit den 1980er-Jahren eine Optimierung der Jagdfliegerkräfte erzwangen.[112] Zudem stieg laut der öffentlichen Lagebeurteilung der Luftwaffe mit dem Beitritt der DDR die Bedeutung der mit bemannten Luftkriegsmitteln zu führenden Luftverteidigung, da sich folglich der Luftraum des Bündnisgebietes erweitert hatte und die Bundesrepublik mit der ihr gewährten vollen Souveränität nun die nationale Eigenverantwortung über den deutschen Luftraum als hoheitliche Aufgabe übernahm.[113] Aufgrund dieser Aufgabenerweiterungen bestand weiterhin der Bedarf nach einem Jagdflugzeug der neuesten Generation sowie modernsten Luftkriegsmittel für Wirkung und Aufklärung. Jedoch ließen sich planerische Einschnitte in der laufenden Luftrüstung schwieriger umsetzen als in der Heeresrüstung, da mit Stand 1989 ca. 60 bis 70 % der von der Luftwaffe eingeplanten Vorhaben im Rahmen von bi- oder multinationalen Rüstungskooperationen umgesetzt wurden.[114] Jegliche Einschnitte bei den Flugzeug- und Hubschraubervorhaben waren daher mit erheblichen, ineinandergreifenden bündnis-, rüstungs-, finanz- und wirtschaftspolitischen Folge- und Bindungswirkungen verbunden, die in ihrer Gesamtheit einen Ausstieg, Stückzahlreduzierungen oder Neuausrichtungen erheblich erschwerten. Dies zeigte sich bereits im Laufe des Jahres 1991 mit dem Vorhaben LAPAS (Luftgestütztes, abstandsfähiges Primär-Aufklärungssystem), dessen aus ortsfesten und fliegenden Systemelementen bestehende lineare Ausrichtung für die weitreichende Aufklärung in die Tiefe des ostwärtigen Raums auf den Erfordernissen zur Informationsgewinnung für die Vorneverteidigung basierte. Obwohl dieses System mit dem Wegfall der

---

[109] Vgl. Rhades, »Die TSK Marine«, S. 27−29.
[110] Vgl. Möllers, 50 Jahre Luftwaffe, S. 168, 177 f.
[111] Vgl. Heckmann, »Die Planung der Luftwaffe war immer gut«, S. 20.
[112] Vgl. Depos. GM a.D. Reichardt, Führungsstab der Luftwaffe (Planung) an Stv. Leiter Planungsstab vom 18.5.1989, Bl. 1−4, hier Bl. 1.
[113] Vgl. Heckmann, »Die Planung der Luftwaffe war immer gut«, S. 20; Möllers, 50 Jahre Luftwaffe, S. 168, 177−178.
[114] Vgl. Depos. GM a.D. Reichardt, Führungsstab der Luftwaffe (Planung) an Stv. Leiter Planungsstab vom 18.5.1989, Bl. 1−4, hier Bl. 1.

Bedrohung und durch Innovationen im Bereich der Satellitentechnik obsolet wurde, konnte die Luftwaffe die Planung bis zur endgültigen Entscheidung über die
Fortführung oder Abwicklung vorläufig fortsetzen. Bestimmend für die Fortsetzung
des zwischen den TSK umstrittenen Vorhabens, das trotz Abstrichen ein Volumen von
1,6 Mrd. DM umfasste, waren laut Rüstungsstaatssekretär Pfahl bündnis- und industriepolitische Gründe. Trotz dieser vom damaligen Rüstungsstaatssekretär öffentlich
vorgebrachten Argumente erfolgte letztlich 1993 die Einstellung des Vorhabens.[115]
Wegen der komplexen Bindungswirkungen der eingeplanten Systemvorhaben
setzte die Luftwaffe einen Teil ihrer zu leistenden Einschnitte über die strukturbedingte Ausphasung der in der Nutzung befindlichen Systeme RF-4 F »Phantom«
(Aufklärung) und »Alpha Jet« (Luftnahunterstützung) um. Durch die Ausphasung
der beiden Systeme sollten damit die Kostenaufwendungen des fliegerischen Betriebs
der Luftwaffe reduziert werden, um die so erwirtschafteten Einsparungen planerisch
für die angestrebte Verbesserung von Mobilität und Führung umzuschichten.[116]
    Die unter der Zuarbeit der Inspekteure durch den Generalinspekteur erarbeiteten Vorschläge zur Rüstungsplanung, die von Minister Stoltenberg auf der
Planungskonferenz vom 11. Januar 1992 für den Bundeswehrplan 93 gebilligt wurden, stellten vorläufig einen an die umzustrukturierenden TSK angepassten finanzorientierten Kompromiss zur materiellen Weiterentwicklung des Strukturbedarfs für
die Landesverteidigung dar. Die Einsparungen umfassten wegen des rückläufigen
Verteidigungsbudgets ein Volumen von ca. 43,75 Mrd. DM, wobei das Heer gegenüber Luftwaffe und Marine den größten Anteil der »erheblich[en], konzeptionell
sorgfältig überlegte[n] Einschnitte« zu verzeichnen hatte.[117] Denn durch die Erosion
der Bedrohung, die zum Jahresende 1991 mit der Auflösung der Sowjetunion endgültig verschwand und durch eine diffuse Risikolage abgelöst wurde,[118] änderte sich wegen der bereits innerhalb und außerhalb des Bündnisgebiets geführten Einsätze und
des sich zwischen Deutschland und Russland entwickelnden Raumpuffers nach dem
Parameter Mobilität substanziell der Stellenwert der TSK Heer im Streitkräftegefüge.
Diese Bedeutungsverschiebung muss, unter der Bedingung der sich verknappenden
Finanzmittel, das zwischen den TSK bestehende Konkurrenzverhältnis verstärkt
haben. Heer, Marine und Luftwaffe waren bestrebt, ihre Anteile im Planungsvolume
zu erhalten, und sei es zu Lasten einer anderen TSK. Ein planerisches Risiko zur
Anteilssicherung stellten die finanziellen Bindungswirkungen der eingeplanten
Rüstungsvorhaben bei einem knapper werdenden Verteidigungsbudget dar, die

---

[115] Vgl. Rüstungs-Planung. In: Wehrdienst 1300/92 (20.1.1992), S. 1–3, hier S. 2, sowie Hoffmann,
      Aufklärung. Damit verbunden waren die Bekanntmachungen als sogenannte »Amigo-Affäre«, die
      aus einer Verquickung von Parteispenden an die CSU und Einzelzuwendungen an Funktionäre
      bestand. Diese leistete der Inhaber des Flugzeugherstellers Burkhart Grob Luft- und Raumfahrt
      GmbH & Co. KG, dessen Flugzeug Grob G 520 als fliegende Komponente in LAPAS vorgesehen
      war. Diesbezüglich richteten sich auch die staatsanwaltschaftlichen Ermittlungen gegen den ehemaligen Inspekteur der Luftwaffe, Eberhard Eimler (1983–1987), da dieser kostenlos auf Grobs
      Feriendomizil in Brasilien seinen Urlaub verbracht haben soll.
[116] Vgl. Rüstungs-Planung. In: Wehrdienst 1300/92 (20.1.1992), S. 1–3, hier S. 3.
[117] ›Planungskonferenz Eckdaten des Bundeswehrplans 93‹ vom 11.1.1992. In: Wehrdienst 1300/92
      (20.1.1992), S. 3–4, hier S. 4.
[118] Vgl. Winkelmann, Das Heer, S. 21.

zu Verdrängungseffekten im Planungsvolumen führten. Insbesondere die kostenintensiven und technologisch komplexen Großvorhaben, vor allem die für Luftkampf, Luftbeweglichkeit und Luftmechanisierung, banden anteilig erhebliche
Mittel im Planungsvolumen. So beinhaltete beispielsweise die auf Serien- und
Versorgungsreife abzielende Entwicklung des Jäger 90 im von 1993 bis 2005 umfassenden Planungszeitraum mit Stand 1991 und ohne Berücksichtigung von Kosten-
risiken/-steigerungen in der Entwicklung rund 4,7 Mrd. DM.[119] Zur Sicherstellung
der Finanzierbarkeit mussten daher die Mittel im Planungsvolumen umgeschichtet werden. Entweder erfolgte diese über Eingriffe in die Ausrüstungsplanung der
TSK oder die Umschichtungen erfolgten zu Lasten der anderen TSK. Insgesamt
erhöhten die komplexen Großvorhaben das finanzielle Risiko in der fortlaufenden Rüstungsplanung und schränkten wegen ihrer hohen Bindungsanteile weiterhin die Planungsflexibilität ein, die zusätzlich durch kosten- und zeitwirksame
Entwicklungs- und Bedarfsmodifikationen sowie militärische Nachforderungen verringert wurde. Eine Einsteuerung von erforderlichen materiellen Neubeginnen für
den Planungszeitraum wurde so nachhaltig erschwert.

Gleichzeitig galt es, auf Grundlage der vom Minister im Januar 1992 gebilligten Rüstungsplanung die materielle Weiterentwicklung und Bedarfsdeckung im
Planungszeitraum zeitlich und strukturell so umzusetzen, dass bis zur Einführung
der eingeplanten Systeme die bestehenden Ausrüstungs- und Fähigkeitslücken
durch finanzierbare wehrtechnische Lösungen zu überbrücken waren. Es musste
hierbei planerisch berücksichtigt werden, dass sich aus der Abwicklung der gestrichenen, reduzierten und gestreckten Systemvorhaben keine »Ruinen-Komplexe«
im Systemverbund Aufklärung – Führung – Wirkung ergaben.[120] Zur finanzierbaren Aufrechterhaltung eines operativen Minimums an Kampfkraft wurden an
den in der Nutzung befindlichen Waffensystemen Kampfwertsteigerungen und
Kampfwerterhaltungen durchgeführt sowie übernommene Kampftechnik der
NVA in kurz- bzw. mittelfristige Nutzung eingesteuert.[121] Weiterhin verzichteten
die TSK in einigen Fähigkeitsbereichen auf die Überbrückung von vorhandenen
Ausrüstungsdefiziten, da Zeit, Kosten und Nutzen bis zur geplanten Einführung
des neuen Systems oder von Systemelementen in keiner Relation zueinander standen. So war unter anderem die Heeresfliegertruppe wegen des Verzichts der konzi-
pierten Kampfwertsteigerung des PAH-1 bis zur Einführung des PAH-2 nicht zum
Nachtkampf befähigt. Beispielhaft für die Luftwaffe ist das mit der Ausphasung der
RF-4 »Phantom« entstandene Fähigkeitsdefizit im Bereich Luftaufklärung, das bis
zur Zuführung des mit Sensortechnik ausgerüsteten Aufklärungsbehälters für den
»Tornado« inkaufzunehmen war.[122]

---

[119] Vgl. Karl, Die Bundesrepublik als integrationspolitischer Musterschüler?, S. 239.
[120] Vgl. Quo vadis, Heeresrüstung?, S. 452; Entwicklungsruinen. In: Wehrdienst 1305/92 (24.2.1992),
    S. 2.
[121] Vgl. Winkelmann, Das Heer, S. 27 f.; Das Bundesamt für Wehrtechnik und seine Projekte. In:
    S&T, 1/1992, S. 17–54, hier S. 17.
[122] Vgl. Heckmann, »Weitreichende Richtlinie für die Zukunft«, S. 15; Möllers, 50 Jahre Luftwaffe,
    S. 177.

Trotz des rüstungsplanerischen Aderlasses wurde das Investitionsvolumen zur Deckung des Strukturbedarfs bereits Anfang 1992 als nicht ausreichend bewertet, um die Rüstungsplanung der Streitkräfte ganzheitlich für die Landesverteidigung im Rahmen des Bündnisses weiterzuentwickeln.[123] Wegen der Konzeption der Bundeswehr als mechanisierte Armee im Bündnis, deren Schwerpunkt auf der Verteidigung Mitteleuropas lag, hatten sich die planerischen Handlungsspielräume für die Neuschreibung der Bundeswehrplanung sukzessive Rüstungsplanung an den strategischen Vorgaben der NATO auszurichten. Da das Bündnis seit Sommer 1990 seine Strategie und Struktur einer Überprüfung unterzog,[124] hatten sich die Konzeption und Entwicklung von Wehrmaterial (mit Priorisierung des Parameters Mobilität) zunächst noch an den Prinzipien der Flexible Response auszurichten. Der Abschluss der Strategie- und Strukturrevision für eine künftige Bündnisverteidigung erfolgte im Zeitlauf November 1991 bis Januar 1992, also fast zeitgleich zu den im Dezember 1991 und Januar 1992 abgehaltenen Planungskonferenzen. Für die Bundeswehr als Armee im Bündnis waren die aus dem Revisionsprozess der NATO resultierenden Direktiven bestimmend, jedoch konnten diese wegen ihrer militärstrategischen Implikationen auf die verteidigungspolitische Neuausrichtung der Bundesrepublik und asynchronen Überschneidung nicht mehr in den laufenden Planungsprozess eingesteuert werden.[125] Denn mit der Verabschiedung und Veröffentlichung des neuen strategischen Konzepts (The Alliance's Strategic Concept 1991) am 7./8. November 1991 löste das Bündnis das bis dahin geltende militärstrategische Prinzip der Vorneverteidigung und die Strategie Flexible Response (MC 14/3) ab (weiterführend V.2.b).[126]

Zusammenhängend mit der Neustrukturierung der Streitkräfte, der Selbstauflösung der Bedrohung und der hierauf ausgerichteten strategischen Reaktion des Bündnisses hatten sich die verteidigungspolitischen und militärstrategischen Determinanten für die Bundeswehr grundlegend geändert. Eine planerische Überprüfung und Bewertung der im neuen strategischen Konzept aufgeführten und in die Richtlinie zur militärischen Umsetzung des strategischen Konzepts der Allianz (MC 400,[127] Beschluss: 13.12.1991) eingeflossenen Fähigkeits- und Ausrüstungsvorgaben für den Einsatz von Krisenreaktions- und Hauptverteidigungskräften zur bündnisgemeinsamen Verteidigung konnte daher

---

[123] Vgl. Zur Lage und Entwicklung des Heeres. In: Wehrdienst 1308/1992 (16.3.1992), S. 2 f. sowie Zur Lage und Entwicklung der Luftwaffe. In: Wehrdienst 1308/1992 (16.3.1992), S. 3 f.

[124] Vgl. Die Nordatlantische Allianz im Wandel.

[125] Vgl. ›Planungskonferenz Eckdaten des Bundeswehrplans 93‹ vom 11.1.1992. In: Wehrdienst 1300/92 (20.1.1992), S. 3 f., hier S. 4, sowie Militärpolitische und militärstrategische Grundlagen. In: Wehrdienst 1302/92 (3.2.1992), S. i–ii, hier S. i, und Stoltenberg, Perspektiven der Sicherheitspolitik, S. 10–12.

[126] Vgl. Das neue trategische Konzept des Bündnisses, Pkt. 40 (englischsprachige Originalfassung online unter: <https://www.nato.int/cps/en/natohq/official_texts_23847.htm?selectedLocale=en>; letzter Zugriff 26.4.2021).

[127] Vollständige Bezeichnung MC Directive for Military Implementation of the Alliance's Strategic Concept, MC 400.

erst 1992 in die Rüstungsplanung eingesteuert werden.[128] Den Ausgangspunkt für eine den veränderten Bündnisrichtlinien entsprechende nationale Umsetzung, die zugleich die Neudefinition der Verteidigungspolitischen Richtlinien zu berücksichtigen hatte, bildeten die am 15. Februar 1992 vom Bundeskabinett gebilligten politischen Vorgaben für den Auftrag der Bundeswehr, der deutschland-konzentrisch folgende Aufgaben umfasste:

– als Hauptaufgabe die Landesverteidigung,
– eine auf das Bündnisgebiet erweiterte kollektive Landesverteidigung (Einsatz innerhalb des North Atlantic area, ohne dass das deutsche Hoheitsgebiet direkt bedroht ist) und
– nach Schaffung der politischen Voraussetzungen die Teilnahme an über die NATO hinausgehenden (out of area) kollektiven Einsätzen im Rahmen der Vereinten Nationen (VN).[129]

Eingebunden in die vom Bundeskabinett gebilligten politischen Vorgaben für die Weiterentwicklung der Bundeswehr zur erweiterten Landes- und Bündnisverteidigung waren die für eine Befähigung für internationale militärische Einsätze, die sich aus der Beistandspflicht der Vereinten-Nationen-Mitgliedschaft des vereinten Deutschlands ergaben.[130] Mit dem Beitritt der DDR zur Bundesrepublik am 3. Oktober 1990 erlangte das vereinte Deutschland seine »volle Souveränität«.[131] Für die Vereinten Nationen fiel damit der bisherige deutsche »Sonderstatus eines geteilten Landes« weg und es wurde von Deutschland erwartet, dass es nun mehr Engagement zur Friedenssicherung übernehme, von dem die Weltgemeinschaft bislang abgesehen hatte.[132] Dass das vereinte Deutschland bereit war, sich an Einsätzen zur Friedensicherung zu beteiligen, machte Helmut Kohl in seiner Regierungserklärung vom 30. Januar 1991 deutlich. Für ihn trat Deutschland mit der Einheit in ein neues Zeitalter ein, daher gab es nun »für uns Deutsche keine Nische in der Weltpolitik. Es darf für Deutschland keine Flucht aus der Verantwortung geben«.[133]

Im Gegensatz zu den unbewaffneten humanitären Hilfseinsätzen, an denen sich Kräfte der Bundeswehr schon vor 1990 beteiligten,[134] beinhaltete die Beistandsverpflichtung der Vereinten Nationen, dass sich die Bundesrepublik mit bewaffneten Streitkräften an internationalen Einsätzen zur Friedenserhaltung und -erzwingung (peacekeeping, peace enforcement operations) beteiligt. Damit waren neben den bisherigen ›waffenlosen‹ Unterstützungseinsätzen zur Hunger-, Erdbeben- oder Flüchtlingshilfe für die Truppe nun auch mandatierte Gefechtseinsätze zur Friedenserhaltung und -erzwingung möglich, die in keiner di-

---

[128] Vgl. Lützow, Die Heeresrüstung (1992), S. 454; Nassauer, 50 Jahre Nuklearwaffen, S. 30 f.; Neue strategische Konzept, Pkt. 41–53.
[129] Vgl. ›Planungskonferenz Eckdaten des Bundeswehrplans 93‹ vom 11.1.1992. In: Wehrdienst 1300/92 (20.1.1992), S. 3 f., hier S. 4, sowie Militärpolitische und militärstrategische Grundlagen. In: Wehrdienst 1302/92 (3.2.1992), S. i–ii, hier S. ii; Naumann, Die Bundeswehr, S. 137.
[130] Vgl. Breitwieser, Verfassungshistorische und verfassungsrechtliche Aspekte, S. 158.
[131] Ebd., S. 161.
[132] Farwick, Krisen ohne Management, S. 7.
[133] Plenarprotokoll 12/5 Deutscher Bundestag. Stenographischer Bericht vom 30.1.1991, S. 90.
[134] Vgl. Chronologie »Armee im Einsatz«. In: Wegweiser zur Geschichte, S. 297–301.

rekten Beziehung zur Landes- bzw. Bündnisverteidigung standen – Out-of-area-Einsätze. Das Spektrum der hierzu führenden Einsätze wies daher einen ähnlichen Aufgabenbereich (Waffenstillstandskontrolle oder Entwaffnung usw.) wie die Krisenbeherrschung im Rahmen der erweiterten Landes- und Bündnisverteidigung auf. Sowohl Friedensmissionen der Vereinten Nationen als auch Einsätze zur Krisenbeherrschung beinhalteten in differenzierter Form das mandatsabhängige Element Kampf. Politisch wurde jedoch im Bereich der Vereinten Nationen der humanitäre Aspekt unter dem Dreiklang Schützen, Helfen, Retten betont, wobei der Waffengebrauch marginalisiert wurde.[135] Obwohl sich die Regierung Kohl ab 1990/91 dazu entschloss, »einen Prozess der schrittweisen Gewöhnung an ›Out-of-Area-Einsätze[n]‹ einzuleiten«,[136] mangelte es Anfang 1992 aufgrund vergangenheitspolitischer und ethischer Verflechtungen sowie einer ausstehenden interfraktionellen Konsensbildung im Bundestag an fest geregelten exekutiven und konstitutiven Rahmenbedingungen für die Planungsarbeit der Streitkräfte. Diese mussten zeitgleich zur Neuschreibung der Verteidigungspolitischen Richtlinien und zum laufenden Prozess der Bundeswehrplanung erst geschaffen bzw. fortlaufend geklärt werden.

Unabhängig von dem regierungspolitisch gewollten stufenweisen Gewöhnungsprozess an bewaffneten Out-of-area-Einsätzen galt Anfang 1992 laut der militärpolitischen und -strategischen Beurteilung von politischer Leitung und militärischer Führung für die Streitkräfte weiterhin als »die grundlegende politische Aufgabe [... der] Schutz der territorialen Integrität Deutschlands, der Sicherheit seiner Bürger und der freiheitlich-demokratischen Lebensordnung gegen äußere Gefahren sowie die wirksame Wahrnehmung von Bündnisverpflichtungen«.[137] Entsprechend den am 11. Januar 1992 gebilligten Eckpunkten für die Rüstungsplanung (Bundeswehrplan 93) war ein finanzierbarer Strukturbedarf von Heer, Marine und Luftwaffe für den mobilen und flexiblen Einsatz sowohl zur Landesverteidigung als auch für kollektive Operationen im Bündnisgebiet nachsteuernd zu konzipieren und zu decken. Zur materiellen Nachsteuerung galten nicht mehr die operativen und strukturellen Erfordernisse für die lineare Vorneverteidigung, sondern die zur beweglichen Krisenreaktionsbefähigung im Rahmen einer erweiterten Landesverteidigung im Bündnisgebiet als maßgeblich.

b) Bündnisvorgaben und Neupriorisierung der Ausrüstungsplanung – 1992

Die NATO schloss am 7. November 1991 ihre Strategie- und Strukturrevision mit der Verabschiedung eines neuen strategischen Konzepts ab, dessen Realisierung formal am 13. Dezember 1991 mit der Verabschiedung für die Richtlinie zur militärischen Umsetzung des strategischen Konzepts der Allianz (MC 400) begann. Damit hatte die Bundeswehr ab 1992 die strategisch-operativen Vorgaben des Bündnisses

---

[135]　Vgl. Koch, Krisenreaktionskräfte, S. 402.
[136]　Schlaffer, Die Bundeswehr auf dem Weg, S. 248.
[137]　Militärpolitische und militärstrategische Grundlagen. In: Wehrdienst 1302/92 (3.2.1992), S. i–ii, hier S. i.

mit den damit verbundenen Streitkräftemerkmalen und Materialkriterien in den
laufenden Planungszyklus für den Bundeswehrplan 94 (1994–2006) einzusteuern.
Aufbauend auf den im Februar 1992 gebilligten politischen Vorgaben und dem neu-
en Strategiekonzept der NATO erfolgten gleichzeitig die Arbeiten zur Erstellung
des im Dezember 1992 zu billigenden Bundeswehrplan 94, zur Neuschreibung
der Verteidigungspolitischen Richtlinien und der Militärstrategischen Zielsetzung
mit ihren hierarchisch abzuleitenden konzeptionellen Folgedokumenten zur
Weiterentwicklung der Bundeswehr, der Konzeption der Bundeswehr und den
Teilkonzeptionen der TSK.[138] Diesbezüglich war, zumindest bis zur Fertigstellung der
Verteidigungspolitischen Richtlinien, der Planungsprozess für den Bundeswehrplan
kompatibel zu gestalten, sodass die noch ausstehenden politischen und konzeptionellen Vorgaben planerisch berücksichtigt und eingesteuert werden konnten.[139]
    Das bislang gültige militärstrategische Prinzip der linearen Vorneverteidigung
wurde im Rahmen der beschlossenen verminderten Vornepräsenz in der NATO-
Zentralregion durch das der strategisch-operativen Gegenkonzentration (counter-
concentration) abgelöst.[140] Mit diesem neuen militärstrategischen Prinzip hatte das
Bündnis einen entregionalisierten Ansatz für den Einsatz seines nach den Parametern
Mobilität und Flexibilität zu verkleinernden Streitkräfteumfangs zur Abschreckung
und Abwehr entwickelt. Für den konzentrierten Einsatz gegen multidimensionale
Risiken und ihr »nicht genau bestimmbare[s] Konfliktpotential« war lageabhängig
ein flexibles operatives Vorgehen von Land-, Luft- und Seestreitkräften im Verbund
vorgesehen.[141] Die sich aus Wegfall der Bedrohung und der Streitkräftereduzierung er-
gebene Neudislozierung von Truppenteilen machte eine zusammenhängende lineare
Gruppierung der verfügbaren Kräfte entlang einer Frontlinie wie zu Zeiten des Ost-
West-Konflikts im Bündnisgebiet obsolet. Im Schwerpunkt konzentrierten sich die
Planungen für eine kollektive Bündnisverteidigung auf die einzelne Bündnisregion.
Gemäß der Gegenkonzentration war vorgesehen, den operativ erforderlichen
Großteil der präsenten Streitkräfte in der bedrohten Bündnisregion nach Verlegung
und Aufmarsch zusammenzufassen, um den Aggressor im Einsatz der verbunde-
nen Kräfte »weit vorn« abzuschrecken bzw. abzuwehren.[142] Da mit dem Wegfall der
Hauptbedrohung der existenzgefährdende Krieg in Europa von politischer Leitung
und militärischer Führung als »zunehmend unwahrscheinlicher werden[d]« eingestuft wurde,[143] zielte das strategisch-operative Prinzip der Gegenkonzentration auf
das sicherheitspolitische Eskalationsstadium der Krise ab.[144] Wurde bis 1990 laut

---

[138] Vgl. Lützow, Die Heeresrüstung (1992), S. 454.
[139] Vgl. »Zukunftsplanung«. In: Wehrdienst 1340/92 (16.11.1992), S. 2–3, hier S. 2; Olshausen,
Bundeswehrplanung, S. 5.
[140] Vgl. Weigl, Strategische Einsatzplanungen, S. 136 f.; Sohst, Luftwaffe 1995, S. 167.
[141] Vogler, Schlüssige Daten, S. 43.
[142] Das neue strategische Konzept des Bündnisses, Pkt. 36. Vgl. Weigl, Strategische Einsatzplanungen,
S. 136 f.
[143] ›Planungskonferenz Eckdaten des Bundeswehrplans 93‹ vom 11.1.1992. In: Wehrdienst 1300/92
(20.1.1992), S. 3 f., hier S. 3. Vgl. »Militärpolitische und militärstrategische Grundlagen«. In:
Wehrdienst 1302/92 (3.2.1992), S. i–ii, hier S. ii; Vogler, Schlüssige Daten, S. 43.
[144] Die MC 400 mit dem hier implementierten Prinzip der Gegenkonzentration ist ein fortzuschrei-
bendes Richtliniendokument der NATO. Es wurde 1996 (MC 400/1) und 2000 (MC 400/2) über-

Generalleutnant Helge Hansen die Krise im existenzgefährdenden Spannungsfall noch als der »vermutlich kurze Übergang vom Frieden zum bewaffneten Konflikt in Zentraleuropa« eingestuft,[145] so wurden 1991/92 eskalierende Krisenlagen mit ihrem einhergehenden Risiko- und Konfliktpotential für das Bündnis und Deutschland als wahrscheinlichere Bedrohungskomplex für den Frieden bewertet.[146] Angesichts der an das Bündnisgebiet grenzenden Krisenfelder Ost- und Südosteuropas sowie Vorderasiens, deren ineinandergreifende ethnische, religiöse und ökonomische Interessensgegensätze in bewaffneten Konflikten ausgetragen wurden, erreichte die militärische Krisenbeherrschung zur postkonfrontativen Verteidigungsvorsorge einen veränderten Stellenwert.[147] Diesbezüglich legte Hansen im Kontext des neuen strategischen Konzepts der NATO Ende 1991 in seiner Eigenschaft als Stellvertretender Chef des Stabes für Operationen im NATO-Hauptquartier SHAPE dar:[148] »Die Krise darf [künftig] nicht mehr Durchgangsstation zum unvermeidlichen Krieg sein, sondern muß ihre eigene, originäre Zielsetzung haben, nämlich die Verhinderung des Ausbruchs von Kampfhandlungen, die De-Eskalation eines Interessenkonflikts, die Kriseneindämmung und ihre Beendigung, ohne dabei die Verteidigungsfähigkeit der Allianz für den ungünstigsten Fall der Entwicklung preiszugeben«.[149]

Mit der 1991/92 formulierten eigenständigen Programmatik zur Krisenbeherrschung (Erkennen, Bewältigung und Nachsorge) als integrales Element der Bündnisverteidigung wurde der bereits seit 1979 bestehende Aufgabenbereich der Streitkräfte, der diese bereits damals als einsatzbereites »Instrument zur politischen Krisenbewältigung« zur Verdeutlichung des Verteidigungswillens im Bündnis auswies,[150] intensiviert und modifiziert. Damit wurde unterhalb der Eskalationsstufe Krieg der Reaktionsansatz verfolgt, dass, basierend auf dem strategisch-operativen Prinzip der Gegenkonzentration, einsatzbereite Kräfte zur differenzierten Ergänzung von politischen Handlungsoptionen rasch eingesetzt werden, um die gegen ein Bündnismitglied gerichteten militärischen Aggressionsdrohungen abzuschrecken oder Angriffshandlungen abzuwehren.[151] Neben dem klassischen Gefecht der verbundenen Waffen zählten bzw. zählen zu den differenzierten

---

arbeitet. Vgl. Weigl, Strategische Einsatzplanungen, S. 137. Auf dem Ende 1991 erstellten neuen strategischen Konzept und den hieraus abgeleiteten, fortzuschreibenden Richtliniendokumenten baut die im Baltikum geführte Enhanced Forward Presence (Verbesserte Vornepräsenz) zur Abschreckungsdemonstration gegen Russland auf. Vgl. BMVg, Gipfelerklärung, Pkt. 11, 40, 41 und 78.

[145] Hansen, Auswirkung einer neuen NATO-Strategie, S. 7. Vgl. Depos. GM a.D. Reichardt, Aufgaben der deutschen und verbündeten Streitkräfte. In: Planungsstab (Red.): Punkte Entw. Weißbuch 1989; Bl. 1–5; hier Bl. 1.

[146] Vgl. Vogler, Schlüssige Daten, S. 43; Vogler, Sicherheitspolitische Rahmenbedingungen, S. 26 f.; Farwick, Krisen ohne Management, S. 7 f.

[147] Vgl. Farwick, Krisen ohne Management, S. 7–9.

[148] Mit der im Februar 1992 erfolgten Ernennung Generalleutnants Jörg Schönbohm zum Staatssekretär für Rüstungsangelegenheiten wurde der Posten des Inspekteurs des Heeres mit Hansen nachbesetzt.

[149] Hansen, Auswirkung einer neuen NATO-Strategie, S. 7.

[150] Vgl. Depos. GM a.D. Reichardt, Aufgaben der deutschen und verbündeten Streitkräfte. In: Planungsstab (Red.): Punkte Entw. Weißbuch 1989, Bl. 1–5, hier Bl. 1.

[151] Vgl. Das neue strategische Konzept des Bündnisses, Pkt. 43.

Einsatzaufgaben zur Krisenbeherrschung unter anderem das Erringen einer günstigen Luftlage, die Entwaffnung von Konfliktakteuren, der Schutz von Personen und Objekten sowie die Aufstandsbekämpfung oder das Herstellen von Sicherheit und Ordnung.[152] Hervorzuheben ist, dass Anfangsoperationen zur Krisenreaktion dieselben Phasen sowie Mittel und Kräfte umfassen wie die Operationen zur Landes- bzw. Bündnisverteidigung.[153] Da die angestrebte Befähigung zur differenzierten Krisenbeherrschung ein Element zur kollektiven Bündnisverteidigung bildete, waren gemäß dem neuen Strategiekonzept die Land-, Luft- und Seestreitkräfte auf dem Prinzip der Gegenkonzentration weiterhin zu hochintensiven Operationen verbundener Kräfte gegen einen militärisch strukturierten Gegner zu befähigen.[154] Für den Einsatz im TSK-übergreifenden bzw. -spezifischen Operationsverbund wurden folgende Aufgaben bestimmt:

– die Aufgabe der Landstreitkräfte war das Halten und Wiedergewinnen von Räumen,
– die der Seestreitkräfte die Durchsetzung der Seeherrschaft, um die Seeverbindungslinien der Bündnismitglieder zu sichern sowie amphibische und Landoperationen zu unterstützen,
– die der Luftstreitkräfte die Sicherung und Überwachung des Luftraums, die Bekämpfung des gegnerischen Luftkriegspotentials sowie die Unterstützung von Land- und Seekriegsoperationen.[155]

Nach den konzeptionellen und strategisch-operativen Vorgaben des Bündnisses zur abgestuften Einsatzbereitschaft und verminderten Vornepräsenz auf dem Prinzip der Gegenkonzentration waren die Streitkräfte der Bundeswehr ab 1992 in der nationalen Umsetzung dementsprechend in die Kräftekategorien Krisenreaktionskräfte und Hauptverteidigungskräfte zu gliedern und nach den Vorgabekriterien für die Land-, See- und Luftstreitkräfte zur erweiterten Landesverteidigung mit Krisenbefähigung auszurüsten.[156] Während die gekaderten und teilaktiven Hauptverteidigungskräfte das künftige mobilmachungs- und aufwuchsabhängige Kräftedispositiv zur di-

---

[152] Vgl. HDv 100/100 Truppenführung, S. 177–213. Farwick, Krisen ohne Management, S. 11 f.; Geyso, Krisenreaktionskräfte, S. 10 f.; Koch, Krisenreaktionskräfte, S. 402.

[153] Vgl. Hansen, Auswirkung einer neuen NATO-Strategie, S. 8; Geyso, Krisenreaktionskräfte, S. 10 f.

[154] Vgl. Neue strategische Konzept, Pkt. 48, 49. Die HDv 100/100 definiert dies als Operationen hoher Intensität. Diese umfassen den »Einsatz aller verfügbaren Elemente des bewaffneten Kampfes [...] Sie richten sich gegen einen überwiegend militärisch organisierten Gegner, der gleichermaßen zum Kampf entschlossen ist. Sie haben das Ziel, durch Einschränkung oder Beseitigung seiner Fähigkeit zum Kampf die Durchsetzung des eigenen Willens zu erzwingen«. Nach den Kriterien Präsenz, Bereitschaft zum Waffeneinsatz, Umfang Organisation und Ausrüstung der gegnerischen Kräfte wird weiterhin in Operationen von mittlerer und niedriger Intensität unterschieden. HDv 100/100 Truppenführung, S. 84 f.

[155] Vgl. Das neue strategische Konzept des Bündnisses, Pkt. 49. Unterstützung durch Luftstreitkräfte umfasst unter anderem den Lufttransport, die Luftnahunterstützung und Luftverteidigung sowie die Luftaufklärung.

[156] Vgl. Militärpolitische und militärstrategische Grundlagen. In: Wehrdienst 1302/92 (3.2.1992), S. i–ii, hier S. ii. Das neue strategische Konzept des Bündnisses, Pkt. 47. Die dritte Kräftekategorie ist die Militärische Grundorganisation. Auf diese wird nicht näher eingegangen. Die NATO differenzierte im Bereich der Krisenreaktionskräfte nach dem Faktor Zeit in die Kategorien Immediate Reaction Force (IRF) und Rapid Reaction Force (RRF). Hierbei handelte es sich um eine zusätzliche Differenzierung für die Komponenten Land, See und Luft. Am deutlichsten traf dies auf die

rekten Landesverteidigung bildeten, waren die Krisenreaktionskräfte als der stets präsent und schnell einsatzbereit zu haltende Anteil der Hauptverteidigungskräfte für den Gefechts- und Kriseneinsatz im Bündnisgebiet aufzustellen. Die damit einhergehende Forderung, die Krisenreaktionskräfte zu schnellen und flexiblen Operationen im Verbund gegen einen symmetrisch oder asymmetrisch operierenden Aggressor zu befähigen, verlangte eine vollumfängliche Ausrüstung, so dass sie in der Lage waren, einen »begrenzten Angriff abzuschrecken und erforderlichenfalls das Hoheitsgebiet der Verbündeten gegen Angriffe zu verteidigen, insbesondere wenn sie ohne lange Warnzeit eingeleitet werden«.[157] Im schlimmsten Falle einer fortwährenden Eskalationsentwicklung mit einhergehenden Operationen hoher Intensität hatten die Krisenreaktionskräfte die Aufgabe, die Mobilisierung und den Aufmarsch der Hauptverteidigungskräfte aktiv zu sichern, bis diese für Folge- oder Hauptoperationen einsatzbereit waren.[158] Wegen ihres strategisch-operativen Zusammenhangs zur künftigen Landes- und kollektiven Verteidigung des Bündnisgebietes waren die Hauptverteidigungs- und Krisenreaktionskräfte planerisch als konzeptionelle Einheit weiterzuentwickeln, um so keine materiellen, personellen und operationellen »Verfügungslücken entstehen zu lassen«.[159] Im Bereich der Ausrüstungsplanung sollte damit vermieden werden, dass sich die in den Kräftekategorien zugeordneten Truppenteile materiell auseinanderentwickelten und ein hieraus resultierendes unterschiedliches Ausrüstungsniveau die Kampfkraft der TSK und ihrer Truppengattungen verringerte. Planerisch und konzeptionell war im Rahmen der Bundeswehrplanung zu berücksichtigen, dass Einzelelemente der Krisenreaktionskräfte nach Schaffung der politischen Voraussetzungen und Konsensbildung zudem an über die NATO hinausgehend kollektiven Einsätzen der Vereinten Nationen teilnehmen sollten.[160]

Die erforderliche Anpassung der Rüstungsplanung an die veränderten konzeptionellen, strategisch-operativen Richtlinien der NATO und regierungspolitischen Vorgaben von Februar 1992 erzwang zur operationellen und quantitativen Ausrüstungsentwicklung eine weitergehende Bedarfsuntersuchung der im Januar 1992 gebilligten Materialvorhaben, um diese aktualisiert in den Planungsprozess für den im Dezember 1992 zu billigenden Bundeswehrplan 94 fortzuschreiben bzw. einzuplanen. Dabei bestand für die Überprüfung und Bewertung der Materialvorhaben das Problem, dass der Abschluss der zeitgleich stattfindenden Neuschreibung der Verteidigungspolitischen Richtlinien noch ausstand. Damit war eine Überarbeitung der hieran nachgeordneten konzeptionellen bedarfsbegründen-

---

Komponente Land zu. Während die IRF die Kräfte der Allied Mobile Force, besonders leichte infanteristische Kräfte, umfasste, beinhalte die RRF mechanisierte Kräfte.

[157] Das neue strategische Konzept des Bündnisses, Pkt. 47 a. Vgl. Weigl, Strategische Einsatzplanungen, S. 136 f.

[158] Vgl. BMVg, Weißbuch 1994, S. 93. Vgl. Geyso, Krisenreaktionskräfte, S. 10.

[159] BMVg, Verteidigungspolitische Richtlinien 1992, Ziff. 45, S. 16 f., künftig als BMVg, VPR 1992 zitiert, sowie Militärpolitische und militärstrategische Grundlagen. In: Wehrdienst 1302/92 (3.2.1992), S. i–ii, hier S. ii.

[160] Vgl. Militärpolitische und militärstrategische Grundlagen. In: Wehrdienst 1302/92 (3.2.1992), S. i–ii, hier S. ii.

den Grundlagendokumente vollumfänglich noch nicht möglich.[161] Hinsichtlich der Rüstungsplanung hatte dies zunächst zur Folge, dass bis zur Vervollständigung bzw. Novellierung der bedarfsbegründende Dokumentenhierarchie diese kompatibel zu gestalten war. Da in den afrikanischen, vorderasiatischen, ost- und südosteuropäischen Konflikt- und Krisengebieten von den dortigen Kräften vorrangig Wehrmaterial des ehemaligen Ostblocks und Russlands sowie anderer postsowjetischer Staaten eingesetzt wurde, bildete deren Wehrtechnik weiterhin den Orientierungsrahmen für die Bundeswehr. Denn trotz der wirtschaftlichen Verwerfungen in den postsowjetischen Nationalstaaten ging die Rüstungsstabsabteilung des Heeres wegen der dortigen vorhandenen Rüstungskapazitäten und der damit verbundenen Verbreitung von Rüstungsgütern Anfang der 1990er-Jahre davon aus, dass aufbauend auf dem Entwicklungsschub Ende der 1980er-Jahre deren Wehrtechnik in den Parametern Feuerkraft und Beweglichkeit fortlaufend verbessert werde.[162] Sich an dem laufenden wehrtechnischen Entwicklungspotential des ehemaligen Ostblocks orientierend, hatten die TSK in ihren Bedarfsuntersuchungen folgende Materialvorgaben des Bündnisses mit zu berücksichtigen:

— für die Landstreitkräfte die Einleitung von qualitativen Kampfwertsteigerungsmaßnahmen zur Kompensation der Truppenreduzierung und Verbesserungen, die zu einer flexiblen Verlegung befähigen,

— in den Luftstreitkräften der Aufgabenbereich Lufttransport, um künftig mit »geeignete[n] Lufttransport- und Luftbetankungskapazitäten großer Reichweite« Land- und Seeoperationen im Bündnisgebiet im erforderlichen Rahmen zu unterstützen,[163]

— ein Schließen von Materiallücken, die auf »effektive Überwachung[s]- und Aufklärungssysteme, Mobilität innerhalb und zwischen [den] Regionen sowie geeignete logistische Fähigkeiten einschließlich Transportkapazitäten« abzielen.[164]

Zur erforderlichen Anpassung der Rüstungsplanung an die vom Bündnis aufgestellten Ausrüstungsrichtlinien wurde Anfang 1992 begonnen, die für den Verbund Aufklärung – Führung – Wirkung eingeplanten System- und Gerätevorhaben, die ursprünglich für die nachhaltige Vorneverteidigung konzipiert wurden, ressourcenadaptiert auf ihre taktisch-technische Kompatibilität zur mobilen und flexiblen Gegenkonzentration zu überprüfen und zu bewerten.[165] Zu berücksichtigen war hierbei Stoltenbergs Planungsvorgabe, dass die aus den Materialuntersuchungen resultierenden Ableitungen für die Ausrüstungsplanung an der erweiterten Landesverteidigung auszurichten sind, ohne dabei den noch ausstehenden Abschluss zur Schaffung von politischen Voraussetzungen für »Einsätze außerhalb der NATO vorwegzunehmen«.[166] Damit hatten sich die Ausrüstungsplanungen von Heer, Marine und Luftwaffe auf den Kernauftrag Landes- und kollektive Verteidigung mit

---

[161] Vgl. Lützow, Die Heeresrüstung (1993), S. 144.
[162] Vgl. Dingler, Rüstung, S. 402 f.; Burr, Der Rüstungsbereich, S. 4–6.
[163] Das neue strategische Konzept des Bündnisses, Pkt. 49 und 53.
[164] Ebd.: Pkt. 49 und 53.
[165] Vgl. Winkelmann, Das Heer, S. 27.
[166] Militärpolitische und militärstrategische Grundlagen. In: Wehrdienst 1302/92 (3.2.1992), S. i–ii, hier S. ii.

der Befähigung zur Krisenbeherrschung im Bündnisgebiet (und dessen Peripherie) zu konzentrieren.

Im Vorgriff auf die zu diesem Zeitpunkt noch nicht erlassenen Verteidigungspolitischen Richtlinien, deren Auftrags- und Aufgabendefinition zur räumlich erweiterten Landesverteidigung innerhalb des Bündnisgebietes »die verbindliche Grundlage für die Arbeit in den Organisationsbereichen des Ministeriums« bildete,[167] galt es, das in die Entwicklung und Beschaffung eingeplante sowie in der Nutzung vorhandene Wehrmaterial auf technisch-taktische Defizite zu überprüfen und zu bewerten. Hierbei waren in Bezug auf eine künftige Auftragserfüllung zeitliche, operationelle, logistische, personell-strukturelle, technische und operativ-taktische Auflagen für den mobilen, flexiblen und weitreichend verlegbaren Einsatz von Kräften im Bündnisgebiet zu berücksichtigen, die unter anderem:

– das Herstellen der Verlege-/Einsatzbereitschaft von Teilen der Krisenreaktionskräfte innerhalb von drei Tagen und einen nachgeordneten Aufwuchs von weiteren Kräften,
– Interoperabilitäts- und Mobilitätsforderungen, z.B. Luftverlastbarkeit, oder
– eine autonom logistische, sanitätsdienstliche Einsatz- und fernmeldetechnische Führungsunterstützung im Einsatzraum umfassten.[168]

Aus den festgestellten materiellen Leistungsmängeln und Ausrüstungslücken waren Ableitungen für »kosten-, nutzen- und wirksamkeitseffizient[e] Bedarfsforderungen zu entwickeln«,[169] die als Planungsvorschläge in die Rüstungsplanung für den Bundeswehrplan 94 einzubringen waren. Die studienbasierte Vorschlagserarbeitung hatte zugleich unter einem erhöhten Zeitdruck zu erfolgen, da Heer, Marine und Luftwaffe, trotz ihrer parallel unterschiedlich umzusetzenden Umstrukturierungen, planerisch bis Ende 1994 Grundlagen für einen Fähigkeitsaufwuchs zur Krisenbeherrschung zu leisten hatten,[170] um ab 1995 entsprechende Einsatzaufgaben stufenweise übernehmen zu können. In Abhängigkeit von den zu berücksichtigenden strukturellen, logistischen und personellen sowie technischen Aspekten und politisch-räumlichen Auflagen für den Einsatz im Bündnisgebiet lassen sich für eine ressourcenorientierte Nachsteuerung zur Beseitigung der festgellten Materialdefizite für Aufklärung – Führung – Wirkung und Unterstützung folgende ineinandergreifend entwickelte Ableitungen feststellen:

– die Überarbeitung von bereits eingeplanten komplexen System- und Gerätevorhaben mit taktisch-technologischem Schlüsselcharakter (z.B. PAH-2), so dass durch taktisch-technische Modifikationsforderungen der Einstieg bzw. die Weiterentwicklung von erforderlichen Fähigkeitsdomänen sichergestellt wurde, z.B. die Luftmechanisierung des Heeres,

---

[167] Vgl. BMVg, VPR 1992, Ziff. 5, S. 2.
[168] Vgl. Burr, Der Rüstungsbereich, S. 4–6; Winkelmann, Das Heer, S. 22. Militärpolitische und militärstrategische Grundlagen. In: Wehrdienst 1302/92 (3.2.1992), S. i–ii, hier S. ii; Hansen, Auswirkung einer neuen NATO-Strategie, S. 9.
[169] Kuhn, Die Studiengruppen des Heeres, S. 215.
[170] Vgl. Militärpolitische und militärstrategische Grundlagen. In: Wehrdienst 1302/92 (3.2.1992), S. i–ii, hier S. ii, sowie Streitkräfte-Entwicklung. In: Wehrdienst 1302/92 (3.2.1992), S. 2–4, hier S. 2, 4. Vgl. BMVg, VPR 1992, Ziff. 50, 52, S. 17 f.

– eine planerische Verschiebung, Zusammenlegung, Streichung oder Mengen-
  reduzierung von bereits eingeplanten System- und Gerätevorhaben (einschließlich Kampfwertsteigerungen und -erhaltungen), um im Planungszeitraum von
  1994 bis 2006 stufenweise die laufende Bedarfsdeckung fortzuführen und
– in Abhängigkeit vom laufenden politischen Vorgabeprozess zur Teilnahme an humanitären und unterstützenden Einsätzen im Rahmen der Vereinten Nationen
  die Einsteuerung einer erforderlichen planerischen Vorsorge und die beginnende Einplanung von taktisch-technischen Forderungen zur Entwicklung und
  Beschaffung von wehrtechnischen Neubeginnern bzw. modifizierten Vorhaben.[171]
Während Luftwaffe und Marine trotz festgestellter Leistungsdefizite ihrer eingesetzten fliegenden und schwimmenden Systeme wegen ihrer bestehenden Integration in
die Kommandostrukturen der NATO bereits über eine operative Beweglichkeit zur
luft- und seegestützten Krisenbeherrschung im Bündnisgebiet verfügten und auf dieser rüstungsplanerisch aufbauen konnten, hatte das Heer seine Ausrüstungsplanung
substanziell zu reorganisieren und neu zu priorisieren. Unter Berücksichtigung der
während des Golfkriegs gewonnenen Erkenntnisse und eingeleiteten Relativierung
der Gesamtaufgabe operative Panzerabwehr wurde ab 1992 eine primär am finanziellen Planungsvolumen orientierte Anpassung in den Bereichen Führung und
Aufklärung, Sperrfähigkeit, mechanisierte Kampftruppen, Luftbeweglichkeit/-
mechanisierung und Einsatzunterstützung angestrebt.[172] Die vorgegebene Kräfte-
kategorisierung, der kollektive Einsatz im Bündnisgebiet und die konzeptionelle
Ausgestaltung für ein breiteres Aufgabenspektrum, dessen bestimmendes Element
weiterhin die Befähigung zum Kampf mit dem Gefecht der verbundenen Waffen
bildete,[173] erforderten jedoch eine differenziertere Ausrüstungsentwicklung für eine
zusammenhängende Konfliktlinie von Krise bis Krieg. Diesbezüglich war ein auf den
Faktoren Schnelligkeit, Stoßkraft, Durchhalte- und Durchsetzungsfähigkeit inein-
andergreifendes Kräftekontinuum von leichten und mechanisierten Kampftruppen
mit den erforderlichen Führungs-, Unterstützungs- und Aufklärungstruppen für
eine verbesserte operative Beweglichkeit weiterzuentwickeln und auszurüsten.
Obwohl der Inspekteur des Heeres, Generalleutnant Jörg Schönbohm, unmittelbar vor seiner Ernennung zum Rüstungsstaatssekretär im Februar 1992 noch dem
Verteidigungsausschuss vortrug, dass nach der laufenden Umstrukturierung des Heeres
und bis zur Umsetzung der Luftmechanisierung im ganzheitlichen Kräftekontinuum
die mechanisierten »Kampftruppen bis [...] 2005 die entscheidenden Träger der operativen Beweglichkeit bleiben«,[174] zwang das abgesenkte Planungsvolumen zu einer

---

[171] Vgl. Winkelmann, Das Heer, S. 22; Burr, Der Rüstungsbereich, S. 4–6; Laumann, Die Abteilung
Luftwaffenrüstung, S. 352–354; Quo vadis, Heeresrüstung?, S. 452; Auftrag und Aufgaben
des Heeres. In: WT 5/1992, S. 30–33; Kuhn, Die Studiengruppen des Heeres, S. 215–217;
Kollawe/Bothmer, Studiengruppe Führung, S. 222–227; Mardorf [u.a.], Studiengruppe Kampf,
S. 228–230; S&T-Interview: Heeresrüstung zwischen Rotstift und Auftrag. In: S&T, 8/1993,
S. 474–477, hier S. 475; BT-Drs. 12/4600 (23.3.93): Unterrichtung des Wehrbeauftragten.
Berichtsjahr 1992, S. 5.
[172] Vgl. Heeres-Rüstung. In: Wehrdienst 1313/92 (21.4.1992), S. 2–3, hier S. 2; Lützow, Die
Heeresrüstung (1992), S. 454.
[173] Vgl. Naumann, Eine konzeptionell richtige Entwicklung, S. 17.
[174] Heeres-Rüstung. In: Wehrdienst 1313/92 (21.4.1992), S. 2–3, hier S. 2.

substantiellen Verlagerung in der laufenden Materialplanung. Denn mit der seit 1991 begonnenen und fortlaufenden Absenkung des finanziellen Planungsvolumens der Streitkräfte verfügte das Heer für den auszuarbeitenden Planungszeitraum 1994 bis 2006 (Bundeswehrplan 94) über lediglich 2,2 Mrd. DM pro Jahr zur Ausrüstung der Truppe.[175] Damit ließ sich nach Schönbohms Bewertung das Heer »mittel- und langfristig als Ganzes nicht mehr modern« erhalten,[176] was laut seinem Stabsabteilungsleiter Rüstung, Oberst i.G. Dingler, die Folge hatte, dass die »Masse des deutschen Heeres [...] zwangsläufig veralten« muss.[177]

Zur Gewährleistung einer finanz- und zweckorientierten Einsatzbereitschaft unter Aufgabe der Grundforderung, das Heer einheitlich modern auszurüsten, wurde das verfügbare Planungsvolumen vorrangig zur Deckung des Anfangsbedarfs und der Materialentwicklung für das aus leichten und mechanisierten Kampftruppen (Infanterie und Panzertruppen) sowie weiterer Truppengattungen (z.B. Fernmelde-, Sanitäts-, Pionier- und Logistiktruppe) zu bildende Kontinuum der Krisenreaktionskräfte eingeplant.[178] Das planerische Problem der Ausrüstung war, dass es Anfang 1992 prinzipiell an den »konzeptionellen, personellen, [...] operativen und strukturellen Grundlagen für die Krisenreaktionskräfte« fehlte,[179] die im Zeitlauf des Jahres 1992 erst erarbeitet werden mussten. Um bis zum Abschluss der Dokumentenerarbeitung eine kontinuierliche Materialplanung zu gewährleisten, wurde zur Ausrüstung von (noch festzulegenden) Truppenteilen und Kommandobehörden für die Krisenreaktionskräfte die Ausrüstungsplanung nach zeitlichen Aufgaben und taktisch-technischen Modernisierungskriterien gestaffelt. Auf Grundlage der von Heeresamt und Rüstungsstabsabteilung[180] erarbeiteten Planungsoptionen, die mit tiefgreifenden planerischen Einschnitten verbunden waren, entschied der Inspekteur des Heeres (seit Februar 1992 Generalleutnant Helge Hansen) im Juni 1992, dass:

— die mittelfristige Schaffung »der zwingend erforderlichen Fähigkeiten« der Krisenreaktionskräfte und
— die kurzfristig »schnelle Ausrüstung leichter Truppen, besonders für humanitäre und friedenserhaltende UNO-Einsätze mit den verfügbaren Mitteln erreicht und dann schrittweise zu weiteren [militärischen] Aufgaben hin ausgebaut werden kann«.[181]

---

[175] Vgl. Lützow, Die Heeresrüstung (1993), S. 144; Schütz, Ausrüstungsplanung – Heer (1993), S. 27.
[176] »Heeres-Rüstung«. In: Wehrdienst 1313/92 (21.4.1992), S. 2–3, hier S. 3. Vgl. »Streitkräfte-Entwicklung«. In: Wehrdienst 1308/92 (16.3.1992), S. 2–3, hier S. 3.
[177] Oberst i.G. Dingler in: Quo vadis, Heeresrüstung?, S. 450.
[178] Vgl. Lützow, Die Heeresrüstung (1993), S. 144; »Heeres-Rüstung«. In: Wehrdienst 1313/92 (21.4.1992), S. 2–3, hier S. 3; »Streitkräfte-Entwicklung«. In: Wehrdienst 1308/92 (16.3.1992), S. 2–3, hier S. 3; Quo vadis, Heeresrüstung?, S. 450; Schütz, Ausrüstungsplanung – Heer (1993), S. 27.
[179] Heeres-Rüstung. In: Wehrdienst 1313/92 (21.4.1992), S. 2–3, hier S. 3.
[180] Die Rüstungsstabsabteilung des Heeres sowie die von Luftwaffe und Marine wurden im Zuge der Neuorganisation der Rüstungsaufgaben im Sommer 1992 aufgelöst und deren Verantwortlichkeiten in die Abteilung Rüstungsmanagement sowie die Logistikstabsabteilungen der TSK überführt.
[181] Schütz, Ausrüstungsplanung – Heer (1993), S. 29.

Durch diesen ineinandergreifenden Aufbauansatz zur Ausrüstung des Heeres wurden die rüstungsplanerischen Prioritäten verschoben, die ab Sommer 1992 auf die Aufgabenbereiche der leichten Truppen (Fallschirm-, Gebirgs- und Jägertruppe) und die von Führung, Aufklärung, Logistik und Sanität sowie Transport gelegt wurden. Diese Prioritätenfolge hatte den Zweck, die leichten Kampftruppen – »besonders im Bereich ›des Soldaten und seines unmittelbaren Umfelds‹ – zu einem Einsatz außerhalb des eigenen Landes zu befähigen, die [fernmeldetechnische] Führungsfähigkeit dafür herzustellen sowie Defizite auf sanitätsdienstlichen Gebiet und der Logistik zu beseitigen«.[182] Mit dieser Zweckausrichtung verfolgte der Inspekteur bei den bereits laufenden Einsatzbeteiligungen einen Ansatz zur Ausrüstung der Truppe (z.B. Irak (UNSCOM)), ohne dabei die aus dem laufenden sicherheitspolitischen Diskussionsprozess noch ausstehenden Entscheidungen und zu bildenden Konsens über die Voraussetzungen zur Beteiligung der Bundeswehr an über das Bündnisgebiet hinausgehenden Einsätzen vorwegzunehmen. Denn damit war es planerisch möglich, dass das zu konzipierende, zu entwickelnde und zu beschaffende Material sowohl für den Einsatz im Bündnisgebiet als auch darüber hinaus genutzt werden konnte. Die durch Hansen festgelegte Prioritätenfolge für eine kurzfristige Bedarfsdeckung umfasste zunächst als Geräte klassifizierte Wehrmaterialvorhaben, die im Gegensatz zu den Systemvorhaben keiner Vorlage zur Entscheidung der politischen Leitung bedurften. Dies erlaubte eine zeitnahe Ausrüstung, da die Federführung bei allen zu treffenden Phasenentscheidungen in der Entwicklung und Beschaffung von Geräten – bis zur ab 1993 vollziehenden Reorganisation des EBMat (vgl. IV.3) – dem Amtschef des Heeresamtes oblagen, der dem Inspekteur unterstand. Durch eine Streichung und Streckung von Vorhaben, die trotz ihrer taktisch-technischen Innovation nicht mehr den Erfordernissen entsprachen bzw. nicht mehr zeitlich-finanziell auf diese planerisch ausgerichtet werden konnten (z.B. das Gewehr G11), wurden unter anderem für den Soldaten und sein unmittelbares Umfelds folgende Gerätevorhaben als Neubeginner vorgesehen und für den Bundeswehrplan 94 vorgeschlagen und eingeplant: Handgeräte zur satellitengestützten Standortbestimmung (GPS), Klimaanlagen für Feldlager und Hauptverbandsplätze, Arbeits-, Unterkunfts- und Sanitätscontainer/-kabinen, Schutzwesten zur Verbesserung des Splitterschutzes und eine neue Handfeuerwaffenfamilie (Sturmgewehr, leichtes Maschinengewehr, Scharfschützengewehr, Pistole).[183] Weiterhin wurden bereits eingeplante Vorhaben für die vorrangige Ausrüstung der Krisenreaktionskräfte priorisiert, worunter beispielsweise der 5-Farben-Tarndruckanzug, der Gefechtshelm und Anlagen zur Trinkwasseraufbereitung fielen.[184]

Im Gegensatz zu den Gerätevorhaben erarbeitete das Heer für den Bundeswehrplan 94 wegen des Fehlens der konzeptionellen Grundlagendokumente

---

[182]　Ebd.

[183]　Vgl. Die Bundeswehr der Zukunft. Bundeswehrplan 94. In: Lutz, Deutschland und die kollektive Sicherheit, S. 162, sowie Entscheidungen. Ergebnisse Planungskonferenz 15.12.1992. In: S&T, 1/1993, S. 14−16, hier S. 14 f.; Heckmann, Die Neuausrichtung, S. 5 f.; Schütz, Ausrüstungsplanung – Heer (1993), S. 29; Kölner Frühstück 1993. In: S&T, 6/1993, S. 366; Rather, Neue Handfeuerwaffen, S. 46−49.

[184]　Vgl. Das Bundesamt für Wehrtechnik und seine Projekte. In: S&T, 1/1992, S. 17−54, hier S. 41.

rüstungsplanerisch keine Neubeginner von Systemvorhaben, sondern stützte sich auf bereits eingeplante Vorhaben. Zur finanzierbaren Ausrüstung der leichten Kampftruppen mit adäquatem landgestütztem Großgerät wurde unter der Zurückstellung, Reduzierung und Streichung von Systemvorhaben der mechanisierten Kampf- und Kampfunterstützungstruppen (z.B. Schützenpanzer »Marder 2«) teilweise auf Vorhaben wie das gepanzerte Transport-Kraftfahrzeug (GTK) planerisch zurückgegriffen, die wegen der Finanzlage Ende der 1980er-Jahre bislang nicht eingeplant werden konnten.[185] Entsprechend den Erfordernissen von Mobilität und Flexibilität waren diese Vorhaben auf eine Weiterentwicklung zu untersuchen und zu bewerten, worunter ebenfalls die Modifizierung des PAH-2 zu einem mehrrollenfähigen Unterstützungshubschrauber (UHU) fiel. Insgesamt zielte die primäre Ausrüstung für die Krisenreaktionskräfte des Heeres auf einen finanzierbaren System- und Gerätemix für ein künftig aus leichten, luftbeweglichen und mechanisierten Truppenteilen bestehendes Kräftekontinuum für den künftigen Auftrag zur erweiterten Landesverteidigung ab.

Der erweiterte Auftrag der Bundeswehr zur Landes- und kollektiven Bündnisverteidigung wurde in den am 25. November 1992 erlassenen Verteidigungspolitischen Richtlinien festgelegt. Regierungspolitisch gewollt und trotz der ausstehenden politischen Voraussetzungen und verfassungsrechtlichen Klarstellungen wurde konstatiert,[186] dass die »Bundeswehr [...] dem Weltfrieden und der internationalen Sicherheit im Einklang mit der Charta der Vereinten Nationen« dient.[187] Entgegen den 1992 eingegangenen Einsatzverpflichtungen (Kambodscha (UNAMIC/UNTAC) und Jugoslawien (Adria Sharp Guard, Deny Flight)) dokumentieren die im Dezember 1992 mit dem Bundeswehrplan 94 gebilligten System- und Gerätevorhaben eine an die finanziellen Rahmenbedingungen angepasste Ausrüstungsentwicklung der Truppe für die Kernaufgabe erweiterte Landesverteidigung. Zur hierfür erforderlichen Verbesserung der operativen Beweglichkeit, die auf einen Modernitätserhalt für den klassischen operativen Einsatz gegen mechanisierte Kräfte bei zeitgleicher Material- und Fähigkeitsentwicklung für das differenzierte Einsatzspektrum Krisenbeherrschung abzielte, wurde mit dem Bundeswehrplan folgender finanzorientierter Planungsansatz zur materiellen Weiterentwicklung der Streitkräfte nach Prioritäten eingeleitet:

– die vorrangige Ausrüstung der leichten und schweren sowie fliegenden und schwimmenden Truppenteile und Kommandobehörden der Krisenreaktionskräfte in den Bereichen Aufklärung, Führung, Kampfausrüstung Infanterie, Lufttransportbefähigung, Logistik und Sanitätsdienst durch die Fortplanung von Modernisierungsvorhaben (Kampfwertsteigerungen), die Umplanung

---

185 Vgl. Entscheidungen. Ergebnisse Planungskonferenz 15.12.1992. In: S&T, 1/1993, S. 14–16, hier S. 14 f.; Heckmann, Die Neuausrichtung, S. 5 f.; Depos. GM a.D. Reichardt, Fü H VI. Vortrag H[eeres]Str[uktur] 2000. Teil: Materialinvestitionen, Bl. 1–10, hier Bl. 8.

186 Vgl. Volker Rühe – in der Mitte Europas, S. 33–34. In ihrem 1992 verabschiedetem Sofortprogramm erklärte die SPD ihre Bereitschaft, sich an der Schaffung von verfassungsrechtlichen Grundlagen zu beteiligen, um der Bundeswehr die Beteiligung an friedenserhaltenden Einsätzen der Vereinten Nationen zu ermöglichen – die sogenannte Petersberger Wende.

187 BMVg, VPR 1992, Ziff. 44, S. 16.

von Systemvorhaben (Luftmechanisierung) und beginnende Einplanung von Neubeginnern und

– die Erhaltung einer ausreichenden Modernität der Hauptverteidigungskräfte.[188] Wegen der Verknappung des Planungsvolumens im Zeitlauf des Jahres 1992 hatte dies fortgesetzte planerische Eingriffe zur Folge, die wiederholt zum Großteil das Heer betrafen.[189] Neben der Streichung des Schützenpanzers »Marder 2« wurden unter anderem der Begleitschutzhubschrauber 1 (BSH-1), die Kampfwertsteigerung des Flugabwehrkanonenpanzers »Gepard« und die endphasengelenkte Munition für das Mittlere Artillerieraketensystem (MARS) gestrichen. Hervorzuheben ist, dass die gestrichenen Vorhaben planerisch kompensiert wurden, z.B. durch die Einplanung der Aufgabe des fliegerischen Begleitschutzes vom BSH-1 in die Modifikation des PAH-2 zum mehrrollenfähigen Unterstützungshubschrauber oder die Kampfwertsteigerung »Marder 1A3« als Ersatz für den gestrichenen »Marder 2«.[190]

Neben den bereits aufgeführten Vorhaben wurden unter anderem folgende Planungsvorschläge des Heeres, die ursprünglich für die Stärkung der Vorneverteidigung geplant waren, zur primären Bedarfsdeckung für die Krisenreaktionskräfte, die gemäß den neu erlassenen Verteidigungspolitischen Richtlinien den »planerische[n] Schwerpunkt« bildeten,[191] mengenreduziert im Bundeswehrplan 94 fortgeführt bzw. neu eingeplant:

– für Kampf und Kampfunterstützung die Panzerhaubitze 2000 (185 Systeme), die Kampfwertsteigerung des »Leopard 2A5« und die Kampfdrohne »Taifun« sowie die Änderung des PAH-2 zum Unterstützungshubschrauber (UHU[192]),
– für Aufklärung und Führung die Truppenfunkgeräte SEM 70/80/90 mit Ergänzung des kryptofähigen Funkgeräts SEM 93, Satellitenkommunikation (SATCOM), das Kleinfluggerät für Zielortung und das Spähfahrzeug »Zobel« und
– für Unterstützung das Wechselladesystem MULTI und Kampfbekleidung sowie
– für die Ausbildung das Gefechtsübungszentrum (GÜZ).[193]

Zugleich galt für das Heer ab 1. Oktober 1993 die Maßgabe, Kräfte in Stärke von zwei Bataillonen für Einsätze im Rahmen der Vereinten Nationen bereitzuhalten und auszurüsten.[194]

---

[188] Vgl. Naumann, Eine konzeptionell richtige Entwicklung, S. 17; Lützow, Die Heeresrüstung (1993), S. 144 f.

[189] Vgl. Entscheidungen. Ergebnisse Planungskonferenz 15.12.1992. In: S&T, 1/1993, S. 14–16, hier S. 16; Heckmann, Die Neuausrichtung, S. 5 f.

[190] Vgl. Lützow, Die Heeresrüstung (1993), S. 144–150; Heeresrüstung [1993]. In: S&T, 8/1993, S. 478–501, hier S. 480–501.

[191] BMVg, VPR 1992, Ziff. 50, S. 17.

[192] Zu berücksichtigen ist hierbei, dass die Überarbeitung bzw. Neudefinition der Taktisch-Technischen Forderungen für das Systemvorhaben die Nachsteuerung bzw. Anpassung der bereits erreichten Phasen- bzw. Stufenentscheidungen in der Konzeption und Entwicklung zur Folge hatte.

[193] Vgl. Heckmann, Die Neuausrichtung, S. 5 f.

[194] Vgl. Bundeswehr-Planung. In: Wehrdienst 1345/1992 (21.12.1992), S. 1–4, hier S. 2; BMVg. (Hrsg.): Die Bundeswehr der Zukunft. Bundeswehrplan 94. In: Lutz, Deutschland und die kollektive Sicherheit, hier S. 157.

Für die Ausrüstungsentwicklung der Luftwaffe wurden eingeplant:
– im Bereich Lufttransport die Umrüstung von Maschinen der Typen Boeing 707 und Airbus 310 in die Konfiguration Tanker/Frachter, die Ausrüstung der C-160 Transall mit einer automatischen Navigations-/Flugregelanlage und zur Verbesserung der taktischen Verlege- und Transportfähigkeit im Mittelstreckenbereich die planerische Vorsorge für ein Future Large Aircraft (FLA),
– für den Bereich Luftkampf die planerische Vorsorge für den in »Eurofighter« umbenannten Jäger 90 und bis zu dessen Entwicklungs- und Beschaffungsabschluss Kampfwertsteigerungen und Anpassungsmaßnahmen für die F-4 F »Phantom« und die aus dem Bestand der NVA übernommene MiG-29,
– im Bereich Luftverteidigung und -aufklärung ein taktisches Luftverteidigungssystem (TLVS) und der Aufklärungsbehälter für den »Tornado«.[195]

Für die Marine wurden unter anderem die Vorhaben Fregatte 124 (vier Einheiten), U-Boot der Klasse 212 (vier Einheiten) fort- und als Neubeginner für den Bereich Unterstützung der Einsatzgruppenversorger eingeplant.[196] TSK-übergreifend wurde die Entwicklung des Hubschraubers NH-90 fortgeführt, so dass sich planerisch für das Heer auf dieser Plattform die Konfiguration Taktischer Transporthubschrauber (TTH), für die Luftwaffe die Version Leichter Transporthubschrauber (LTH) und für die Marine die Variante Marinehubschrauber (MH) hinsichtlich einer Beschaffung anschlösse.[197] Planerisch blieb die materielle Verbesserung für den Bereich Aufklärung für die oberste Bundeswehrführung (politische Leitung und militärische Führung) offen. Denn das von der Luftwaffe Anfang 1992 noch in Pilotfunktion vorgesehene Systemvorhaben LAPAS entsprach mit seiner linearen Boden-Luft-Auslegung nicht mehr den Erfordernissen an eine erweiterte Landesverteidigung und wurde militär- und finanzpolitisch als obsolet angesehen.[198]

Mit denen im Bundeswehrplan 94 dokumentierten Vorhaben wurde die materielle Weiterentwicklung der Bundeswehr an die erweiterte Landesverteidigung, einschließlich der Befähigung zur Krisenbeherrschung, angepasst. Hervorzuheben ist, dass es sich bei dem Großteil der Systemvorhaben um keine Neubeginner handelte, sondern diese bereits in den 1980er-Jahren eingeplant worden waren. Neue Systemvorhaben konnten weder zeitlich noch inhaltlich eingebracht werden, da es an einer aktualisierten Militärstrategischen Zielsetzung und den nachgeordneten Grundlagendokumenten für Struktur und Konzeption der Streitkräfte fehlte. Die Erarbeitung dieser Unterlagen, die für die Erstellung der Taktisch-Technischen Forderungen eine Grundlage bildeten, wurde erst mit dem Erlass der neuen verteidigungspolitischen Grundlagen eingeleitet. Solange deren Bearbeitung nicht abgeschlossen war, galt es, für bedarfsbedingte Systeme eine planerische Vorsorge

---

[195] Vgl. Heckmann, Die Neuausrichtung, S. 5 f.; Entscheidungen. Ergebnisse Planungskonferenz 15.12.1992. In: S&T, 1/1993, S. 14–16, hier S. 16.
[196] Vgl. BMVg, Die Bundeswehr der Zukunft. Bundeswehrplan 94. In: Lutz, Deutschland und die kollektive Sicherheit, hier S. 162.
[197] Vgl. Wiese, Mit deutschen Augen gesehen, S. 9–11, sowie Hubschrauber-Planung. In: Wehrdienst 04/94 (24.1.1994), S. 1–3, hier S. 2.
[198] Vgl. Hoffmann, Aufklärung; Heckmann, Die Neuausrichtung, S. 5 f.

zu treffen, d.h. Mittel für die Konzeption, Entwicklung und Beschaffung zu kalkulieren und planerisch fortzuschreiben. Eine Ausnahme bildete hier die planerische Vorsorge für den »Eurofighter«, der konzeptionell und bedarfsbegründet war,
doch wegen seiner Kostenentwicklung unter einem politischen Vorbehalt stand.[199]
Dagegen fehlte es zur Konkretisierung von Taktisch-Technischen Forderungen für
die planerisch vorzusorgenden Kampfmittel, wie das Future Large Aircraft, an den
aus dem neudefinierten Auftrag abgeleiteten Grundlagendokumenten, um eine
Konzeption, Entwicklung und Beschaffung des erforderlichen Kampfmittels einleitend zu realisieren. Für die Umsetzung der Rüstungsplanung und die Deckung eines
einsatzbedingten Materialbedarfs bei gleichzeitigen Nachsteuerungen der laufenden
Umstrukturierungen der TSK waren jedoch ab dem Zeitlauf 1992 die »planerischen
Freiräume« zu erwirtschaften,[200] da der Verteidigungshaushalt statt der geplanten
Absenkung einem Spardiktat unterlag. Dies trug in Anbetracht der parallel zu erarbeitenden Grundlagendokumente – neue Konzeption der Bundeswehr und deren
teilstreitkraftspezifischen Ableitungen – zur Verbesserung der Planungssicherheit bei.

c) Planungsunsicherheit: Spardiktat und erweiterter Auftrag –
1993 bis 1994

Im Jahre 1992 verschärfte sich unter dem »Einfluß des weltwirtschaftlichen
Konjunkturrückgangs« und bei gleichzeitigem Anstieg der einheitsbedingten
Kosten für den Wirtschafts- und Infrastrukturaufbau sowie die Sozialangleichung
des Beitrittsgebiets die seit 1991 bestehende haushälterische Finanzenge des
Bundes.[201] Das hieraus resultierende Haushaltsdefizit führte ab 1992 zu einer
Neuordnung der »Prioritäten des Bundeshaushaltes«,[202] die auf eine erhebliche
Mittelverstärkung der Finanzressourcen für die »innere Einheit Deutschlands«
bei gleichzeitiger Haushaltskonsolidierung abzielte.[203] Die damit verbundenen
Kürzungen und Umschichtungen in der Finanzplanung des Bundes führten dazu,
dass die Anfang 1992 von Stoltenberg verkündete mittelfristige Planvorstellung
für den investiven Ausgabebereich (Soll 30 %), der bei »jährlich rd. Neun [sic!]
Mrd. DM für Materialbeschaffung [und] knapp drei Mrd. DM für Forschung
und Entwicklung« liegen sollte, hinfällig war und aufgegeben werden musste.[204]
Entsprechend dem ausnahmslos geltenden Haushaltsgrundsatz – »Alle Einnahmen
dienen als Deckungsmittel für alle Ausgaben«[205] – unterlagen die Aufstellung und
Ausführung des Verteidigungshaushalts ab 1992 einem Spardiktat. Verengte bereits

---

[199] Vgl. Olshausen, Bundeswehrplanung, S. 5; Bagger, Die neue Bundeswehr, S. 49.

[200] BMVg, VPR 1992, Ziff. 43, S. 15.

[201] BT-Drs. 12/5501: Unterrichtung Bundesregierung. Finanzplan 1993 bis 1997, S. 4. Vgl.
Görtemaker, Geschichte der Bundesrepublik, S. 751, 768–775.

[202] BMVg, Weißbuch 1994, S. 98.

[203] Ebd., S. 98. Vgl. BT-Drs. 12/5501 (13.8.92): Unterrichtung Bundesregierung Finanzplan 1993 bis
1997, S. 4; BT-Drs. 13/8450 (1.9.1997): Unterrichtung Bundesregierung. Jahresbericht Deutsche
Einheit Stand 1997, S. 19; Achterberg, Rüstung, S. 40.

[204] ›Planungskonferenz Eckdaten des Bundeswehrplans 93‹ vom 11.1.1992. In: Wehrdienst 1300/92
(20.1.1992), S. 3–4, hier S. 3.

[205] Bayer, Der Einzelplan 14, S. 245. Vgl. § 8 der Bundeshaushaltsordnung.

ab 1991 die Umsetzung der stufenweisen Budgetabsenkung das Planungsvolumen für Materialinvestitionen, so leitete, bei zeitgleich steigenden Betriebskosten, das aus Sparauflagen und Vollzugsbeschränkungen bestehende Haushaltsdiktat eine weitere Finanzmittelabsenkung und damit verbundene Kürzung des Planungsvolumens für die Ausrüstung der Streitkräfte ein.

Obwohl Finanzminister Theodor Waigel und der Haushaltsausschuss wegen der Finanzlage bereits 1992 eine vorgezogene Plafond-Absenkung auf unter 50 Mrd. DM anstrebten,[206] war es Stoltenberg zunächst möglich, den Verteidigungshaushalt auf einer Höhe von über 50 Mrd. DM für die Haushaltsjahre 1992 und 1993 zu halten (Abb. 11).[207] Mit dieser Dotierungshöhe war für die Rüstungsplanung ein Maß von Planungssicherheit gegeben, das jedoch mit Stoltenbergs Rücktritt Ende März 1991 wegfiel. Mit seinem Rücktritt übernahm er die politische Verantwortung für das Versäumnis des Hauptabteilungsleiters Rüstung, die vom Haushaltsausschuss des Bundestags im November 1991 verhängte Sperre zur Umrüstung von Kampfpanzern »Leopard 1«, die als Rüstungshilfe für die Türkei vorgesehen waren, umzusetzen.[208] Nach Stoltenbergs Rücktritt übernahm Volker Rühe das Amt des Bundesverteidigungsministers, der sich laut Wirtschaftsdienst Griephan-Briefe auf keine »parlamentarische Lobby« im Haushaltsprozess abstützen konnte,[209] weil ihm die »politische Hausmacht« in Bonn fehlte.[210] Für die Haushaltsentwicklung des Verteidigungsbudgets und damit für die Planungssicherheit in der Rüstungsplanung sollte sich dieser Umstand als nachteilig erweisen.

Beginnend im Zeitlauf des Jahres 1992 wurde der den neu gesetzten finanzplanerischen Prioritäten untergeordnete Verteidigungshaushalt im Haushaltsprozess (Aufstellung und Ausführung) bis Ende 1994 von 52,11 Mrd. DM auf 47,23 Mrd. DM gedrückt (Abb. 11).[211] In Folge dieses Absturzes war Rühe ge-

---

[206] Vgl. »Waigel: Rühe der Möllemann der CDU«. In: Wehrdienst 1321/92 (15.6.1992), S. 1.

[207] Vgl. BT-Drs. 12/101 (20.2.1991): Unterrichtung Bundesregierung. Finanzplan 1990 bis 1994, S. 39.

[208] Die Kampfpanzer waren Teil der seit 1988 laufenden Rüstungshilfe an die Türkei im Gesamtvolumen von ca. 580 Mio. DM. Diese erwies sich 1991 als zunehmend problematisch, da nicht auszuschließen war, dass die türkischen Streitkräfte das gelieferte Material bestimmungswidrig gegen die kurdische Aufstandsbewegung einsetzen könnte. Nach wiederholten Meldungen von Angriffen auf Dörfer beschloss der Haushaltsausschuss des Deutschen Bundestags im Rahmen der Haushaltsverabschiedung für den EPl 14 im November 1991 eine qualifizierte Sperre für die Umrüstung der für die Türkei vorgesehenen Kampfpanzer »Leopard 1«. Dennoch erfolgten die Umrüstung und Lieferung der Panzer, da nach bisherigem Erkenntnisstand der Hauptabteilungsleiter Rüstung, Wolfgang Ruppelt, den Sperrbeschluss nicht umsetzte. In Folge der Rechnungsstellung durch den Umrüster der Panzer, die Firma Krauss Maffei, wurden die dennoch erfolgte Umrüstung und Auslieferung im Frühjahr 1992 bekannt. Ruppelt wurde in den Ruhestand versetzt. Vgl. BT-Drs. 12/1602 (27.11.91): Haushaltsausschusses. Feststellung Bundeshaushaltsplans für das Haushaltsjahr 1992, S. 36; Feldmeyer, Auf dem Feuerstuhl, S. 355; Hoffmann, »Chaos als Leitungsprinzip«.

[209] Verteidigungs-Haushalt. In: Wehrdienst Special 04/94 (Dezember 1994), S. 2–3.

[210] Volker Rühe – in der Mitte Europas, S. 15. Vgl. »Waigel: Rühe der Möllemann der CDU«. In: Wehrdienst 1321/92 (15.6.1992), S. 1.

[211] Vgl. Der Haushaltsentwurf 1993 im Vergleich zum Haushalt 1992. In: Wehrdienst 1325/1992 (13.7.1992), S. 1; Voranschlag für 1995: Entwurf Epl 14/95 im Vergleich zum Haushalt 1994. In: Wehrdienst 38/94 (19.9.1994), S. 3.

zwungen, den Anteil für Materialinvestitionen (Entwicklung und Beschaffung) von 10,78 Mrd. DM auf 8,19 Mrd. DM zu kürzen. Standen im Jahr 1992 noch ca. 2,99 Mrd. DM für Forschung und Entwicklung sowie 7,79 Mrd. DM für die Beschaffung zur Verfügung, so entfielen Ende 1994 ca. 5,74 Mrd. DM auf die Beschaffung und rund 2,45 Mrd. DM auf Forschung und Entwicklung. Die Kürzung des Investitionsanteils für die Rüstungsplanung hatte zur Folge, dass das Planungsvolumen fortlaufend gekürzt werden musste. Plante Stoltenberg Anfang 1992 für den bis 2006 ausgerichteten Bundeswehrplan 94 noch mit einem Ansatz von jährlich 9 Mrd. DM für Beschaffungen, was von 1993 bis 2006 eine Größenordnung von insgesamt ca. 117 Mrd. DM ergab, so musste Rühe bei der Vorstellung des Bundeswehrplans 94 am 15. Dezember 1992 bekannt geben, dass das Planungsvolumen für die Beschaffung »um 24 Mrd. DM [...] unter dem bisherigen Planungsansatz liegen« werde,[212] also bei rund 93 Mrd. DM. Bilanzierend ist zur Verringerung des Planungsvolumens im Jahr 1992 hervorzuheben, dass die in diesem Jahr veröffentlichten Bundeswehrpläne 93 und 94 ein summiertes Einsparvolumen von rund 68 Mrd. DM umfassten, die durch ein Streichen, Strecken und Sparen erbracht worden waren.

Um die sich aus dem finanziellen Abwärtstrend ergebenden Risiken für die langfristige Materialentwicklung (Zeit, Obsoleszenz und Mengen usw.) planerisch zu minimieren, verfolgte Rühe den Ansatz, durch Umschichtungen im Verteidigungshaushalt eine valide Finanzlinie für den Investitionsbereich zu erwirtschaften.[213] Dies erfolgte vorrangig über Einsparungen und Streichungen im Bereich der Betriebsausgaben (Personal, Materialerhaltung und Ausbildung[214]), die sich seit der Einheit wegen der gestiegenen Personalkosten von 68,1 % (1991) auf 78,1 % (1994) erhöhten.[215] Da trotz Personalabbau die Bindungswirkungen im Bereich der betrieblichen Personalausgaben zur Erwirtschaftung von Planungsfreiräumen keine zeitnahen Kürzungseinschnitte zuließen, wurden primär regressive Kostenobergrenzen festgelegt und Eingriffe in den laufenden Betrieb für Ausbildung, Übung, Material- und Infrastrukturerhaltung vorgenommen.[216] Die Einsparmaßnahmen umfassten unter anderem die eingeschränkte »Nutzung von Großgerät für die Ausbildung«,[217] die Zusammenlegungen von Liegenschaften und eine beschleunigte Personalreduzierung in der Wehrverwaltung.[218] Mit der von

---

[212] Entscheidungen. Ergebnisse Planungskonferenz 15.12.1992. In: S&T, 1/1993, S. 14–16, hier S. 16. Vgl. Bundeswehr-Planung. In: Wehrdienst 1345/1992 (21.12.1992), S. 1–4, hier S. 4.

[213] Vgl. Feldmeyer, Auf dem Feuerstuhl, S. 362; Verteidigungs-Haushalt. In: Wehrdienst 27/93 (5.7.1993), S. 1–2, hier S. 1; Wehr-Klausur. In: Wehrdienst 23/93 (7.6.1993), S. 1.

[214] Vgl. Hartig, Der Bundeswehrplan, S. 398.

[215] Vgl. Fischer, Die Entwicklung des Einzelplans 14, S. 452. Die steigenden Personalkosten resultierten aus den im Jahr 1992 erzielten Tarifabschlüssen im öffentlichen Dienst. Die hieraus resultierenden Mehrausgaben hatte die Bundeswehr ohne zusätzliche Bewilligungen des Bundesfinanzministeriums allein zu tragen.

[216] Vgl. Vollends in der Klemme. In: Wehrdienst 11/93 (15.3.1993), S. 1 f.; BT-Drs. 12/5501: Unterrichtung Bundesregierung. Finanzplan 1993 bis 1997, S. 4. Verteidigungs-Haushalt. In: Wehrdienst 27/93 (5.7.1993), S. 1–2, hier S. 1.

[217] BT-Drs. 12/6950 (8.3.1994): Unterrichtung durch den Wehrbeauftragten Jahresbericht 1993 (35. Bericht), S. 8; vgl. Vollends in der Klemme. In: Wehrdienst 11/93 (15.3.1993), S. 1.

[218] Vgl. Wehr-Klausur. In: Wehrdienst 23/93 (7.6.1993), S. 1.

Bundesfinanzministerium und Haushaltsauschuss gewährten Schichtungsfreiheit ging Rühe finanzplanerisch für die Haushalte 1993 und 1994 in Vorleistung, so dass laut dem Haushaltsdirektor im Verteidigungsministerium, Alf Fischer, »der Haushaltsvollzug [...] trotz knapper Dotierung steuerbar ist, sofern die Plafondreihe erhalten bleibt und Rationalisierungsgewinne den Investitionen zugute kommen«.[219] Zwar wurden durch die Kürzungen Rationalisierungsgewinne erwirtschaftet, doch konnten diese nicht in den investiven Ausgabenbereich umgeschichtet werden, da im November 1993 der Bundeshaushalt eine weitere Deckungslücke aufwies. Zur Behebung dieser griff das Bundesfinanzministerium im Zuge einer verhängten globalen Haushaltsperre in die Haushaltsautonomie des Verteidigungsministeriums ein. Von der verhängten Haushaltsperre, die ein Gesamtvolumen von 5 Mrd. DM beinhaltete, entfiel der Großteil mit 1,25 Mrd. DM auf die Bundeswehr, die dieses Einsparvolumen kurzfristig noch im Haushaltvollzug 1993 (600 Mio. DM) und anteilig mit dem Haushalt für 1994 (650 Mio. DM) erbringen musste.[220] Dies hatte zur Folge, dass der Verteidigungshaushalt im Jahr 1994 auf einen Plafond von 47,23 Mrd. DM absackte, was den Planungsspielraum für die Beschaffung und Entwicklung von Wehrmaterial weiter einschränkte. Zudem wurde die Rüstungsplanung ab dem Jahr 1994 durch die Finanzplanvorgabe erschwert, wonach die bislang im Einzelplan 60 (Allgemeine Finanzverwaltung) dotierten »Kosten für Maßnahmen der Bundeswehr im Zusammenhang mit internationalen humanitären Hilfsmaßnahmen [...] ab 1994 aus dem Verteidigungsetat« zu bestreiten waren.[221] Bezüglich des Einzelplans 60 wurde für 1994 weiterhin festgelegt, dass im Haushaltsjahr 1994 »letztmalig Mittel für Ersatzbeschaffungen der Bundeswehr im Zusammenhang mit dem Golfkrieg vorgesehen sind«.[222] Mit der Einpreisung der bisher aus einem anderen Budget bestrittenen Kosten und Aufwendungen für die Auslandseinssätze in den Verteidigungshaushalt wurde der planerische Spielraum zur Ausrüstung der Truppe noch weiter eingeschränkt. In seiner Einschätzung über die Kassenlage der Bundeswehr urteilte der General Heeresrüstung, Brigadegeneral Hans-Hermann Schwede, dass das Heer 1993 in Verbindung mit den »›Überkippern‹, das heißt geschobenen Vorhaben, und vertraglichen Bindungen praktisch [über] keinen Planungsfreiraum« verfügt.[223] Dieses Urteil traf ebenfalls für Luftwaffe und Marine zu.[224]

---

219 Fischer, Zur Finanzlage der Verteidigungsausgaben (1993), hier S. 6.

220 Vgl. ebd.; Fischer, Die Entwicklung des Einzelplans 14, S. 452; Sturzbäche. In: Wehrdienst 47/93 (22.11.1993), S. 2.

221 BT-Drs. 12/5501: Unterrichtung Bundesregierung. Finanzplan 1993 bis 1997, S. 15.

222 Ebd., S. 15. Die Ersatzbeschaffungen umfassten bspw. Transportpanzer »Fuchs« in der Konfiguration Spürpanzer (ABC-Abwehr), da das Heer, dem Primat der Politik Folge leistend, einen Großteil seines Bestandes an die Golfkrieg-Koalition unentgeltlich abzugeben hatte. Vgl. Rüstungs-Beschaffung. In: Wehrdienst 1276/91 (1.7.1991), S. 2. Im Einzelplan 60 sind die Beteiligungen Deutschlands an internationalen und supranationalen Einrichtungen etatisiert, die keinem Ressort zugeordnet werden können.

223 BG Hans-Hermann Schwede im Interview, in: Heeresrüstung zwischen Auftrag und Rotstift. In: S&T, 8/1993, S. 474–477, hier S. 474.

224 Vgl. wt-Interview mit dem Inspekteur der Marine [1993]. In: WT 12/1993, S. 44–46, hier S. 44. wt-Interview mit dem Inspekteur der Luftwaffe [1993]. In: WT 12/1993, S. 5–8, hier S. 8.

Der vom Spardiktat eingeleitete Einbruch des Verteidigungshaushaltes erreichte im Zeitlauf 1993 bis 1994 mit einem Ist-Plafond von 47,23 Mrd. DM seinen Tiefpunkt, wovon ca. 5,74 Mrd. DM auf die Beschaffung und rund 2,45 Mrd. DM auf die Entwicklung von Wehrmaterial entfielen.[225] Die »Haushaltsmitteleinbrüche« erzwangen im Jahr 1993 nach Schwede detailliertere, »häufig sich wiederholende Überprüfungen der Prioritäten, die Auseinandersetzungen um die Verteilung der Mittel, die Terminverschiebungen u.v.a.m.«,[226] die bei dem fehlenden Planungsspielraum das operative Rüstungsmanagement erschwerten. In ihrer Gesamtheit zielten die zu wiederholenden Kosten-Nutzen-Analysen und Bedarfsuntersuchungen der im Bundeswehrplan 94 eingeplanten Vorhaben darauf ab, die bereits erarbeiteten bzw. seit 1992 modifizierten Taktisch-Technischen Forderungen noch kosteneffizienter an den erweiterten Auftrag anzupassen. In Bezug auf die Realisierung der eingeplanten Rüstungsvorhaben hatten die haushälterischen Effizienzbestrebungen so ein »ständiges ›Nachschneidern‹, Umplanen und Umorganisieren« im Rüstungsmanagement zur Folge,[227] so dass im EBMat planerisch die konkurrierenden Zieldimensionen von Kosten, Zeit und Qualität des Materialvorhabens in Einklang mit dem verfügbaren Planungsvolumen erreicht werden konnten. Trotz des Managementansatzes, die Kostenstrukturen (Personal-, Material- und Anlagekosten usw.) der eingeplanten Vorhaben bei modifizierten Forderungen effizienter zu gestalten, um damit den rüstungsplanerischen Handlungsrahmen zu verbessern, reichte das verfügbare Planungsvolumen für die adäquate Ausrüstung der Krisenreaktionskräfte und Modernitätserhaltung der Hauptverteidigungskräfte nicht aus.[228] Zudem erhöhten sich bei den eingeplanten Systemvorhaben und zu konkretisierenden Ausrüstungsforderungen wegen des wechselseitigen Zusammenhangs zwischen steigender taktisch-technischer Komplexität und ungleichmäßigen Kostenentwicklungen die planerischen Risiken.[229] Dies zeigte sich vor allem bei den Programmanpassungen der fliegenden Systeme für die Fähigkeitsdomänen Beweglichkeit, Mechanisierung und Transport. So führte die Modifizierung des PAH-2 zum mehrrollenfähigen Unterstützungshubschrauber bei gleichzeitig Reduzierung der Stückzahl zu einem Anstieg der Entwicklungskosten. Die taktisch-technische Forderungserweiterungen dieses Drehflüglers zielten auf die Aufgaben Feuerunterstützung für Kampftruppen, Unterstützung und Absicherung eigener luftbeweglicher Kräfte sowie Aufklärung ab, was den nominalen Anstieg des Systempreises von 41,4 Mio. DM (1989) auf ca. 56,5 Mio. DM (1993/95) pro Maschine zur Folge hatte.[230] Dagegen erzwang die

---

[225] Vgl. Voranschlag für 1995: Entwurf Epl 14/95 im Vergleich zum Haushalt 1994. In: Wehrdienst 38/94 (19.9.1994), S. 3. Insgesamt beinhaltete das umzusetzende Einsparvolumen einen Umfang von 1,25 Mrd. DM, die in der Realisierung zweigeteilt wurden: 600 Mio. DM Soforteinsparungen und 650 Mio. DM im zweiten Sparpaket. Vgl. Spar-Kommissar. In: Wehrdienst 06/94 (7.2.1994), S. 2.

[226] BG Hans-Hermann Schwede im Interview, in: Heeresrüstung zwischen Auftrag und Rotstift. In: S&T, 8/1993, S. 474–477, hier S. 475.

[227] Ebd., S. 475.

[228] Vgl. Achterberg, Rüstung, S. 44.

[229] Vgl. Plankosten Großvorhaben. In: Wehrdienst 44/95 (30.10.1995), S. 2.

[230] Die Ermittlung des Systempreises und Stückkostenrechnung wie folgt für 1989: (2,142 Mrd. DM (Entwicklung) + 6,627 Mrd. DM (Beschaffung)): 212 Maschinen = 41,4 Mio. DM. Für 1993:

außerordentliche Kostenentwicklung des Jäger 90, dessen Beschaffungsangebot die Industrie mit einem Systempreis von 133,9 Mio. DM auspreiste,[231] wegen des nicht zu realisierenden Ausstiegs aus diesem europäischen Rüstungskooperationsvorhaben zu kostenorientierten taktisch-technischen Forderungsmodifikationen.[232] Im Rahmen der damit verbundenen Umsteuerung des Programms forcierte Rühe eine Kostenobergrenze, die auf einen Systempreis von 90 Mio. DM abzielte.[233] Zwar leiteten die fortlaufenden Kostensteigerungen der technisch-komplexen Systemvorhaben Untersuchungen zu Beschaffungsalternativen ein, die unter anderem Ersatzlösungen zu den Entwicklungen von Jäger 90 und Future Large Aircraft durch die Beschaffung von bereits in der Nutzung befindlichen Systemen analysierten (Luftverteidigung F-18, MiG-29 und Lufttransport C-17 »Globemaster« usw.).[234] Doch wurden, unter Berücksichtigung der rückläufigen Kapazitätsanpassung der deutschen Rüstungsindustrie an den reduzierten Verteidigungshaushalt, Kauflösungen als Beschaffungsalternativen aus wirtschafts- und rüstungspolitischen sowie technischen Opportunitätsgründen (Reifegrad, Rüstungskooperation, Technologieerhalt, Standort- und Arbeitsplatzsicherung) der involvierten Anspruchsgruppen aus Politik, Wirtschaft und Bundeswehr ausgeschlossen. Dies führte dazu, dass unter Berücksichtigung der gesamten Lebenswegkosten (Entwicklung, Beschaffung, Nutzung) der geforderte taktisch-technische Zwecknutzen der im Bundeswehrplan eingeplanten deutschen bzw. europäischen Systemvorhaben im Verhältnis zu Nutzungsdauer, Einsatzwirksamkeit, Wachstums- und Zukunftspotential und Mobilität seitens der Bundeswehr als vorteilhafter gerechnet und bewertet wurde als der von marktverfügbaren Systemen.[235] Aufbauend auf dem Ansatz der Lebenszykluskostenrechnung und deren Einsteuerung in das von Rühe geforderte Kostenmanagement war damit ein Ansatz zur Verbesserung der Planungsflexibilität gegeben, um vorliegende hohe oder zusätzliche Entwicklungs- und Beschaffungskosten durch niedrige Folgekosten in der Nutzungsphase zu kompensieren.[236] Hier inbegriffen war durch eine einseitige Sichtweise zugleich das Risiko, dass durch den Anreiz, Entwicklungs- und Beschaffungskosten in der Nutzungsphase zu kompensieren, eine Option zur ›goldrandigen‹ Systemoptimierung geschaffen wurde, die es bedarfs-

---

(2,142 Mrd. (Entwicklung) + 7,7961 Mrd. DM (Beschaffung)): 138 Maschinen = 56,5 Mio. DM. Vgl. Depos. GM a.D. Reichardt, Auflistung Wehrmaterial Luftwaffe, Jan. 1988. Hubschrauber-Suche. In: Wehrdienst 37/93 (13.9.1993), S. 13, sowie Plankosten Großvorhaben. In: Wehrdienst 44/95 (30.10.1995), S. 2.

231 Vgl. Kosten-Rechnungen. In: Wehrdienst 1317/92 (18.5.1992), S. 3–4, hier S. 3.

232 Vgl. Rühe, »Wer sich diese Sicht zu eigen macht, liegt falsch«, S. 6 f.

233 Vgl. Kosten gehen vor Leistungen. In: Wehrdienst 14/93 (5.4.1993), S. 1.

234 Vgl. Heckmann, Das Europäische Jagdflugzeug, S. 7; Heckmann, Lufttransport bei anderen, S. 14–16. Hervorzuheben ist, dass bereits im Zeitlauf des Jahres 1993–94 das Vorhaben Future Large Aircraft in Future Transport Aircraft umbenannt wurde, um den Charakter des Transall-Nachfolgers als Kampfzonentransporter zu unterstreichen. Die Bezeichnung Future Transport Aircraft sorgte für Verwechslungen mit einem strategischen Großraumtransporter. Vgl. Erbe, »Wir brauchen keinen AIRBUS«, S. 26.

235 Vgl. BMVg, Weißbuch 1994, S. 104–106; Schneider, Heeresrüstung im Zeichen neuer Prioritäten, S. 50 f.; Heckmann, Europäische Jagdflugzeug, S. 7; Heckmann, Lufttransport bei anderen, S. 14–16.

236 Vgl. Attermeyer, Das ›Life-Cycle-Cost‹-Konzept, S. 632; Weber, Rüsten, S. 97–101.

begründet erlaubte, kostensteigernde taktisch-technische Nachforderungen in die Systemvorhaben zu implementieren. So führte unter anderem die Nachforderung des Heeres, den NH-90 mit einer Heckklappe auszustatten, bereits zu weiterer Kostensteigerungen und zeitlichen Verzögerungen in der Entwicklung des NH-90.[237]

Die planerische Fortschreibung der komplexen Systemvorhaben zur schwerpunktmäßigen Ausrüstung der Krisenreaktionskräfte bedingte, dass trotz Forderungsmodifizierungen, Stückzahlreduzierungen und Zeitstreckungen diese durch ihre absoluten Kostenhöhen weiterhin einen erheblichen Anteil des äußerst knappen Planungsvolumens langfristig mit erheblichen Risiken und Unsicherheiten banden. Im Zuge der Planungsarbeiten für die erforderliche strukturelle und konzeptionelle Anpassung von Heer, Marine und Luftwaffe an den erweiterten Auftrag wurde deutlich, dass trotz der eingeleiteten Rationalisierungsmaßnahmen die materielle Bedarfs- und Weiterentwicklung auf Grundlage einer Truppenstärke von 370 000 Soldaten Friedensumfang nicht mehr aufrechtzuerhalten war.[238] Mit der auf Realisierung zur Krisenreaktionsbefähigung abzielenden organisatorischen Nachsteuerung der seit 1991 laufenden Umstrukturierung wurde ab 1993 eine weitere Reduzierung des Friedensumfangs von 370 000 auf 340 000 Soldaten eingeleitet.[239] Die Fortsetzung des Personalabbaus von Streitkräften und Bundeswehrverwaltung sowie der damit einhergehenden Standortschließungen und Materialsteuerungen (Stilllegungen, Einlagerungen usw.) zielten auf eine nachhaltige Absenkung der laufenden Betriebskosten ab. Damit sollte das von Brigadegeneral Schwede beklagte Nachscheidern, Umorganisieren und Umplanen reduziert werden, so dass »mittelfristig die für alle so wichtige Planungssicherheit« in der Ausrüstungsplanung wiedergewonnen werde, um »die nach unten drehende Spirale stark sinkender Mittel für die Ausrüstung zu stoppen«.[240] Die Wiedergewinnung der angestrebten Planungssicherheit bedingte jedoch, dass während des Einnahmeprozesses in die überarbeiteten Zielstrukturen Heeresstruktur 5 (N), Luftwaffenstruktur 4 und Flotte 2005 kurz- bis mittelfristig keine weiteren Ausgabeposten, wie neue Einsatzverpflichtungen, entstanden, die ineinandergreifend das Planungsvolumen zusätzlich belasteten.

Im Gegensatz zu den personellen Verkleinerungs- und aufbauorganisatorischen Anpassungsmaßnahmen von Luftwaffe und Marine, die bereits über eine teilstreitkraftspezifische Führungsorganisation zur Einsatzvorbereitung und -durchführung außerhalb Deutschlands verfügten,[241] hatte das Heer neben den zu vollziehenden

---

[237] Vgl. Vorhaben. In: Wehrdienst 29/95 (17.7.1995), S. 1. Die Einarbeitung der Heckklappe für die Aufgabe Combat Search and Rescue (CSAR) erforderte zusätzliche Tests und Prüfungen, z.B. zur aerodynamischen Optimierung am Hubschrauberrumpf.

[238] Vgl. Haushältereien. In: Wehrdienst 37/93 (13.9.1993), S. 1–2, hier S. 1; BMVg, Strukturen Heer, S. 45.

[239] Vgl. BMVg, Strukturen Heer, S. 36.

[240] BG Hans-Hermann Schwede im Interview, in: Heeresrüstung zwischen Auftrag und Rotstift. In: S&T, 8/1993, S. 474–477, hier S. 477.

[241] Marine und Luftwaffe verfügten wegen ihrer Einbindung in die integrierten Kommandostrukturen des Bündnisses neben ihren Teilstreitkraftämtern Luftwaffen- und Marineamt über das Luftwaffenführungs- und Marinekommando, die für die Planungen und Durchführungen der Einsätze außerhalb Deutschlands aber im Bündnisgebiet ursprünglich aufgestellt worden waren.

Strukturmaßnahmen eine entsprechende Führungsorganisation zu bilden.[242] Mit der bis Ende März 1994 zu vollziehenden Aufstellung des Heeresführungskommandos, das bis 1. Oktober 1994 die Führungsbereitschaft herzustellen hatte, wurde der Stab des III. Kops in eine zur Führung von Einsätzen außerhalb Deutschlands befähigte höhere Kommandobehörde umgegliedert.[243] Dieser oblag die Verantwortung für die Vorbereitung und Durchführung von Einsätzen des Heeres sowie die von TSK-übergreifenden Einsätzen, die in die Führungsverantwortung des Heeres fielen.[244] Zu bemerken ist, dass oberhalb der Führungskommandos von Heer, Marine und Luftwaffe auf der ministeriellen Ebene das Führungszentrum der Bundeswehr gebildet wurde, das dem Minister in seiner Funktion als Inhaber der Befehls- und Kommandogewalt in Einsatzfragen assistierte.[245] Dem Heeresführungskommando arbeiteten in Bezug auf den Aufgabenumsetzung von Einsatzplanung, Einsatz-vorbereitung und -durchführung das umzustrukturierende Heeresamt und neu auf-zustellende Heeresunterstützungskommando (Ziel 1995[246]) zu. Die Neugliederung der Führungsorganisation des Heeres, die damit an die von Luftwaffe und Marine angeglichen worden war,[247] hatte für die Ausrüstungsplanung des Heeres zur Folge, dass der im Heeresamt historisch gewachsene und »bewährte amtseigene Synergieverbund aus Zentralfunktion – Heeresrüstung – Truppengattungen« auf-gelöst wurde (Abb. 10).[248] Künftig oblagen die Aufgaben der Heeresrüstung, ein-schließlich der Sicherstellung und Weiterentwicklung der materiellen und sani-tätsdienstlichen Einsatzunterstützung und -bereitschaft des Heeres, dem ab 1993 neu aufgestellten Heeresunterstützungskommando. Hierzu wurde die Abteilung Heeresrüstung mit ihren Zuständigkeiten im EBMat aus dem Heeresamt in das Heeresunterstützungskommando überführt.[249] Damit wurde aufbauorganisatorisch

---

Daneben verfügten sie für die Sicherstellung der materiellen Einsatzbereitschaft noch über das Luftwaffen- und Marineunterstützungskommando.

[242] Das I. und II. Korps des Heeres wurden in multinationale Korpsstäbe umgewandelt, wogegen das im Beitrittsgebiet aufgestellte IV. Kops national war. Weiterhin wurde unter anderem auf die Aufstellung der Heeresfliegerbrigaden und den vorgesehenen Ausbau des taktisch-operativen Elements im Stab der 11. Panzerdivision verzichtet sowie zwei nicht und teilaktive Brigaden aufge-löst. Vgl. BMVg, Strukturen Heer, S. 47–49.

[243] Vgl. Reinhardt, Das Heeresführungskommando, S. 68 f.

[244] Hervorzuheben ist, dass sich die Einsatzführung der Führungskommandos Heer, Marine und Luftwaffe auf das Planen, Steuern und Koordinieren von Personal und Material für den Einsatz konzentrierte. Die eigentliche operative Planung im Einsatzgebiet oblag bzw. obliegt den multina-tionalen Kommandobehörden im Einsatzgebiet. Mit Aufstellung des Einsatzführungskommandos der Bundeswehr wurde die Führungsverantwortung von den TSK-Kommandos auf diese teilstreit-kraftübergreifende höhere Kommandobehörde übertragen.

[245] Vgl. BMVg, Strukturen Heer, S. 47. Es handelte sich lediglich um einen Arbeitsstab, der im Bereich des Generalinspekteurs angesiedelt war und mit den Führungskommandos der TSK in Bezug auf die Einsatzführung zusammenwirkte. Jedoch besaß das Führungszentrum gegenüber den TSK kei-ne Befehls- bzw. Weisungsbefugnis zur truppendienstlichen Führung der TSK, diese lag weiterhin bei den Inspekteuren.

[246] Vgl. Fell, Das Heeresunterstützungskommando, S. 3.

[247] Vgl. BMVg, Strukturen Heer, S. 36.

[248] Vgl. Das Heeresamt, S. 101.

[249] Vgl. ebd., S. 101; BG Hans-Hermann Schwede im Interview, in: Heeresrüstung zwischen Auftrag und Rotstift. In: S&T, 8/1993, S. 474–477, hier S. 477.

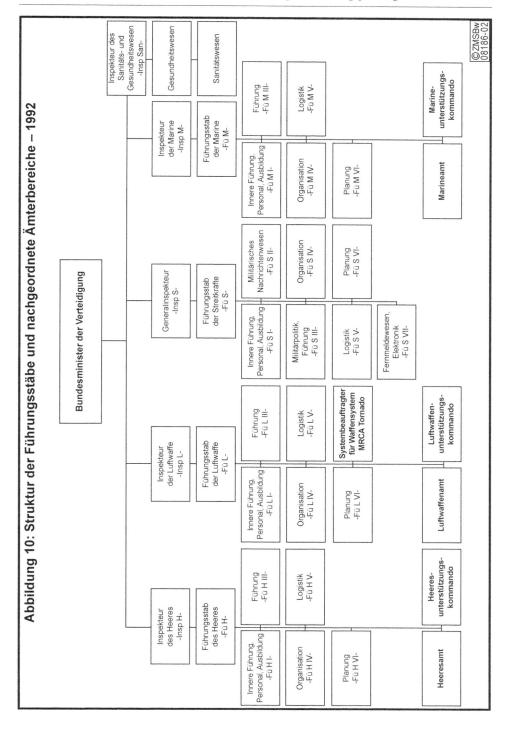

Abbildung 10: Struktur der Führungsstäbe und nachgeordnete Ämterbereiche – 1992

zwischen der ministeriellen Stabsabteilung Logistik/Rüstung und Sanitätsdienst im
Führungsstab des Heeres, der seit Vollzug der Neuordnung der Rüstungsaufgaben
die Analyse von Ausrüstungsdefiziten und Erarbeitung von Taktisch-Technischen
Forderungen oblag (1990–1992, siehe IV.3), und dem nachgeordneten durchführenden Heerunterstützungskommando eine neue fachliche Spiegelung in der
Heeresrüstung erreicht.[250] Doch führte die künftige Neuorganisation dazu, dass das
für die konzeptionelle Entwicklung des Heeres verantwortliche Heeresamt nicht mehr
unmittelbar in den Ausrüstungsprozess der TSK Heer involviert war. Um dennoch
die für die Ausrüstungsplanung erforderliche Einheit von konzeptioneller und ma-
terieller Entwicklung des Bedarfsträgers Heer sicherzustellen, waren ablauforganisatorische Regelungen für das künftige Zusammenwirken zwischen der Stabsabteilung
Logistik/Rüstung, dem Heeresunterstützungskommando und dem Heeresamt zu
treffen und umzusetzen. Ziel war es, dass es mit der Überführung der Abteilung
zu keinen Brüchen im operativen Rüstungsmanagement des EBMat kommt. Auch
wenn der damalige General Heeresrüstung, Brigadegeneral Schwede, im Hinblick
auf eine erneute Straffung des Rüstungsbereichs zunächst keine Nachteile in der
Organisationsmaßnahme sah,[251] so war aus Sicht des Heeresamtes diese mit erheblichen nachteiligen Nebenfolgen verbunden, die, so eine spätere Bewertung, zu folgenden Konsequenzen in der Heeresrüstung führten: »erhöhter Koordinierungsauf-
wand, verlängerte Zeitabläufe und [...] kurzfristige Priorisierungen, Verlust an
Kontinuität und permanenter Überbelastung von Schlüsselpersonal«.[252]

Der im Bundeswehrplan 94 festgelegte konzeptionelle Grundkurs zur Umstrukturierung und Ausrüstung der Streitkräfte,[253] der darauf abzielte, diese
systematisch mit verknappten Finanzmitteln mittelfristig zur bündnisweiten
Krisenreaktion und langfristig weiter für die Landes-/Bündnisverteidigung weiterzuentwickeln und zu befähigen, hing, besonders bei der ab 1993/94 simultan eingeleiteten Reorganisation der Heeresrüstung und -führung, von der Beständigkeit der von
der politischen Leitung festgelegten Zeitvorgaben zur Realisierung einer materiellen
Vorsorge für Friedenseinsätze im Rahmen der Vereinten Nationen ab. Zwar wurde
mit dem am 15. Dezember 1992 von Rühe verabschiedeten Bundeswehrplan 94
festgelegt, dass das Heer ein »Kontingent von Kräften organisatorisch und materiell
so vorbereitet, daß zwei Bataillone [...] zum Einsatz spätestens ab Oktober 1993 befähigt sein werden«,[254] doch war diese Zeitvorgabe bereits zwei Tage später überholt.
Denn im von Kohl, Rühe und Naumann verfolgten Gewöhnungsprozess für Out-
of-area-Einsätze stimmte das Bundeskabinett einem von Rühe und Außenminister
Klaus Kinkel vorgelegten Beschlussvorschlag zur »Unterstützung der humanitären

---

[250] Vgl. BMVg, Strukturen Heer, S. 50; Fell, Das Heeresunterstützungskommando, S. 3–5.
[251] BG Hans-Hermann Schwede im Interview, in: Heeresrüstung zwischen Auftrag und Rotstift. In:
S&T, 8/1993, S. 474–477, hier S. 477.
[252] Das Heeresamt, S. 101.
[253] Vgl. Olshausen, Bundeswehrplanung, S. 5.
[254] Die Bundeswehr der Zukunft. Bundeswehrplan 94. In: Lutz, Deutschland und die kollektive
Sicherheit, S. 157.

Anstrengungen der Vereinten Nationen in Somalia« zu.[255] Dieser Vorschlag umfasste, neben der Verstärkung der seit Sommer 1992 laufenden Hilfsflüge der Luftwaffe, ein Angebot an die Vereinten Nationen, die seit Sommer 1992 geführte United Nations Operation in Somalia (UNOSOM) direkt mit einem verstärkten Nachschub- und Transportbataillon »innerhalb befriedeter Regionen« in Somalia zu unterstützen.[256] Jedoch stand die Antwort durch die Vereinten Nationen Ende 1992 noch aus, da sich wegen der fortgesetzten Gewalteskalation der Bürgerkriegsparteien die Sicherheitslage so verschlechtert hatte, dass der Sicherheitsrat am 3. Dezember 1992 die UNOSOM der Unified Task Force (UNITAF) unterstellte. Dieser von den USA geführte Einsatzverband wurde vom Sicherheitsrat autorisiert, mit allen »nötigen Mitteln nach Kapitel VII der VN-Charta«,[257] einschließlich militärischer Gewalt, ein erforderliches sicheres Umfeld zu schaffen, um damit die Voraussetzungen zur Wiederaufnahme von humanitären Hilfsmaßnahmen im Rahmen einer Folgemission zu schaffen. Nachdem es UNITAF augenscheinlich gelang, die sicheren Umfeldvoraussetzungen zu erreichen, beschloss der Sicherheitsrat am 26. März 1993 den Einsatz der Folgemission UNOSOM II.

Das Problem für die Kontingentausplanung, welches bis zur Resolution des Sicherheitsrates bestand, lag in der zeitlichen Unbestimmtheit der Kontingententsendung. Nach der Resolution und der hierauf folgenden Anforderung des Generalsekretärs (am 12. April 1993) beschloss die Bundesregierung am 21. April 1993, den Ende Dezember 1992 angebotenen Einsatzverband nach Somalia zu entsenden.[258] Wegen der Verbindlichkeit des verpflichtenden Angebotes der Bundesregierung ist davon auszugehen, dass das Heer für den zu leistenden logistischen Unterstützungs- und humanitären Hilfsauftrag bereits die organisatorische, personelle und materielle Vorplanung für das 1700 Soldaten umfassende Kontingent einleitete. Für den im Angebot noch nicht näher definierten Auftrag zum Aufbau und Betrieb der logistischen Verteilerorganisation wurden bereits am 30. April 1993 20 Sattelkraftfahrzeuge »in weißer Farbe mit UN-Beschriftung« ausgeliefert.[259] Die vollumfängliche Ermittlung des quantitativen und operationellen Materialbedarfs sowie dessen kurzfristig zu realisierende Deckung (einschließlich technischer Vorbereitungen, z.B. Nachrüstung zur Tropentauglichkeit) für den Einsatzverband erfolgten im Rahmen der Auftragsauswertung und der vom Vorkommando (12. bis 28. Mai 1993) erzielten Erkundungsergebnisse im Raum Belet Uen.[260] Der unter Eigensicherung auszuführende Auftrag beinhaltete:

---

[255] Unterstützung der humanitären Anstrengungen. Vgl. Krause, Die Bundeswehr als Instrument, S. 184.

[256] Unterstützung der humanitären Anstrengungen, Pkt. II.1.

[257] Krause, Die Bundeswehr als Instrument, S. 185.

[258] Vgl. Beschluss der Bundesregierung, Pkt. 1. Online verfügbar unter: <https://www.bundesregie rung.de/breg-de/service/bulletin/beschluss-der-bundesregierung-zur-unterstuetzung-von-unosom-ii-in-somalia-800086> (letzter Zugriff 26.4.2021). Vgl. Krause, Die Bundeswehr als Instrument, S. 186 f.

[259] Burggraf, Sonderausstattung für Somalia, S. 533. Vgl. Unterstützung der humanitären Anstrengungen, Pkt. II.1.

[260] Vgl. Naß, Erfahrungen Somalia 3, S. 458; Harff, Erste Erfahrungen, S. 39.

1) die Versorgung der zu unterstützenden indischen Brigade (die nie im Einsatzraum eintraf) durch Umschlag, Bevorratung und Verteilung von Wasser, Verpflegung, Betriebsstoff und Erhaltung von Landeplätzen, Versorgungspunkten und -straßen und

2) die Unterstützung des humanitären Engagements durch »Errichten von Brunnen, Wiederaufbau, Wiederaufbau bzw. Neubau von Schulen, Krankenversorgung und Bereitstellung von Trinkwasser«.[261]

Zur Auftragserfüllung bedurfte der nach dem Task-Force-Prinzip aufzustellende Einsatzverband einer umfangreichen und außerplanmäßigen Ausrüstung, da es im »deutschen Heer keinen Verband bzw. Großverband [gab], der mit seiner originären Ausstattung diesen Auftrag hätte erfüllen können«.[262] Im Rahmen der festgelegten Truppeneinteilung war unter anderem die Pionierkompanie vollumfänglich für »Lager-, Flugplatz-, Straßenbau und Brunnenbohren« auszustatten oder die Sanitätskompanie so auszurüsten, dass die »sanitätsdienstliche Versorgung mit dem Standard eines deutschen Kreiskrankenhaus« sichergestellt werden konnte.[263] Um die für den Verband festgelegten Kräfte von Fallschirmjäger-, Pionier-, Fernmelde-, Nachschub-, Sanitäts-, ABC-Abwehr-, Instandsetzungs-, Heeresflieger- und Feldjägertruppe mit der erforderlichen Ausrüstung auszustatten, erfolgte die zeitnah zu realisierende Bedarfsdeckung

— aus dem als einsatztauglich bewerteten STAN-Material der festgelegten Einheiten und Teileinheiten (z.B. der Waffenträger »Wiesel«),

— über die Materialsteuerung der Zentrallogistik (Depots und Zwischenlager), um das als einsatzungeeignet bewertete STAN-Material durch geeignetes auszutauschen (z.B. für das Sicherungselement den Transportpanzer »Fuchs« statt des Unimog 2to (Gruppentransportfahrzeug)),

— durch die Neubeschaffung von Wehrmaterial bei verbündeten einsatzerfahrenen Streitkräften und dem Direktkauf von handelsüblichem Material bei der Industrie.[264]

Die direkte Bedarfsdeckung bei den verbündeten Streitkräften und der Industrie resultierte aus den einsatzspezifischen Anforderungen und bestehenden Ausrüstungslücken, deren Beseitigung bereits mit den in dem Bundeswehrplan 94 eingeplanten Wehrmaterialvorhaben teilweise eingeleitet wurde, z.B. Trinkwasseraufbereitungsanlagen, Klimaanlagen, GPS-Geräten sowie Kühl-, Transport- und Sanitätscontainern.[265] Jedoch bedingte die nach Entsendebeschluss kurze Aufstellungsphase (drei bis sieben Wochen[266]) eine einsatzspezifische

[261] Harff, Erste Erfahrungen, S. 40.
[262] Naß, Erfahrungen Somalia 3, S. 458. Das Task-Force-Prinzip ist ein »Verfahren, bei dem die Truppe abweichend von der Grundgliederung zusammengestellt wird«. BMVg, HDv 100/900 Führungsbegriffe; o.S.; Buchstabe T, Stichwort Task-Force-Prinzip.
[263] Naß, Erfahrungen Somalia 3, S. 458.
[264] Vgl. Burggraf, Sonderausstattung für Somalia, S. 535; Harff, Erste Erfahrungen, S. 40; Naß, Erfahrungen Somalia 3, S. 458.
[265] Vgl. Lützow, Die Heeresrüstung (1993), S. 150 f.; Schütz, Ausrüstungsplanung – Heer (1993), S. 26–28.
[266] Vgl. Horn, Logistik des Somaliaeinsatzes, S. 46.

Sofortbedarfsdeckung, die das Bundesamt für Wehrtechnik und Beschaffung (BWB) für das Heer zentral realisierte. Das BWB beschaffte außerplanmäßig und »unter Umgehung des EBMat«,[267] d.h. ohne technische Erprobung und Truppenversuch usw., für den Unterstützungsverband Material und Ausrüstung im Wert von ca. 60 Mio. DM.[268] Im Rahmen eines »Crashprogramms« wurde aus den Beständen von verbündeten Streitkräften unter anderem folgende Ausrüstung eingekauft bzw. geleast:[269]

– für das Sanitätselement ein aus klimatisierten (Operations- und Sanitäts-) Containern und Spezialzelten sowie dazugehörigem Feldzeugmaterial (Generatoren und Klimaanlagen) bestehendes Mobil Army Surgery Hospital (MASH) der US-Streitkräfte,
– zur Verstärkung der Komponente Schutz für die eingesetzten Hubschrauber gepanzerte Sitze und Türlafetten für Maschinengewehre aus den Vereinigten Staaten,
– für die persönliche Ausrüstung der Soldaten französische Tropenbekleidung (Feldhosen, -blusen und Kopfbedeckungen, Stiefel) und
– verschiedene Lastkraftwagen, Gabelstapler und Zelte.[270]

Das direkt von der Industrie eingekaufte Material umfasste bspw. eine mobile Wäscherei, Kranfahrzeuge, Gewerbewasch- und Geschirrspülanlagen sowie Trinkwasseraufbereitungsanlagen, des Weiteren handelsübliche GPS-Geräte, Laptops und »tragbare, einkanalige Satellitenkommunikationsanlagen«.[271] Zwar konnte über die außerplanmäßige, einsatzbedingte Materialbedarfsdeckung erreicht werden, dass der Einsatzverband adäquat zeitnah ausgerüstet wurde, doch ging dies mit der Inkaufnahme von funktionellen Nachteilen und Abstrichen bei Betriebsschutzauflagen einher. So wiesen unter anderem die Tankanhänger einen hohen Reifenverschleiß auf und entsprachen nicht der bundesdeutschen Gefahrengutverordnung für den Straßenverkehr. Das eingesetzte Datensicherungsmodul zur Faxverschlüsselung, um ein anderes Beispiel zu nennen, verfügte nicht über das entsprechende Zertifikat des Bundesamtes für Sicherheit in der Informationstechnik.[272] Die kurze Zeitspanne zur einsatzbedingten Bedarfsdeckung hatte zudem die Konsequenz, dass ein Teil des Materials erst im Einsatzland übernommen werden konnte, was dazu führte, dass die notwendige Einweisung und Ausbildung am Gerät erst vor Ort erfolgte.[273] Auch stand das Heer mit dem Ende des Einsatzes vor dem Problem, das zusätzlich beschaffte Material für eine Folgeverwendung zu überprüfen und zu bewerten, um es entweder weiter zu nutzen, einzulagern oder auszuphasen. Zudem galt es, die erkannten Ausrüstungslücken zu analysieren und diese konzeptionell begrün-

267 Burggraf, Sonderausstattung für Somalia, S. 535.
268 Vgl. Lehrgeld. In: Wehrdienst 10/94 (7.3.1994), S. 3–4, hier S. 3; Naß, Erfahrungen Somalia 3, S. 458.
269 Burggraf, Sonderausstattung für Somalia, S. 535–538.
270 Vgl. Schriftliche Antwort BG a.D. Hans-Christoph Ammon vom 1.12.2015.
271 Hofmann/Ertl, Erfahrungen Somalia, S. 360. Vgl. Burggraf, Sonderausstattung für Somalia, S. 535–538.
272 Vgl. Naß, Erfahrungen Somalia 3, S. 459–462; Hofmann/Ertl, Führungsunterstützung, S. 415.
273 Vgl. Horn, Logistik des Somaliaeinsatzes, S. 45; Naß, Erfahrungen Somalia 3, S. 458.

det in die Rüstungsplanung für eine erweiterte Landesverteidigung im Rahmen des Bündnisgebietes einzuplanen.

Die für den Somaliaeinsatz (21. April 1993 bis 31. März 1994[274]) kurzfristig und außerordentlich zu realisierende Materialbedarfsdeckung wurde laut dem damaligen Inspekteur des Heeres, Generalleutnant Hansen, »schnell und unbürokratisch durchgeführt«.[275] Dies ging jedoch bei dem verfügbaren knappen Finanzrahmen zu Lasten der für die Ausrüstungsplanung angestrebten Planungssicherheit, da, so Brigadegeneral Schwede, »die materielle Ausstattung der Heereskräfte in Somalia [...] aus dem laufenden Haushaltsmittel-Ansatz ›herauszuquetschen‹ – von wenigen Ausnahmen abgesehen« – war.[276] Die außerplanmäßigen Beschaffungen hatten wegen ihrer Kosten- und Zeitstruktur wiederholt Umschichtungen im Haushalts- und Planungsvolumen von Heer, Luftwaffe und Marine zur Folge, die erneut zu finanzorientierten Überprüfungen der zeitlichen, operationellen Prioritäten und deren Nachsteuerungen in der Rüstungsplanung führten. Diese waren planerisch ineinandergreifend so zu ordnen, dass bei der kurzfristig umzusetzenden planerischen Kontingentvorsorge für mögliche VN-Missionen die im Schwerpunkt mittelfristig angestrebte systematische Ausrüstung der Krisenreaktionskräfte bei zeitgleich langfristiger Modernitätserhaltung der Hauptverteidigungskräfte sichergestellt blieb. Doch reichte, wie bereits dargestellt, das verfügbare Planungsvolumen nicht aus, um die von Heer, Marine und Luftwaffe für die Krisenreaktionskräfte vorgesehenen Truppenteile auszurüsten.[277] Daher war für die Krisenreaktionskräfte vorgesehen worden, diese im Hinblick auf die einzunehmenden Zielstrukturen Heeresstruktur 5 (N), Luftwaffenstruktur 4 und Flotte 2005 graduell mit dem eingeplanten Wehrmaterial auszustatten, um damit den erforderlichen konzeptionellen Zusammenhang von Hauptverteidigungs- und Krisenreaktionskräften für die Landes- und Bündnisverteidigung zu wahren.[278] Planerisch war für die Ausrüstung der Krisenreaktionskräfte des Heeres zu berücksichtigen, dass das für Friedensmissionen der Vereinten Nationen vorgesehene Kräftedispositiv von zwei Bataillonen materiell weiterzuentwickeln war. Diesbezüglich unterlag die Rüstungsplanung nach dem Erlass der Verteidigungspolitischen Richtlinien im November 1992 und dem darauf im Dezember gebilligten Bundeswehrplan 94 ab 1993 einem komplexen Planungsproblem. Zwar deckten die für die Krisenreaktionskräfte eingeplanten Vorhaben bereits taktisch-technische Materialforderungen ab, die sowohl zum

---

[274] Der hier aufgeführte Zeitraum bezieht sich auf die von der Bundesregierung gefassten Beschlüsse zur Entsendung und Beendigung des Einsatzes. Vgl. Kabinettsbeschluss zur Beendigung, Pkt. 1., online verfügbar unter: <https://www.bundesregierung.de/breg-de/service/bulletin/beschluss-der-bundesregierung-zur-unterstuetzung-von-unosom-ii-in-somalia-800086> (letzter Zugriff 26.4.2021).

[275] GL Hansen im Interview, in: wt-Interview mit dem Inspekteur des Heeres. Funktionsfähigkeit des Heeres. In: WT 12/1993, S. 21–25, hier S. 23.

[276] BG Schwede im Interview, in: Heeresrüstung zwischen Auftrag und Rotstift. In: S&T, 8/1993, S. 474–477, hier S. 475.

[277] Vgl. Naumann, Eine konzeptionell richtige Entwicklung, S. 16; Bagger, Die neue Bundeswehr, S. 49.

[278] Vgl. Bagger, Die neue Bundeswehr, S. 49; Willmann, Rüstung für das Heer, S. 56; Mende, Die Luftwaffe, S. 63 f.

Einsatz für die erweiterte Landesverteidigung als auch partiell für Missionen im Rahmen der Vereinten Nationen befähigten (z.B. Gefechtshelme, Schutzwesten und Container, Handwaffen usw.[279]). Allerdings war die Weiterentwicklung der Ausrüstungsplanung so zu priorisieren, dass keine Ergebnisse des laufenden politischen und rechtlichen Entscheidungsprozesses in Bezug auf (bewaffnete) Out-of-area-Einsätze vorweggenommen wurden. Denn obwohl die Teilnahme an im »Einklang mit der VN-Charta« stehenden Friedensmissionen im erweiterten Auftrag festgeschrieben worden war,[280] fehlte es trotz der seit 1991 erfolgten Entsendung von Kräften nach Kambodscha, Somalia und der Beteiligung von Marine und Luftwaffe an Überwachungs- und Hilfsmaßnahmen im ehemaligen Jugoslawien weiterhin an den grundlegend konstitutiven und verfassungsrechtlichen Voraussetzungen, die die Entsendung von Einsatzkräften verlässlich gestatteten. Bislang erfolgte die Entsendung ohne Beteiligung des Bundestages, sondern auf Grundlage der von der Bundesregierung gefassten Beschlüsse. Diese Praxis wurde am 12. Juli 1994 durch das Urteil des Bundesverfassungsgerichtes beendet, in dem es entschied, dass die Bundesregierung für den von »Systemen gegenseitiger kollektiver Sicherheit« mandatierten Auslandseinsatz der Streitkräfte die konstitutive Zustimmung des Bundestages einzuholen hat.[281] Damit lagen nun die Voraussetzungen vor, die den Einsatz von Heer, Marine und Luftwaffe außerhalb des deutschen Territoriums und Bündnisgebietes gestatten. Obwohl die Landes- und Bündnisverteidigung weiterhin den Kernauftrag für die Bundeswehr bildete, für den die TSK planerisch auszurüsten waren, wurde der Beteiligung an Out-of-area-Einsätzen ein Vorrang eingeräumt, deren Bedarfsforderungen kurzfristig zu decken waren, so dass dies zu laufenden Nachsteuerungen in der Ausrüstungsplanung führte.

Entsprechend den im November 1992 erlassenen Verteidigungspolitischen Richtlinien waren die in Krisen- und Hauptverteidigungskräfte zu strukturierenden Streitkräfte planerisch für die Landes- und Bündnisverteidigung auszurüsten und materiell weiterzuentwickeln.[282] Dies bedingte, dass die erforderlichen Grundlagendokumente (Konzeption der Bundeswehr und Teilkonzeptionen) zunächst angepasst oder neu erarbeitet werden mussten, was eine konzeptionell begründete und strukturangepasste Fort- und Neueinplanung von Wehrmaterialvorhaben gestattete. Das grundlegendste Problem für die Rüstungsplanung bildete dabei das seit 1991 fortlaufende Spardiktat, das zu stetigen Eingriffen in den Haushaltsvollzug und die Finanzplanung des Verteidigungsbudgets führte und ständige Nachsteuerungen durch die planerischen Eingriffe des Streckens, Sparens und Streichens nach sich zog. Die aus der fortlaufenden Verknappung des Planungsvolumens resultierende Planungsunsicherheit erschwerte die Ausrüstungsplanungen der TSK, die gemäß der Vorgabe der politischen Leitung die Hauptverteidigungs- und Krisenreaktionskräfte als konzeptionelle Einheit für die erweiterte Landesverteidigung materiell weiterzu-

---

[279] Vgl. Aktuelle Vorhaben des BWB. In: S&T, 12/1994, S. 641–654.
[280] BMVg, VPR 1992, Ziff. 47 (S. 17).
[281] Vgl. Breitwieser, Verfassungshistorische und verfassungsrechtliche Aspekte, S. 163. Das System kollektiver Sicherheit (Art. 24 GG) umfasste nicht nur die Vereinten Nationen, sondern ebenfalls die NATO.
[282] Vgl. Bagger, Die neue Bundeswehr, S. 48 f.

entwickeln hatten. Jedoch reichte dies trotz der Einsparungen und Umschichtungen der verfügbaren Mittel auch nicht für eine vollumfängliche Ausrüstung der für die Krisenreaktionskräfte eingeplanten Truppenteile aus. Die fortlaufenden Kürzungen für die Materialinvestitionen bei priorisierter Ausrüstung für die Krisenreaktionskräfte führten dazu, dass Heer, Marine und Luftwaffe nicht mehr vollumfänglich modern zu erhalten waren. Dies traf vor allem für die Hauptverteidigungskräfte zu, die zur finanzierbaren Aufrechterhaltung der Einsatzbereitschaft weiterhin veraltetes Wehrmaterial zu nutzen hatten, was mit einer fortschreitenden Obsoleszenz einherging und zu kürzeren Nutzungs-, aber längeren Wartungsintervallen führte. Durch die Nutzungsdauerverlängerung von veralteter Wehrtechnik erhöhten sich zugleich die Betriebskosten, um das Wehrmaterial für die Nutzung (Ausbildung und Übung) zu erhalten. Zudem bedingte die damit zusammenhängende taktisch-technische Obsoleszenz Anpassungsmaßnahmen, so dass das alternde Wehrmaterial weiterhin ein Leistungsvermögen für die Kampfkraft der damit ausgerüsteten Truppe aufzuweisen hatte. Da wegen der Haushaltsmitteleinbrüche vorerst keine Nachfolgesysteme einplanbar waren, bedurfte es zur Aufrechterhaltung eines erforderlichen taktisch-technischen Leistungsvermögens zusätzlicher Materialinvestitionen mittels Kampfwertsteigerungen und -erhaltungen, was sich bei den knappen Mitteln schwerlich in die Rüstungsplanung einsteuern und durch den administrativen Rüstungsbereich umsetzen ließ. Denn dieser und die Rüstungsinstanzen der TSK wurden ab 1993 einer wiederholten Reorganisation unterzogen, die darauf abzielte, die Wehrmaterialvorhaben künftig mit weniger Personal und Ressourcen zu planen und zu realisieren. Die Rüstungsplanung stand 1994 vor dem planerischen Dilemma, die vielfältigen Bedarfsforderungen mit fortlaufend gekürzten Haushaltsmitteln in Deckung zu bringen.

3. Die erneute Straffung der Rüstungsaufgaben

Zeitgleich zur laufenden Umstrukturierung der Streitkräfte wurde die seit Januar 1990 laufende Neuordnung der Rüstungsaufgaben, die die Änderung der Zuständigkeiten im EBMat sowie die Zusammenlegung der TSK-Rüstungsstabsabteilungen mit den Wehrmaterialunterabteilungen in die Hauptabteilung Rüstung umfasste (vgl. IV.3), durchgeführt. Die damit verbundene Delegation des Rüstungsmanagements von Systemvorhaben auf die nachgeordnete militärische und administrative Ämterebene erforderte eine an die Hauptabteilung Rüstung angelehnte organisatorische Anpassung.[283] Zudem zwangen die einheitsbedingte Personalreduktion bei Streitkräften und Bundeswehrverwaltung sowie die Kürzungen des Verteidigungshaushaltes zu einer weitergehenden Anpassung der Rüstungsorganisation an die begrenzte Ressourcenlage. Erneut standen der Abbau von strukturellen Redundanzen und die Verbesserung der Kostenkontrolle im Fokus der ›neuen‹ Neuordnung, die auf eine betriebliche Aufwandsbegrenzung in der Bedarfsdeckung abzielte. In diesem

---

[283] Vgl. Reduzierung der Vorhaben. In: Wehrdienst 1270/91 (21.5.1991), S. 3, sowie BWB-Struktur. In: Wehrdienst 24/93 (14.6.1993), S. 1.

Zusammenhang wurde ab 1992, noch beginnend unter Stoltenberg, eine aufbau- und ablauforganisatorische Straffung des Ämterbereiches geplant und ab 1993 in den schon laufenden Umstrukturierungsprozess vollziehend eingesteuert.[284] Damit sollte, so Schönbohm in seiner Stellung als Rüstungsstaatssekretär, »ein Beitrag zu der dringend erforderlichen Reduzierung der Personal- und Betriebskosten geleistet werden«.[285] In Bezug auf die Prozessgrößen Zeit und Kosten war damit das Ziel verbunden, einen langfristigen Spareffekt zu erzeugen, der über einen weiteren Personalabbau und Verbesserungsmaßnahmen im EBMat erreicht werden sollte.

Der Reorganisationsprozess, der auf dem Dreiklang Rationalisierung, Straffung und Konzentration basierte,[286] verfolgte für die Ebene Ministerium den Ansatz, dass sich zukünftig »die Aufgaben der Hauptabteilung Rüstung auf den ministeriellen Kern« zu konzentrieren hatten.[287] Dieser Kern umfasste die langfristige Planung, Lenkung und Kostenkontrolle der Rüstung sowie die Wahrnehmung von komplexen Rüstungsvorhaben und rüstungswirtschaftlichen Aufgaben von hoher politischer Bedeutung,[288] unter die z.B. die Rüstungskooperationsvorhaben wie der Jäger 90 oder der PAH-2 fielen. Mit dieser von der politischen Leitung vorgegebenen Diktion hatte sich die Hauptabteilung Rüstung künftig auf ein strategisches Aufgabenfeld in der Rüstung zu beschränken, dem nicht mehr das vorhabenbezogene Rüstungsmanagement von Waffensystemen und Kampfmitteln zugeordnet war, womit ein Eingreifen in die ›Schräubchenkunde‹ des BWB unterbunden werden sollte. Gemäß der politischen Vorstellung waren die Planung und Durchführung von Forschung- und Technologieaufgaben sowie die des vorhabenbezogenen Rüstungsmanagements auf der nachgeordneten administrativen und militärischen Ämterebene zu bündeln.[289] Die nach dem Top-down-Prinzip zu vollziehende Abschichtung von Zuständigkeiten und Kompetenzen baute auf der bereits vollzogenen Zusammenlegung der militärischen Systembeauftragten und der administrativen Projektreferenten zum Systemmanager in der Abteilung Rüstungsmanagement der Hauptabteilung Rüstung auf, die sich laut Schönbohm »voll bewährt« hatte.[290] Welche Kriterien ihn zu dieser Schlussfolgerung kommen ließen, ist nicht klar. Es ist jedoch ist davon auszugehen, dass seine Erfahrungen als ehemaliger Leiter Planungsstab, Befehlshaber Bundeswehrkommando Ost und Inspekteur des Heeres mit in seine Beurteilung eingeflossen sein dürften. Mit der Übertragung der bisher

---

[284] Vgl. Rüstungs-Management. In: Wehrdienst 19/93 (10.5.1993), S. 3; Rüstungs-Straffung. In: Wehrdienst 25/93 (21.6.1993), S. 1−2, hier S. 1; BWB-Struktur. In: Wehrdienst 24/93 (14.6.1993), S. 3.

[285] Rüstungs-Straffung. In: Wehrdienst 25/93 (21.6.1993), S. 1−2, hier S. 1. Es handelt sich hierbei um den Abdruck einer Anordnung Schönbohms, die zielgruppenorientiert durch die Schriftleitung von Wehrdienst aufgearbeitet wurde. Auslassungen, Vollzähligkeit usw. sind nicht angezeigt.

[286] Vgl. wt-Interview mit dem General Heeresrüstung. In: WT 2/1994, S. 58−60, hier S. 58.

[287] BMVg, Weißbuch 1994, S. 98. Vgl. Rüstungs-Straffung. In: Wehrdienst 25/93 (21.6.1993), S. 1−2, hier S. 1.

[288] Vgl. Guddat, Rüstung heute, S. 8. Vgl. Rüstungs-Straffung. In: Wehrdienst 25/93 (21.6.1993), S. 1−2, hier S. 1.

[289] Vgl. Wirtgen, Aspekte aus der Geschichte des Rüstungsbereiches, S. 32; Guddat, Rüstung heute, S. 8; Rüstungs-Straffung. In: Wehrdienst 25/93 (21.6.1993), S. 1.

[290] Rüstungs-Straffung. In: Wehrdienst 25/93 (21.6.1993), S. 1−2, hier S. 1.

von der Hauptabteilung Rüstung gesteuerten Systemvorhaben an das BWB sollten nun zukünftig auch die Vorhaben durch dieses realisiert werden, die unter seinem Vorgänger Pfahls bislang als »wichtige [...] Systeme der Bundeswehr oder solche mit besonderem politischem Gewicht« klassifiziert wurden.[291] Der Schwerpunkt der Übertragung umfasste daher aufbau- und ablauforganisatorische Maßnahmen zur Reorganisation des BWB, die ebenfalls eine Verlagerung von Kompetenzen aus dem militärischen Ämterbereich beinhalteten.[292] In ihrer Gesamtheit verfolgte die ›neue‹ Neuordnung das rüstungsorganisatorische Globalziel eines weiteren Abbaus der bestehenden militärisch-administrativen Doppelarbeit auf der Durchführungsebene, so dass im »Ergebnis langfristig ein einziges zivil/militärisch [sic!] besetztes Ausrüstungsamt entstehen« würde.[293]

Die angestrebte Umsetzung zur Neuordnung basierte auf drei Ablaufstufen:

– Stufe 1: erneute Veränderung in der Leitungs- und Organisationsstruktur der Hauptabteilung Rüstung. Zur Entlastung des Hauptabteilungsleiters und seines Stellvertreters wurde die Leitung um einen Geschäftsführenden Beamten erweitert.[294] Es erfolgten die Auflösung der Abteilungen Rüstungsmanagement (Rü M) und Rüstungstechnik (Rü T), inklusive der bis dahin bestehenden TSK-spezifischen (Management-)Unterabteilungen Systeme Heer, Systeme Luftwaffe und Systeme Marine.[295]

– Stufe 2: aufbauorganisatorische Umgliederung der Hauptabteilung Rüstung durch Integration der TSK-spezifischen Forschungs- und Technologieaufgaben (z.B. Schutz und Waffen) in die Unterabteilungen Systeme Heer, Systeme Luftwaffe und Systeme Marine und deren Umgliederung in TSK-spezifische Unterabteilungen für die Ausrüstung und Technologie Land (Rü V), Ausrüstung und Technologie Luft (Rü VI) und Ausrüstung und Technologie See (Rü VII).[296] Zudem erfolgte die Umstrukturierung der übrigen Unterabteilungen in die einzunehmende Zielstruktur mit den Unterabteilungen Rüstungsplanung und Zentralaufgaben (Rü I), wirtschaftliche und rechtliche Angelegenheiten der Rüstung (Rü II), Internationale Rüstungsangelegenheiten, Verwertung (Rü III), Ausrüstung und Technologie, Aufklärung, Führung, Kommunikation, Informationstechnik (Rü VII) und Stabsstellen für die Leitung der Hauptabteilung und das Controlling.[297]

---

[291] Die Pfahlsche Weisung, S. 2.

[292] Vgl. ebd., S. 1.

[293] Rüstungs-Straffung. In: Wehrdienst 25/93 (21.6.1993), S. 1.

[294] Dieser besitzt eine herausgehobene Position, die mit einer Vielzahl von Zuständigkeiten und Kompetenzen zur Ausübung seiner Funktionen verbunden ist. Vgl. Zivile Rüster. In: Wehrdienst 40/1993 (21.6.1993), S. 1.

[295] Vgl. Die neue Hauptabteilung Rüstung. In: S&T, 11/1994, S. 570; Guddat, Rüstung heute, S. 14. Vgl. Rüstungs-Straffung. In: Wehrdienst 25/93 (21.6.1993), S. 1.

[296] Vgl. Guddat, Rüstung heute, S. 14; Rüstungs-Straffung. In: Wehrdienst 25/93 (21.6.1993), S. 1–2.

[297] Vgl. Rüstungs-Straffung. In: Wehrdienst 25/93 (21.6.1993), S. 1–2, hier S. 1; Die neue Hauptabteilung Rüstung. In: S&T, 11/1994, S. 570; Rüstungs-Straffung. In: Wehrdienst 26/94 (27.6.1994), S. 1–2.

Der Vollzug der Stufen 1 und 2 diente zur Vorbereitung der dritten Umsetzungsstufe, die die Überführung des vorhabenbezogenen Rüstungsmanagements des Ministeriums in den durchführenden Bereich beinhaltete.[298]

Die Stufe 3, die die Beseitigung der militärischen und administrativen Doppelarbeit in Form eines militärisch-zivilen Ausrüstungsamtes zum strategischen Ziel hatte, beinhaltete folgende, aufeinander aufbauende Maßnahmen:

1) das Ende der Kategorisierung von Wehrmaterialvorhaben in Systeme und Geräte, so dass

2) die aus dieser Unterscheidung bislang resultierenden Kompetenzen, Zuständigen und Prozesse in Bezug auf den EBMat vereinheitlicht werden, um damit die militärischen Bedarfsträger und zivilen Bedarfsdecker im Durchführungsbereich zusammenzuführen.[299] Dies bedeutete, dass die »bisherigen Aufgaben des Projektbeauftragten und ›Gerätebeauftragten‹ im BWB sowie die des System-/Projektoffiziers und ›Geräteoffiziers‹ der TSK-Ämter im BWB zusammenzuführen« waren.[300]

Unmittelbar in der Endphase der in den 1980er-Jahren begonnenen und seit 1990 laufenden Neuordnung der Rüstungsaufgaben erfolgten bereits im Sommer 1993 die ersten Maßnahmen zur Umsetzung der erneuten Reorganisation des Rüstungsbereiches. Für die Inspekteure zeichnete sich nach der erfolgten Auflösung ihrer Rüstungsstabsabteilungen und der Änderung des EBMat damit eine weitere Beschneidung ihrer Eingriffsmöglichkeiten in das operative Management der Rüstungsgüterbeschaffung ab, die besonders deren Ämterbereich betraf. Denn die dortigen Rüstungsinstanzen sollten durch eine Verlagerung langfristig in dem aufzubauenden zivil-militärischen Ausrüstungsamt integriert werden, wobei sich die TSK-Führungsstäbe und die Hauptabteilung Rüstung in ihrer Funktion als Bedarfsträger und Bedarfsdecker auf die ministerielle Ebene zu konzentrieren hatten. Im Vorlauf hierzu wurde bereits 1992 der Projektbereich des BWB aufgelöst und dessen laufende TSK-Projekte in die Geräteabteilungen Land, Luft und See zur Fortführung eingesteuert.[301] Dies betraf beispielsweise die laufenden Vorhaben Kampfwertsteigerung »Leopard 2« und die Entwicklung und Beschaffung der Systeme Jagdflugzeug 90 (»Eurofighter«), PAH-2, NH–90 und Fregatte F 123/124.[302]

Eine weitere Neuerungsmaßnahme zur Delegation von Rüstungsaufgaben auf den Durchführungsbereich umfasste zur Vereinheitlichung des EBMat die Aufhebung der Wehrmaterialklassifizierung von Systemen und Geräten. Damit wurde die Voraussetzung geschaffen, das operative Rüstungsmanagement zur Entwicklung und Beschaffung von Wehrmaterialvorhaben ganzheitlich im Amtsbereich des

---

[298] Vgl. Rüstungs-Straffung. In: Wehrdienst 25/93 (21.6.1993), S. 1–2, hier S. 2; Rüstungs-Straffung. In: Wehrdienst 26/94 (27.6.1994), S. 1–2; Die neue Hauptabteilung Rüstung. In: S&T, 11/1994, S. 570.

[299] Vgl. Rüstungs-Straffung. In: Wehrdienst 25/93 (21.6.1993), S. 1–2, hier S. 2.

[300] Ebd.

[301] Vgl. Letzte Woche. In: Wehrdienst 1334/1992 (5.10.1992), S. 1.

[302] Vgl. ebd., S. 1–4, hier S. 2; Sitterberg, Abteilung »Kraftfahrzeug und Gerätetechnik«, S. 19–22; Kuttler, Abteilung »Luftfahrzeuge und Luftfahrtgerätetechnik«, S. 23–27; Weiss, Abteilung »Schiffe, Schiffsgerät und Unterwasserwaffen«, S. 29–34.

BWB sukzessive auf das zu bildende zivil-militärische Ausrüstungsamt zu konzentrieren.[303] Zugleich war mit der Aufhebung der Wehrmaterialklassifizierung in den BWB-Geräteabteilungen die Fusionierung der hier bestehenden Instanzen und Kompetenzen von Projektbeauftragten (bislang Systeme) und Gerätebeauftragten (bislang Geräte) zum Vorhabenmanager verbunden. Im Prozess des EBMat oblag ihm nun die Verantwortung zur Steuerung des Vorhabenmanagements. Die erforderliche ministerielle Fachaufsicht wurde weiterhin durch die Hauptabteilung Rüstung wahrgenommen, was künftige strategische Eingriffe in das vorhabenbezogene Rüstungsmanagement nicht ausschloss.[304] Zeitgleich zu den Veränderungen im zivilen Rüstungsbereich wurden im Zuge der Aufhebung der Wehrmaterialklassifizierung im Ämterbereich der TSK die Dienstposten von Systemoffizier und Geräteoffizier zu dem des Vorhabenoffiziers zusammengeführt. Mit den am vereinheitlichten EBMat ausgerichteten Maßnahmen wurde ebenengerecht dem grundgesetzlichen Trennungsprinzip entsprochen und die Fortführung des im operativen Rüstungsmanagement zwischen Vorhabenmanager und Vorhabenoffizier zu führenden Dialogs sichergestellt.[305]

Mit der Vereinheitlichung des EBMat war zugleich dessen erneute ablauforganisatorische Straffung verbunden, die dazu führte, dass die Inspekteure weiter in ihren Einfluss- und Eingriffsmöglichkeiten im Rüstungsmanagement beschnitten wurden.[306] Im Kern umfasste die auf Minimierung ablauforganisatorischer Reibungsverluste abzielende Straffung des EBMat eine erneute Abgrenzung der Verantwortlichkeiten im Phasenverlauf und den in den einzelnen Phasen integrierten Stufenentscheidungen (Abb. 8). Im Phasenablauf des EBMat oblag den militärischen Bedarfsträgern weiterhin die für den Phasenvorlauf notwendige Managementverantwortung (Erstellung von Taktischem Konzept und Taktisch-Technischer Forderung), die mit Phasenabschluss an den zivilen Bedarfsdecker übertragen wurde. Dieser war dann, unter Zuarbeit der militärischen Bedarfsforderer, für die Umsetzung des Rüstungsvorhabens verantwortlich. Das von der Hauptabteilung Rüstung beaufsichtigte BWB trug für die Phasen Definition, Entwicklung und Beschaffung die Gesamtverantwortung, die mit Beginn der Nutzungsphase wieder auf den militärischen Bedarfsträger überging.[307] Die Neuregelung der Gesamtverantwortung im gestrafften Phasenverlauf hatte zur Folge, dass die ganzheitliche Federführung eines gesamten Wehrmaterialvorhabens, wie bereits von 1990 bis 1992 eingeleitet, nun nicht mehr bei den TSK, ergo den Inspekteuren, lag, sondern von ihrem Regelungscharakter den Grundsatz schärfte: Der Bedarfsträger definiert seine Forderungen, der Bedarfsdecker realisiert diese.

In dem neu geregelten Phasenablauf verfügten die Inspekteure lediglich über begrenzte Eingriffsmöglichkeiten in der Entwicklung und Beschaffung des Wehrmaterials. Diese waren ihnen mit der Instanz der Studiengruppe im Phasen-

---

303 Vgl. Schloenbach, Rüstungsmanagement heute, S. 26.
304 Vgl. Guddat, Rüstung heute, S. 8; Schloenbach, Rüstungsmanagement heute, S. 26.
305 Vgl. Erbe, »Die Inspekteure«, S. 4 f.
306 Vgl. ebd.
307 Vgl. Quo vadis, Heeresrüstung?, S. 451.

vorlauf gegeben (Erarbeitung der Taktisch-Technischen Forderungen) und in der Definitionsphase mit der Zuarbeit von TSK- bzw. truppengattungsspezifischen Gewichtungen, die sich in der Mitzeichnung der Militärisch-Technisch-Wirtschaftlichen Forderung niederschlug.[308] Die von den in ihren TSK-Ämtern angesiedelten militärischen Vorhabenoffizieren zu leistende Arbeit fokussierte sich im Zuge der Entwicklung und Beschaffung auf die Koordination der militärischen Elemente (Ausbildung, Vorschriften, Logistik usw.) und Zusteuerung der entsprechenden Beiträge für die Stufen- sukzessive Phasenentscheidungen. Im Gegensatz zur 1992 festgelegten Verfahrensregelung für den EBMat waren die materialverantwortlichen Inspekteure in der aus Vorhabenoffizier und zivilen Vorhabenmanager gebildeten Managementorganisation nicht mehr durch einen Bevollmächtigten Vertreter repräsentiert.[309] Aufgrund der von ihnen zu verantwortenden Einsatzbereitschaft ihrer TSK waren sie über die Entwicklung der Rüstungsvorhaben zu unterrichten und verfügten so mit den ihnen unterstellten Ämtern und den damit zusammenhängenden Melde- und Dienstwegen über Möglichkeiten, um in Hinblick auf die veränderten verteidigungspolitischen und konzeptionellen Vorgaben und damit verbundenen Fragen zur Sicherstellung der Einsatzbereitschaft und Weiterentwicklung des TSK-Fähigkeitsspektrums auf den Entwicklungs- und Beschaffungsprozess eines Wehrmaterialvorhabens einzuwirken. Über die Neuordnung der Gesamtverantwortung im Phasenablauf des EBMat urteilten die Inspekteure negativ, denn nach deren Ansicht erschwere dies den Abstimmungsprozess zwischen der Rüstungsplanung und Vorhabenrealisierung, um laufende Rüstungsvorhaben an veränderte Bedrohungslagen oder nachgesteuerte taktisch-technische Erfordernisse anzupassen.[310]

Dem unter der ministeriellen Fachaufsicht stehenden zivilen Vorhabenmanager oblag dagegen mit Ausnahme der sogenannten Erklärung der Versorgungsreife und der zur Truppenverwendbarkeit die Zuarbeit zur Schlusszeichnung der Stufen- und Phasendokumente in den Phasen Definition, Entwicklung und Beschaffung.[311] Bis auf die beiden Erklärungen, die die militärische Sach- und Facharbeit der TSK zwingend erforderten, lagen, unter der Fachaufsicht der Hauptabteilung Rüstung, die Phasen- und hier integrierten Stufenentscheidungen komplett beim BWB.[312]

Die Verantwortung für ausgewählte Systemvorhaben wurde ab 1994 versuchsweise bis zum Jahr 2000 an das BWB übertragen. Das Ziel lag darin, aus der Delegation und Reorganisation der Aufgabenverteilung des neuerlich gestrafften EBMat Erkenntnisse zu gewinnen und zu entscheiden, ob die neue Reorganisation im Rüstungsbereich fortzuführen, zu ändern oder zu stoppen war. Nach dem 1996 veröffentlichten Zwischenfazit verliefen Delegation und Reorganisation bislang erfolgreich, z.B. bei den Vorhaben U-Boot 212 oder leichtes Flugabwehrsystem (auf

---

[308] Vgl. ebd.
[309] Vgl. wt-Interview mit dem General Heeresrüstung. In: WT 2/1994, S. 58–60, hier S. 60 (Abbildung).
[310] Vgl. Quo vadis, Heeresrüstung?, S. 451. Öffentlich hielten sich die Inspekteure zurück und griffen als Sprachrohr auf ihre Rüstungsstabsabteilungsleiter zurück.
[311] Vgl. Wolde, Neuordnung, S. 230–234; Schloenbach, Rüstungsmanagement heute, S. 26.
[312] Vgl. Schloenbach, Rüstungsmanagement heute, S. 26.

Basis Waffenträger »Wiesel«), wobei zeitliche Verzögerungen im Management als eine Folge finanzieller Engpässe dargelegt wurden.[313] Inwieweit nach ca. zwei Jahren Erfolge beim laufenden Rüstungsmanagement von Wehrmaterialvorhaben vorzuweisen waren, die in der Regel 15 Jahre umfassten und bereits seit den 1980er-Jahren liefen, wurde nicht aufgezeigt.

Das Problem für die Realisierung der eingeplanten Vorhaben beruhte in dieser Zeitphase (1992–1994) auf der Tatsache, dass bis zur im Jahr 2000 zu treffenden Entscheidung hinsichtlich der endgültigen Delegation des Rüstungsmanagements auf die Durchführungsebene zwei identische Ablaufprozesse mit unterschiedlichen Verantwortlichkeiten und Zuständigkeiten zwischen den militärischen Bedarfsträgern und zivilen Bedarfsdeckern vollzogen wurden.[314] Durch die sich aus den Vorhaben ergebenden militärisch-administrativ-technischen Schnittstellen, die wiederum in andere Vorhaben eingriffen, bestand damit die Gefahr von finanziellen, zeitlichen und militärisch-administrativen Reibungsverlusten. Im Hinblick auf das von der politischen Leitung angestrebte Globalziel eines zivil-militärischen Ausrüstungsamtes war nicht auszuschließen, dass sich zwischen dem BWB und dem TSK-Ämtern Interessenkonflikte abzeichneten. Diese dürften sich aus der damit einhergehenden Absenkung des Finanzvolumens und der Personalreduzierung sowie der seit 1990 laufenden Umstrukturierung der Streitkräfte und der Bundeswehrverwaltung ergeben haben. Denn die seit 1990 laufende Neuordnung der Rüstungsaufgaben führte zu Veränderungen im seit den 1970er-Jahren gewachsenen Verhältnis zwischen militärischen Bedarfsträgern und zivilen Bedarfsdeckern. Für die Inspekteure war dies nachteilig, denn im Zuge der Reorganisationsmaßnahmen wurden ihre Einfluss- und Eingriffsmöglichkeiten beschnitten, so dass sie nicht mehr die gesamtverantwortliche Federführung bei Rüstungsvorhaben besaßen.[315] Deutlich wurde dies durch die Fusionierung der Rüstungsstabsabteilungen der Führungsstäbe mit den Wehrmaterialunterabteilungen in der gebildeten Hauptabteilung Rüstung. Zur Wahrung der ganzeinheitlichen Materialverantwortung als Bedarfsträger bei der Entwicklung und Beschaffung von Wehrmaterialvorhaben wurde die Forderung aufrechterhalten, dass die Gesamtverantwortung im Rüstungsmanagement weiterhin bei den Streitkräften liegen müsse. So forderte 1994 der General Heeresrüstung, Brigadegeneral Hans-Hermann Schwede, dass das vorhabenbezogene Rüstungsmanagement den Inspekteuren unterstehen müsste, um eine nutzerorientierte Ausrüstung für die Truppe sicherstellen zu können.[316] Dies wurde vom Präsidenten des BWB, Heinz Gläser, kategorisch abgelehnt, indem er öffentlich kundgab: »Die Inspekteure führen ihre Teilstreitkraft; der zivile Rüstungsbereich stellt ihnen dafür die erforderliche Ausrüstung bereit«.[317] Vor dem Hintergrund, dass die erneute Straffung der Rüstungsorganisation die Bildung eines zivil-militärischen

---

[313] Vgl. ebd., S. 32 f.
[314] Vgl. Erbe, »Die Inspekteure«, S. 4 f.
[315] Vgl. Quo vadis, Heeresrüstung?, S. 452.
[316] Vgl. wt-Interview mit dem General Heeresrüstung. In: WT 2/1994, S. 58–60, hier S. 58 f.; Erbe, »Die Inspekteure«, S. 4 f.
[317] Erbe, »Die Inspekteure«, S. 4 und 8.

Ausrüstungsamtes zum Globalziel hatte, das letztlich nicht realisiert wurde,[318] spielten Personalentscheidungen im Hinblick auf das Verhältnis von militärischen Bedarfsträgern und zivilen Bedarfsdeckern und den damit verbundenen Eingriffs- und Einflussmöglichkeiten eine Rolle. Obwohl geplant war, den Dienstposten des Hauptabteilungsleiters Rüstung mit einem Uniformträger (im Dienstgrad Vizeadmiral/Generalleutnant) zu besetzen,[319] opponierte der zivile Rüstungsbereich erfolgreich gegen eine Besetzung des Dienstpostens mit einem Militär, nachdem Schönbohm fließend vom Inspekteur des Heeres (1991–1992) zum Rüstungsstaatssekretär berufen wurde.[320] Generell übte die Beamtenschaft des Rüstungsbereichs Widerstand gegen Nachbesetzungen von zivilen Dienstposten auf der Ministeriums- und Ämterebene aus, für die aktive oder ehemalige Angehörige der Streitkräfte in Betracht gezogen wurden. Deutlich wurde dies 1993/94 im Zuge der Neuorganisation des Rüstungsbereichs, als der Dienstposten des Präsidenten des BWB, das langfristig zum militärisch-zivilen Ausrüstungsamt firmieren sollte, mit einem Soldaten besetzt werden sollte. Dass die höhere Beamtenschaft des Rüstungsbereichs sich gegen die geplante Personalmaßnahme erfolgreich widersetzte und die eigene Domäne gegen die Militärs behauptete, zeigte das Informationsblatt »Wehrdienst« mit Feststellung eines verbitterten Uniformträgers über die Hauptabteilung Rüstung und das BWB auf, wonach die zivile »›BMVg-Mafia [...] dies fest im Griff‹« habe.[321]

Unter Berücksichtigung der in den 1980er-Jahren begonnnenen und seit 1990 laufenden Neuordnung der Rüstungsaufgaben befand sich der Rüstungsbereich 1993/94 in einem ununterbrochenen aufbau- und ablauforganisatorischen Anpassungsprozess, der auf eine Effizienzoptimierung unter den sich verknappenden finanziellen und personellen Rahmenbedingungen abzielte. Im Verlauf dieses Prozesses, der 1994 andauerte, wurden die Einfluss- und Eingriffsmöglichkeiten des militärischen Bedarfsträgers im Rüstungsmanagement zugunsten des Bedarfsdeckers beschnitten. Parallel dazu änderte sich ab 1990 quantitativ und strukturell die materielle Bedarfslage. Sie stellte Bedarfsträger und Bedarfsdecker vor die Herausforderung, das breiter und aufwendiger werdende Ausrüstungsspektrum für eine sich im

---

318 Das von Schönbohm angestrebte Ausrüstungsamt, das administrative und militärische Strukturen auf der Durchführungsebene vereinigen sollte, wurde in seiner Amtszeit und darüber hinaus nicht realisiert. Im Zuge der seit 2011 laufenden Neuausrichtung der Bundeswehr wurde das Bundesamt für Wehrtechnik und Beschaffung in das Bundesamt für Ausrüstung, Informationstechnik und Nutzung der Bundeswehr (BAAINBw) umgewandelt. Dies ging einher mit der Übertragung von militärischen Nutzungsaufgaben und der Bildung von zivil-militärisch Integrierten Projektteams (IPT) für die Entwicklung und Beschaffung von Wehrmaterial im Entwicklungs- und Beschaffungsprozess Customer Product Management (novelliert). Durch die aufstellungsbedingte Implementierung von Streitkräfteelementen in das BAAINBw und eine hieraus resultierende integrierte militärisch-administrative Organisationsstruktur ist das BAAINBw als ein zivil-militärisches Ausrüstungsamt bezeichnet worden. Ob die heutige Struktur des BAAINBw Konzeptionen oder Ähnlichem im Zeitlauf 1992–1994 zur Bildung eines zivil-militärischen Ausrüstungsamtes entsprach, konnte im Rahmen dieser Arbeit nicht festgestellt werden. Vgl. ergänzend BMVg, Dresdner Erlass.

319 Vgl. Dem Rüstungsbereich. In: Wehrdienst 1270/1991 (21.5.1991), S. 1.

320 Vgl. Zivile Rüster. In: Wehrdienst 40/1993 (4.10.1993), S. 1.

321 Zivile Rüster. In: Wehrdienst 40/1993 (4.10.1993), S. 1.

Zustand der laufenden Umstrukturierung mit gleichzeitiger Anpassung an einen neuen Auftrag im erweiterten Aufgabenspektrum befindliche Truppe künftig mit weniger Personal und Finanzen zu planen und zu realisieren.

Die Rüstungsorganisation war im Jahr 1994 in Bezug auf die Rahmenbedingungen mit einer ähnlichen Problemlage konfrontiert, wie sie Anfang der 1980er-Jahre bestand. Auch wenn sich die Bedrohungslage seit 1990 im grundlegenden Wandel befand, so bildeten ein knapper Finanzrahmen, eine problematische Personaldecke und anpassungsbedürftige Strukturen die seit 1980 verstetigten Determinanten im Entwicklungsprozess der Rüstungsorganisation. Während in den 1980er-Jahren die Bedarfsdeckung mit einem stagnierenden Verteidigungshaushalt umgesetzt wurde, hatte sie ab 1991 unter einem Spardiktat zu erfolgen. Die politische Leitung versuchte sowohl in den 1980er- als auch in den beginnenden 1990er-Jahren, die Problemlage im Rüstungsbereich durch aufbau- und ablauforganisatorische Strukturmaßnahmen zu beheben, die auf Kostenbegrenzungen und Risikominimierung abzielten. Ob dabei die eingeleiteten Maßnahmen so effizient griffen, wie es sich die politische Leitung zum Ziel gesetzt hatte, darf bezweifelt werden. Denn eine stetige Diskrepanz von Auftrag und Mittel führte dazu, dass die politische Leitung den Bedarfsträger und Bedarfsdecker einem ständigen finanzorientierten Umstrukturierungsprozess unterwarf, ohne dass eingenommene Strukturen der Aufbau- und Ablauforganisation nachhaltig greifen konnten. Zwar wurden Effizienzansätze im EBMat verfolgt, die Kosten und Zeiten reduzieren sollten, doch wurden dadurch erneut Doppelarbeiten generiert, die nicht nur aus dem eigentlichen Rüstungsmanagement resultierten, sondern auch durch das erforderliche Veränderungsmanagement, das auf die stetige Neuordnung der Rüstungsaufgaben abzielte. Es wurde hierbei der Ansatz verfolgt, Bedarfsträger und Bedarfsdecker auf der ministeriellen und durchführenden Ebene zusammenzulegen, doch hielt die politische Leitung an dem grundgesetzlichen Trennungsprinzip von militärischen und administrativen Bereichen in der Entwicklung und Beschaffung von Wehrmaterial fest, so dass Doppelstrukturen in der Rüstung weiterhin bestanden und sich fortentwicklen konnten.

4. Exkurs: NVA-Wehrmaterial – eine Beschaffungsalternative?

Mit dem Beitritt der DDR zur Bundesrepublik Deutschland am 3. Oktober 1990 übernahm die Bundeswehr neben dem Personal und der Infrastruktur den Materialbestand der NVA und den der ehemaligen bewaffneten Organe.[322] In die Materialverantwortung der Bundeswehr ging ›kampflos‹ das Kriegsgerät über, das bislang die wehrtechnische Ausprägung der Bedrohung aus dem Osten darstellte und an der sich die Ausrüstungsplanungen von Heer, Marine und Luftwaffe ori-

---

[322] Vgl. BMVg, Weißbuch 1994, S. 16–17. Zu den bewaffneten Organen der DDR zählten die Grenztruppen der DDR, das Ministerium für Staatssicherheit, die Deutsche Volkspolizei, inklusive der zur Volkspolizei gehörenden Feuerwehr, die Gesellschaft für Sport und Technik sowie die Betriebskampfgruppen.

entierten. Angesichts der an den Abschluss der KSE-Verhandlungen gekoppelten Streitkräftereduzierung der Bundeswehr warf der Militärjournalist Wolfgang Flume in Bezug auf das NVA-Material die Frage auf: »Warum noch sowjetische Waffensysteme übernehmen, wenn die Bundeswehr schon jetzt mehr Waffensysteme der gleichen Art im Einsatz hat, als sie nach den zukünftigen VKSE-Obergrenzen haben darf?«[323]

Ab dem 3. Oktober 1990 befand sich die Bundeswehr im Beitrittsgebiet in einem Aufstellungsprozess, dessen Abschluss auf das Jahresende 1994 abzielte. Dann sollte die Integration der Verbände und Großverbände in die TSK und integrierte Kommandostruktur der NATO erreicht sein. Daher galt für die im Beitrittsgebiet aufzustellenden Truppenteile planerisch die Ausrüstungsleitlinie, dass diese »mittel- und langfristig [...] mit bundeswehreigentümlichen [sic!] Wehrmaterial ausgestattet werden«.[324] Jedoch ließ der auf den bestehenden Strukturen der TSK basierende Materialbestand eine kurzfristige und ganzeinheitliche Bedarfsdeckung der aufzustellenden Verbände mit Bundeswehr-eigentümlicher Wehrtechnik nicht zu. Zur Ausrüstung der in den ›neuen‹ Ländern aufgestellten Truppenteile wurde als Übergangslösung der Ansatz verfolgt, dass diese zeitlich begrenzt NVA-Wehrmaterial nutzten, bis sie mit westdeutschem Wehrmaterial ausgerüstet werden konnten, das a) im Zuge des Reduzierungsprozesses freigesetzt wurde bzw. b) sich in der Entwicklung und Beschaffung befand.[325] Weiterhin bestand mit der Übernahme des NVA-Materials die Möglichkeit, dieses zur Schließung bestehender Ausrüstunglücken in den TSK deutschlandweit zu nutzen. Im November 1990 urteilte Generalmajor Friedrich Steinseifer, Stabsabteilungsleiter Logistik im Führungsstab des Heeres, dass »die Ausstattung der NVA [...] Material [enthält], welches für das Heer geeignet ist und z[um] T[eil] diesem] fehlt«.[326] Für Heer, Luftwaffe und Marine bot das 1990 in ihre Verantwortung übergegangene Material zunächst kurzfristig Handlungsmöglichkeiten, um einigungsbedingte Aufgaben, z.B. Lufttransport zwischen Bonn und Berlin, zu erfüllen und den Ausbildungs- und Übungsbetrieb im Beitrittsgebiet im Rahmen der Aufstellung aufrechtzuerhalten. Außerdem wurde geprüft, ob dieses Material in eine Langfristnutzung überführt werden konnte bzw. sollte.[327] Zusätzlich flossen mit Vorlauf ab November 1990 in den Verwertungsprozess des NVA-Wehrmaterials die Planung und Realisierung der Umsetzung der KSE-Reduzierungsverpflichtung der Bundesrepublik ein.[328]

Die Übernahme des NVA-Wehrmaterials erfolgte auf Grundlage der Trias von Erfassung, Beurteilung und Kategorisierung, an die sich die Verwertungsmaßnahmen zur Nutzung, entgeltliche oder unentgeltliche Abgabe oder Zerstörung und

---

[323]   Flume, Was geschieht mit dem NVA-Material?, S. 781.
[324]   Buhrmester, Das Erbe, S. 22. Vgl. Steinseifer, Streitkräfte, S. 76.
[325]   Vgl. Buhrmester, Das Erbe, S. 22.
[326]   Steinseifer, Streitkräfte, S. 76.
[327]   Vgl. Flume, Was geschieht mit dem NVA-Material?, S. 782 f.; Heckmann, »Das Team Luftwaffe vor neuen Herausforderungen«, S. 21; Heckmann, »Eine Flotte«, S. 28 f.
[328]   Vgl. BMVg, Weißbuch 1994, S. 17, 75 f.

Entsorgung des Materials anschlossen.[329] Aufbauend auf einer Vorplanung erfolgten ab Ende August 1990 mit der Entsendung von Vorkommandos in die DDR, in Abstimmung mit den Dienststellen des Rüstungsbereiches, die Erfassung und Priorisierung des NVA-Materials.[330] Unmittelbar nach dem 3. Oktober 1990 wurde die erfasste Ausrüstung nach festgelegten Kriterien im Rahmen des Übernahmeprozesses untersucht und beurteilt, »bevor die Entscheidung« zur weiteren Nutzung in den TSK getroffen wurde.[331] Hierzu erteilten die TSK-Führungsstäbe an ihre nachgeordneten Ämterbereiche die Untersuchungsaufträge, die bereits definiertes Wehrmaterial umfassten, das »für eine Übernahme infrage kommen könnte«.[332] Für das Heer war dies das Heeresamt, das vom Führungsstab des Heeres den Auftrag erhielt, ca. »1600 Waffen, Fahrzeuge und Geräte unverzüglich« zu untersuchen.[333] Der Zeitdruck resultierte aus dem anstehenden Abschluss der KSE-Verhandlungen und der sich hieran unter zeitlichen Auflagen umzusetzenden Abrüstungsverpflichtung, an die zugleich die im Zwei-plus-Vier-Vertrag festgelegte Streitkräftereduzierung gekoppelt war. Weiterhin spielten wirtschaftliche und ökologische Gesichtspunkte eine Rolle. Die Materialüberprüfung und -bewertung wurden in Zusammenarbeit zwischen den TSK, dem BWB sowie den Wehrtechnischen Dienststellen, angelehnt an die Phasen des EBMat, durchgeführt.[334] Ausgehend von der Möglichkeit zur temporären Eigenbedarfsdeckung wurde das NVA-Material laut Steinseifer (Stand November 1990) auf folgende militärische und wirtschaftlich-technische Kriterien zunächst im beschleunigten Verfahren überprüft:

»Es muß [in der einzunehmenden Struktur] ein Bedarf bestehen. Das Material muß logistisch versorgbar sein für einen längeren Zeitraum, ohne Abhängigkeiten zu schaffen. Es muß den bundesdeutschen Funktions- und Betriebssicherheitsbestimmungen sowie den Umweltschutzauflagen entsprechen oder diesen ohne großen Aufwand angepaßt werden können. Die Nutzung muß betriebswirtschaftlich sinnvoll sein. Eine Kosten-/ Nutzen-Analyse [sic!] ist in jedem Fall erforderlich. Daneben ist mit zu untersuchen, welche Auswirkungen die Übernahme von NVA-Material auf den Ausbildungsbedarf an Schulen und auf die Ausbildung des Instandsetzungspersonals hat«.[335]

Resultierend aus den in der Prüfung erfüllten bzw. nicht erfüllten Kriterien wurde das Material mit Stand November 1990 in drei Nutzungskategorien aufgeschlüsselt:

---

[329] Vgl. Bericht der Bundesregierung über [...] Verwertung des überschüssigen Materials der ehemaligen NVA vom 30. Juli 1997 (Auszug) [Dok. 96], S. 526.

[330] Vgl. ebd. sowie Steinseifer, Streitkräfte, S. 73, 76.

[331] Vgl. Steinseifer, Streitkräfte, S. 78.

[332] Flume, Was geschieht mit dem NVA-Material?, S. 782.

[333] Buhrmester, Das Erbe, S. 22.

[334] Vgl. Gläser, Jahresrückblick 1990. In: WT 1/1991, S. 13; Steinseifer, Streitkräfte, S. 78; Neue Aufgaben des BWB und seiner Dienststellen, WT 1/1991, S. 14−15, hier S. 14.

[335] Steinseifer, Streitkräfte, S. 78. Vgl. Buhrmester, Das Erbe, S. 22. Den Abschluss der Überprüfungen bildeten die Erklärung Funktionsbereitschaft und Betriebssicherheit, die Konstruktionsstanderfassung, Erklärung zur Versorgbarkeit, Erklärung zur Truppen-Verwendbarkeit und das Abschlussdokument, die Einführungsgenehmigung. Vgl. Neue Aufgaben des BWB und seiner Dienststellen. In: WT 1/1991, S. 14−15, hier S. 14.

- Kategorie I: »Material, das auf Dauer oder zeitlich befristet in die Nutzung übernommen wird«,[336]
- Kategorie II: vorübergehend zu nutzendes Material, »über dessen eventuelle künftige Verwendung erst nach weiterer Bestandsaufnahme/Bewertung zu entscheiden ist«,[337] und
- Kategorie III: von der Nutzung »ausgeschlossenes« Material, das auszusondern und zu verwerten ist.[338]

Ausgehend von den festgelegten Nutzungskriterien, der Bedarfslage, dem sicherheitspolitischen Umfeld und den militärischen Erfordernissen der Nachrichtengewinnung und Aufklärung wurden ab Oktober 1990 mit Vorrang KSE-relevante Waffensysteme, z.B. Kampf- und Schützenpanzer, Artillerie- und fliegende Systeme sowie Kampfmittel im Schnellverfahren untersucht.[339] Hieran schlossen sich gleichzeitig bzw. zeitlich gestaffelt Untersuchungen über weiteres Großgerät (z.B. Rad- und Bergefahrzeuge), Waffen, Kampf-, Führungs- und Aufklärungsmittel und Quartier-/Feldzeugmaterial (z.B. Container, Ferngläser, Feldküchen und Zelte) sowie Langzeituntersuchungen des in die Kategorien I oder II eingeordneten Wehrmaterials an.[340] Diese Untersuchungen umfassten Stärke- und Schwächenanalysen, aus denen Schlüsse über die Leistungsfähigkeit der Wehrtechnik und ableitend operativ-taktische sowie ökonomische Folgerungen über damit ausgestattete Truppenteile im ehemaligen Ostblock oder in Krisengebieten gezogen werden konnten.[341] Das bekannteste Beispiel sind hierfür die übernommen MiG-29 und ihre Besatzungen, die in Luftkampftests und -übungen eingesetzt wurden, die die Luftstreitkräfte der USA, des Vereinigten Königreichs und Frankreichs zur Vorbereitung auf ihren Kampfeinsatz am Golf (1990/91) durchführten.[342]

Die Masse des untersuchten Materials, ca. 80 %, wurde im Zeitlauf des vierten Quartals 1990 bis dritten Quartals 1991 der Kategorie III zugeordnet, da dieses nicht den Betriebs- und Sicherheitsbestimmungen der Bundeswehr entsprach, taktisch-technische Mängel und eine Ineffizienz im Betrieb aufwies.[343] Hervorzuheben ist, dass aus dem attestierten Negativergebnis, das besonders das Großgerät betraf, die militärischen und administrativ-technischen Entscheidungsträger der Bundeswehr nicht die Schlussfolgerung zogen, dass es sich hierbei um inadäquates Wehrmaterial handelte.[344] Vielmehr besaß die NVA eine leistungsfähige Ausrüstung, die in ihrer wehrtechnischen Qualität und ihrer zugrunde liegenden Kriegsdoktrin, laut Elmar Göbel (Vizepräsident Technik des BWB, 1991) »konsequent auf Angriff ausgelegt« war, so dass »Gesichtspunkte wie technische Sicherheit für das eigene Personal [...] nur eine

---

336 Steinseifer, Streitkräfte, S. 76. Vgl. Buhrmester, Das Erbe, S. 22; Volmerig, Die materiellen Hinterlassenschaften, S. VI.
337 Steinseifer, Streitkräfte, S. 76.
338 Vgl. Buhrmester, Das Erbe, S. 22.
339 Vgl. Kopenhagen, Der modifizierte Schützenpanzerwagen, S. 564.
340 Vgl. Volmerig, Die materiellen Hinterlassenschaften, S. VI; Steinseifer, Streitkräfte, S. 76–78.
341 Vgl. exemplarisch Opel, Die MiG 29, S. 49–51.
342 Vgl. Aussage GM a.D. Gunter Lange. In: Armee ohne Zukunft, S. 239.
343 Vgl. Volmerig, Die materiellen Hinterlassenschaften, S. VI; Buhrmester, Das Erbe, S. 22.
344 Vgl. Buhrmester, Das Erbe, S. 22.

untergeordnete Rolle« spielten.[345] So war der Kranpanzer T-55TK, dessen Nutzung das Heer beabsichtigte, nach bundesdeutscher Expertenmeinung ein »›Monstrum an Personengefährdung und Umweltschädlichkeit‹«, das in seiner Bauart folgende Mängel aufwies: »keine Trennung von Kraftstoffbehältern und Kampfraum, [...] es besteht eine Verletzungsgefahr an Kopf und Hals für Kommandant und Fahrer, wenn der Panzer ruckartige Bewegungen macht [, und] das Fahrzeug hat einen Ölverbrauch von bis zu 12 Litern pro Stunde«.[346] Übernommene Artilleriesysteme und Waffen wurden, obwohl diese für Ausbildung und Übung zu gebrauchen waren,[347] bis auf Ausnahmen nicht in die Nutzung überführt, da deren Munition bzw. Munitionsteile als gesundheitsgefährdend beurteilt wurden.[348]

Da das Material der Kategorie III von der Nutzung in der Bundeswehr ausgeschlossen wurde, erfolgte dessen Überführung in die Verwertung. Das KSE-relevante Wehrmaterial wurde in den Abrüstungsprozess eingesteuert, so dass die Bundesrepublik den Großteil ihrer KSE-Abrüstungsverpflichtung erfüllte, indem sie die von der NVA übernommenen Waffensysteme, z.B. die Kampfpanzer T-72 und T-55, die Flugzeuge MiG-23 und Kriegsschiffe, vernichtete.[349] Ebenfalls vernichtet wurden nicht nutzbare Munition, gefährliche Güter, Betriebsstoffe und als Verschlusssache eingestuftes Material.

Nicht KSE-relevantes oder überschüssiges Material wurde auf Grundlage eines Verwertungskonzepts, das auf der Bundeshaushaltsordnung und weiteren gesetzlichen Auflagen (z.B. Waffen-, Kriegswaffenkontrollgesetz, Auswirtschaftsvorschriften) basierte, verwertet. Dies umfasste priorisiert eine Materialabgabe an andere Ressorts des Bundes für deren Eigenbedarfsdeckung, die »unentgeltliche Abgaben an Gebietskörperschaften« und [...] Organisationen zur Unterstützung des Aufbaus in den neuen Bundesländern« und den Verkauf oder die unentgeltliche Abgabe an andere Regierungen. Hierunter fielen die Materialabgaben, die im Rahmen der NATO-Rüstungshilfe an Bündnispartner erfolgten.[350] Zudem erhielten die USA und die von ihr am Golf geführten Koalitionsstreitkräfte (im Schwerpunkt das Vereinigte Königreich, Frankreich und Saudi-Arabien) kostenlose Materiallieferungen. Im Gegensatz zu den bündnisgebundenen Rüstungshilfen, die die Lieferungen von NVA-Kampfmitteln beinhalteten, wurde den Koalitionsstreitkräften aus der übernomme-

---

345 Göbel, Künftige Ausrüstung, S. 25.
346 Ebd.
347 Vgl. Flume, Was geschieht mit dem NVA-Material?, S. 782; Steinseifer, Streitkräfte, S. 78.
348 Vgl. Göbel, Künftige Ausrüstung, S. 25.
349 Vgl. BMVg, Weißbuch 1994, S. 75–76.
350 Die Rüstungshilfe unterteilte sich gemäß Budgetierung im Bundeshaushalt, Anlass, Umfang und Zeitbezug in Verteidigungshilfe, Rüstungssonderhilfe und Materialhilfe. Es handelte sich hierbei um eine Überlassung von überschüssigem Bundeswehr- und NVA-eigentümlichem Wehrmaterial, das an Griechenland, Portugal und die Türkei bis Mitte der 1990er-Jahre geliefert wurde. Die Rüstungshilfe diente zur materiellen Verbesserung ihrer Verteidigungsfähigkeit im Bündnis, da deren Haushaltslage eine angemessene materielle Ausrüstung nicht zuließ. Vgl. Bode, Rüstung, S. 16–18; Erbe, NATO-Rüstungshilfe, S. 50 f. Bereits im Jahr 1991 wurde der Versuch einer als Landmaschinen deklarierten Lieferung von NVA-Wehrmaterial an Israel bekannt. Inwieweit die Probleme der offiziellen und inoffiziellen Rüstungshilfen mit der Umstrukturierung des administrativen Rüstungsbereichs zusammenhingen, konnte im Rahmen dieser Arbeit nicht geklärt werden.

nen NVA-Ausrüstung Material zur ABC-Abwehr, Quartier- und Feldzeugmaterial geliefert, z.B. Wasserkanister, Lastkraftwagen, Auflieger und Zelte.[351]

Weiterhin wurde Material der Kategorie III kostenlos an »Drittweltstaaten zum Aufbau für Streitkräfte und Polizei in der politischen und finanziellen Zuständigkeit des Auswärtigen Amtes« durch das Verteidigungsministerium übergeben.[352] Ebenfalls erfolgte eine unentgeltliche Materialabgabe »an von der Bundesregierung anerkannte Hilfsorganisationen (DRK, DLRG) und an andere Hilfsorganisationen im Rahmen der humanitären Hilfe, soweit ein ›dringendes Interesse‹ gemäß Bundeshaushaltsordnung gegeben ist«.[353] Hierunter fiel beispielsweise die Abgabe von Lastkraftwagen an die Sowjetunion als Beitrag zur Behebung der dortigen desolaten Versorgungslage. Bestand keine Möglichkeit, das Material über die oben aufgeführten Verwertungsalternativen zu verwerten, wurde das Material, das noch »Erlöse erwarten« ließ, über die bundeseigene Verwertungsgesellschaft, die VEBEG (früher Verwertungsgesellschaft für Besatzungsgüter), oder andere Verwertungsunternehmen nach einer Überprüfung und Demilitarisierung dem Markt angeboten.[354] Die Angebotspalette reichte hierbei von Radfahrzeugen über Uniformteile bis hin zu Jagd- und Sportwaffen sowie sonstigen von der NVA genutzten Ausrüstungsteilen.[355] Das restliche Material, das sich nicht verwerten ließ, wurde vernichtet.

Das auf Grundlage der Prüfungen den Kategorien I und II zugeordnete Wehrmaterial umfasste Waffensysteme und Fahrzeuge, die zunächst für die Ausbildung, Übung und den Vollzug von hoheitlichen Aufgaben, z.B. dem Air Policing, im Beitrittsgebiet benötigt wurden.[356] Unter anderem nutzten die TSK die Sturmgewehre AK-47 und AK-74, die Pistole Makarow, den Kampf-/Transporthubschrauber Mi-8, den Kampfhubschrauber Mi-24 und den Schützenpanzer BMP-1 sowie verschiedene Muster von Transportflugzeugen und das Jagdflugzeug MiG-29.[357] Basierend auf den Ergebnissen der im Schnellverfahren durchgeführten Prüfungen erfolgte bis zum Abschluss der konzeptionellen und wirtschaftlich-technischen Langzeituntersuchungen zunächst eine vorläufige Nutzung von Wehrmaterial der Kategorien I und II, die mit an die laufenden Strukturplanungen der TSK und an die Haushaltentwicklung gekoppelt war. Bis zur endgültigen Entscheidung, ob das genutzte NVA-Material lang- oder mittelfristig weiterverwendet wird, erfolgte dazu in Abstimmung zwischen den Bedarfsträgern und Bedarfsdeckern eine technische Anpassung der Ausrüstung, die zu einem vorläufigen Ausrüstungsmix in den TSK führte, um bestehende Ausrüstungs- und Fähigkeitslücken im Beitrittsgebiet

---

[351] Vgl. Beeger/Humm, Rolle und Beitrag Deutschlands, S. 319–321, 551–552; Aussage Generalleutnant a.D. Werner von Scheven. In: Armee ohne Zukunft, S. 232.

[352] Volmerig, Die materiellen Hinterlassenschaften, S. XI. Die Lieferungen bzw. beabsichtigten Lieferungen waren zum Teil umstritten, wie sich am Beispiel Indonesien zeigte, das sich für das Schifffahrtsgerät der NVA interessierte.

[353] Ebd.

[354] Zum Beispiel die Firma Verwertungsgesellschaft militärischer Ausrüstungsgüter (Vemig mbH). Vgl. Thomsen, Armee im Schlußverkauf; Volmerig, Die materiellen Hinterlassenschaften, S. XI.

[355] Vgl. Volmerig, Die materiellen Hinterlassenschaften, S. XV.

[356] Vgl. Aussagen Generalleutnant a.D. Werner von Scheven, Generalmajor a.D. Ekkehard Richter. In: Armee ohne Zukunft, S. 230, 269.

[357] Ebd. Volmerig, Die materiellen Hinterlassenschaften, S. X.

zu minimieren bzw. planerisch zu überbrücken. Während die Marine bereits frühzeitig NVA-Wehrtechnik wegen nachgewiesener wirtschaftlicher Ineffizienz aussson-
derte, verfolgte das Heer 1990/91 im Beitrittsgebiet einen pragmatischen Ansatz
zur Ausrüstung der in den aufgestellten Heimatschutzbrigaden eingegliederten
mechanisierten Kampf- und Kampfunterstützungsverbände. Mit Ausrichtung
auf die Planung zur Heeresstruktur 5, die die Umgliederung der dort aufgestellten Heimatschutzbrigaden in Panzergrenadierbrigaden umfasste,[358] wurde bis Ende
der 1990er-Jahre planerisch ein Mix aus Bundeswehr- und NVA-eigentümlichen
Waffensystemen in den Truppenteilen verfolgt. Die aufgestellten Panzer- und
Panzerartilleriebataillone wurden mit den Kampfpanzern »Leopard 1« und 2 sowie
der Panzerhaubitze M-109 G ausgerüstet, während die Panzergrenadierbataillone
mit dem modifizierten BMP-1A1 Ost ausgestattet wurden.[359] Die Nutzung dieses
Waffensystems wurde als Zwischenlösung bis zur Einführung des Schützenpanzers
»Marder 2« geplant und ab Oktober 1990 umgesetzt.[360] Taktisch und konzeptionell entsprach dieses Waffensystem, nach einem Vergleichstest mit dem übernommenen BTR-70, den Forderungen des Heeres. Jedoch musste der BMP-1 als ein
auf »Angriff optimiertes Waffensystem« auf die Erfordernissse der Bundeswehr um-
gerüstet werden, weil die festgestellten Sicherheitsmängel für die Besatzung eine
Gefährdung für Leib und Leben bildeten.[361] Für ca. 50 Mio. DM wurden unter
anderem der automatische Lader abgebaut, die Geschwindigkeit gedrosselt, die
Bremsanlage verbessert, der Einbau einer Heizung sowie Umlaborierungen der
Munition durchgeführt.[362] Doch bereits ab 1992/93 wurde der BMP-1A1 Ost im
Zuge der Umgliederung zur Heeresstruktur 5 bzw. Heeresstruktur 5 (N) aus der
Nutzung der aktiven Verbände ausgephast und durch freigesetzte Schützenpanzer
»Marder 1A3« aus den aufgelösten Panzergrenadierbataillonen West ersetzt.[363] Eine
geplante Ausstattung der Panzergrenadiere mit dem Schützenpanzer »Marder 2« er-
folgte wegen der zu vollziehenden Einsparungen im Verteidigungshaushalt nicht.[364]
Weiterhin wurden Ende 1991 die genutzten Handfeuerwaffen der Typen AK-47,
AK-74 und die Pistole Makarow wegen Sicherheitsmängel und der schadstoffbe-
lasteten Munition ausgesondert.[365] Die ab 1992/93 eingeleitete Ausphasung der genutzten NVA-Kampfmittel im Heer hatte zugleich den positiven Effekt, dass die
›neuen‹ Truppenteile mit Bundeswehr-eigentümlichen Waffensystemen ausgerüstet
wurden, was wiederum die Logistik entlastete. Auf Grundlage eines einheitlichen

---

358 Vgl. BMVg, Strukturen Heer, S. 39 f.
359 Vgl. Kopenhagen, Der modifizierte Schützenpanzerwagen, S. 564; Göbel, Künftige Ausrüstung,
     S. 25. BMP steht für Boevaja Mašina Pehoty (= Gefechtsfahrzeug der Infanterie).
360 Vgl. Heckmann, Heer übernahm BMP-1, S. 54 f.; Steinseifer, Streitkräfte, S. 78.
361 Vgl. Göbel, Künftige Ausrüstung, S. 25.
362 Vgl. BT-Drs. 12/5650: Unterrichtung Bundesrechnungshof 1993, S. 83 f.; Kopenhagen, Der
     modifizierte Schützenpanzerwagen, S. 564; Göbel, Künftige Ausrüstung, S. 25; Heckmann, Heer
     übernahm BMP-1, S. 54 f.
363 Vgl. Volmerig, Die materiellen Hinterlassenschaften, S. X; Der BMP 1A1 Ost. BT-Drs. 12/5650:
     Unterrichtung Bundesrechnungshof 1993, S. 83 f.
364 Vgl. Heckmann, Die Neuausrichtung, S. 5 f.
365 Vgl. Buhrmester, Das Erbe, S. 22; Göbel, Künftige Ausrüstung, S. 25.

Ausrüstungsstandes war es planerisch möglich, die bestehenden Fähigkeits- und Ausrüstungslücken synchron zu schließen.

Zur Überbrückung von bestehenden Fähigkeits- und Ausrüstungslücken in den Aufgabenbereichen Luftverteidigung und Luftbeweglichkeit/Luftmechanisierung im Beitrittsgebiet stützten sich Luftwaffe und Heer übergangsweise auf die fliegenden Systeme MiG-29, Mi-8 und Mi-24 ab. Beide TSK verfügten damit ab 1990 über wirksame Waffensysteme des ehemaligen Gegners, deren operationelle Fähigkeiten und Leistungsparameter im westlichen Bündnis anerkannt waren.[366] Zum Zeitpunkt der Übernahme galt die MiG-29 als Jagdflugzeug der dritten Generation dem in der Luftwaffe eingesetzten Jagdflugzeug F-4 »Phantom« als »haushoch überlegen«,[367] während das Heer über kein wehrtechnisches Äquivalent zum Waffensystem Mi-24 verfügte. Im Gegensatz zum mehrrollenfähigen Kampfhubschrauber Mi-24, der für die Einsatzaufgaben Panzerabwehr, Feuerunterstützung und Transport konzipiert wurde, verfügte das Heer mit dem PAH-1 lediglich über einen Hubschrauber zur Panzerabwehr, der nur für diese Aufgabe eingesetzt werden konnte. Die von Luftwaffe und Heer zur Lösung von operativ-taktischen Problemen und zur Weiterentwicklung für die Fähigkeiten Luftmechanisierung/Luftbeweglichkeit und Luftverteidigung in den 1980er-Jahren eingeplanten Systemvorhaben Jäger 90, PAH-2, NH-90 und BSH-1 befanden sich 1990/91 in der Definitions- bzw. Entwicklungsphase.[368] Bis zur Einführung der eingeplanten Systeme waren die TSK mit einer Fähigkeits- und Ausrüstungslücke konfrontiert, die kurz- bis mittelfristig zu überbrücken waren. Auch wenn die Systeme MiG-29, Mi-24 und Mi-8 aufgrund ihrer betrieblichen Ineffizienz und originären konzeptionellen Einsatzausrichtung nicht den operativ-taktischen Forderungen und technisch-wirtschaftlichen Zielsetzungen der Bundeswehr entsprachen,[369] boten sie aufgrund ihres anerkannten Leistungsvermögens die Möglichkeit, sie bis zur geplanten Einführung der Systeme NH-90, PAH-2 und Jäger 90 als Brückenlösungen weiter zu verwenden.

Von 1990 bis zum Frühjahr 1992 wurden die übernommenen fliegenden NVA-Systeme, parallel zu ihrer vorläufigen Verwendung, umfangreichen Einsatz- und Betriebsprüfungen, einschließlich Bedarfs- und Kosten-Nutzen-Analysen, unterzogen und auf eine künftige Nutzung im Heer und in der Luftwaffe in Zusammenarbeit mit der Wehrtechnischen Dienststelle für Luftfahrzeuge und Luftfahrtgerät der Bundeswehr (WTD 61) nach wirtschaftlichen und konzeptionellen Gesichtspunkten beurteilt. Die Entscheidungsgewalt über die Nutzung bzw. Nichtnutzung der NVA-Systeme lag nach Abstimmung zwischen dem Bedarfsträger und Bedarfsdecker letztlich beim Verteidigungsminister. Bereits am 25. Juli 1991 entschied Minister Stoltenberg, dass die MiG-29 wegen ihrer Leistungsfähigkeit, Robustheit und geringen Störanfälligkeit bis zur Einführung des Jäger 90 zu nutzen

---

[366] Exemplarisch vgl. Luftüberlegenheit: die MiG-29 und ihre Ableitungen. In: WT 8/1993, S. 30−35.
[367] Strauch, Ein Auslaufmodell.
[368] Vgl. Ziebinger, Hubschrauberprogramme, S. 39−41, sowie Übersicht MBB Portfolio des Hubschrauberprogramms. In: WT 4/1990, S. 66−71; Programme der deutschen Luftfahrtindustrie. In: WT 4/1990, S. 38−41.
[369] Vgl. Kampfhubschrauber Mi-24 HIND, S. 16; Flume, Was geschieht mit dem NVA-Material?, S. 782.

ist.[370] Die Hauptaufgabe des übernommenen »Russen-Fliegers« beinhaltete im Rahmen der integrierten NATO-Luftverteidigung die militärische Luftraumüberwachung und den Luftraumschutz der Bundesrepublik.[371] Für die Nutzung dieses leistungsfähigen, robusten Jagdflugzeuges im Rahmen dieser Einsatzaufgabe wurden unter Inkaufnahme von logistischen und betrieblichen Nachteilen sowie kostenintensiven Aufwendungen die übernommenen 24 Maschinen auf NATO- und internationale Luftfahrtstandards umgerüstet und zertifiziert.[372]

Obwohl die WTD 61 den Hubschraubersystemen Mi-24 und Mi-8 auch eine hohe Robustheit und niedrige Störanfälligkeit testierte, entschied Stoltenbergs Nachfolger Rühe am 25. Mai 1992, die Hubschrauber nicht weiter zu nutzen.[373] Im parlamentarischen Nachgang zur Überprüfung des Vollzuges für das Haushaltsjahr 1992 wurde Rühes Entscheidung durch den Rechnungsprüfungsausschuss des Bundestages kritisiert. In Anbetracht des dem Spardiktat unterliegenden Verteidigungshaushalts und der damit verbundenen fortlaufenden Einschnitte im Materialinvestitionsbereich stützte sich der Ausschuss in seiner Kritik auf eine Wirtschaftlichkeitsprüfung des Bundesrechnungshofes, der aus betrieblichen Effizienzgründen die längerfristige Nutzung der beiden Hubschraubermuster empfahl.[374] Zur Generierung des in beiden Systemen taxierten finanziellen Einsparpotentials und des aus ihrer Mehrzweckauslegung zu erreichenden Fähigkeitsgewinns schlug der Bundesrechnungshof wegen der prekären Haushaltslage eine Aussonderung von Bundeswehr-eigentümlichen Hubschraubermustern vor. Demnach wurde empfohlen, dass die 92 Ausbildungs- und Verbindungshubschrauber des Heeres vom Typ »Alouette« zeitnah ausgesondert und die Nutzungsdauer der leichten Transporthubschrauber UH-1D nicht verlängert werden sollten.[375] Gestützt auf die Wirtschaftlichkeitsprüfung und Aussonderungsempfehlung des Bundesrechnungshofes sowie die steigenden Entwicklungskosten für den PAH-2 forderte der Rechnungsprüfungsausschuss von der politischen Leitung der Bundeswehr eine Stellungnahme zur Hubschrauberplanung, inklusive einer erneuten Überprüfung der Entscheidung zur Nichtnutzung der NVA-Systeme.[376] Im Vorfeld des im August 1993 dem Haushalts- und Verteidigungsausschuss zugeleiteten Berichts legte bereits im Juli die politische Leitung des BMVg, namentlich der Parlamentarische Staatssekretär Peter Wilz, die planerischen, konzeptionellen, technischen, logistischen und finanziellen Gründe für die Entscheidung zur Nichtnutzung der seit 1992 in der Ausphasung befindlichen Systeme dar.[377] Konzeptionell wurde der Mi-24 testiert, »daß mit der Einbindung der Mi-24 in das Heer eine Steigerung der Fähigkeit

---

[370] Vgl. Strauch, Ein Auslaufmodell; Russen-Flieger. In: Wehrdienst 01/02/94 (10.1.1994), S. 2–4, hier S. 2–3.

[371] Vgl. Russen-Flieger. In: Wehrdienst 01/02/94 (10.1.1994), S. 2–4, hier S. 2.

[372] Vgl. MiG-29 offiziell in Dienst gestellt. In: WT 7/1993, S. 28.

[373] Vgl. Kampfhubschrauber Mi-24 HIND, S. 16; Hubschrauber-Schelte. In: Wehrdienst 24/1993 (14.6.1993), S. 2–3, hier S. 3.

[374] Vgl. Hubschrauber-Schelte. In: Wehrdienst 24/93 (14.6.1993), S. 2–3, hier S. 3.

[375] Vgl. ebd.

[376] Vgl. Hubschrauber-Suche. In: Wehrdienst 37/93 (13.9.1993), S. 1.

[377] Vgl. Antwort des Parlamentarischen Staatssekretärs Bernd Wilz vom 12. Juli 1993. In: BT-Drs. 12/5650: Schriftliche Fragen mit den in der Woche vom 12. Juli 1993 eingegangenen Antworten

der Luftbeweglichkeit des Heeres erreichte werden könnte, auch wenn die Nutzung [... ein] taktisch-operatives Umdenken erfordert hätte und eine Neueinpassung in das System der luftbeweglichen Kräfte notwendig gewesen wäre«.[378] Doch nach den einbezogenen Kosten-Nutzung-Bewertungen wiesen die laufenden Hubschraubervorhaben NH-90 und PAH-2, der nach einer taktisch-technischen Neubewertung zum UHU »Tiger« für Kampf- und Aufklärungsaufgaben modifiziert wurde,[379] kalkulatorisch vorteilhaftere Effizienzwerte auf. Nach dem Planungsstand 1992/93 war vorgesehen, dass der Truppe ab 2002/2003 für ca. 16,94 Mrd. DM (Entwicklung und Beschaffung) 138 Einheiten des Systems »Tiger« (1989 noch 212 Einheiten) und 272 Einheiten NH-90 (für Heer, Marine und Luftwaffe) zugeführt werden sollten.[380] Daher verbot aus planerischer Sicht von Verteidigungsministerium und Bedarfsträger Heer die geringe Stückzahl von 49 Einheiten den »Einsatz der als ›Mehrzweckangriffshubschrauber‹ konzipierten Mi-24 anstelle bisher vorhandener oder geplanter Hubschrauber«.[381] Die von der Bundeswehr taxierten Ausgaben, die personellen, logistischen und strukturellen Aufwendungen zur Einsteuerung in die Heeresfliegertruppe sowie taktisch-technischen Defizite der verfügbaren 49 Mi-24 standen trotz der testierten Leistungsfähigkeit, Robustheit und Feuerkraft in keinem Kosten-Nutzen-Verhältnis zu den eingeplanten Bundeswehr-eigentümlichen Systemen. Im Gegensatz zu der Bewertung des Bundesrechnungshof war für die Bundeswehr deswegen eine längere Nutzung der NVA-Systeme in der Truppe nicht gerechtfertigt.[382] Für eine Nutzungsdauer von zehn Jahren kalkulierte die Bundeswehr für die 49 Mi-24 mit einem finanziellen Planungsvolumen von ca. 1 Mrd. DM, um deren hohe Betriebskosten und die Aufwendungen zur Anpassung an die Luftverkehrsvorschriften und das logistische System der Bundeswehr zu decken.[383] Zusätzliche und noch nicht eingeplante Kosten beinhalteten unter anderem:

– Modifikation der Waffen- und Feuerleitanlage sowie Munition/Lenkflugkörper, weil die NVA den Sowjets vor der Einheit den Waffensystemanteil der Mi-24, einschließlich der Lenkflugkörper zur Panzer- und Hubschrauberbekämpfung, zurückgab,

– Kampfwertsteigerung für den Nachteinsatz,

---

der Bundesregierung, S. 32–34, sowie Kampfhubschrauber Mi-24 HIND, S. 16; Hubschrauber an der Kette. In: Wehrdienst 06/94 (7.2.1994), S. 3.

[378] Antwort des Parlamentarischen Staatssekretärs Bernd Wilz vom 12. Juli 1993. In: BT-Drs. 12/5650: Schriftliche Fragen mit den in der Woche vom 12. Juli 1993 eingegangenen Antworten der Bundesregierung, S. 32–34, hier S. 32.

[379] Vgl. Heckmann, TIGER, S. 17 f.

[380] Vgl. Depos. GM a.D. Reichardt, Wehrmaterial Heer und Luftwaffe; Heckmann, Die Neuausrichtung, S. 5; Wiese, Mit deutschen Augen gesehen, S. 11.

[381] Antwort des Parlamentarischen Staatssekretärs Bernd Wilz vom 12. Juli 1993. In: BT-Drs. 12/5650: Schriftliche Fragen mit den in der Woche vom 12. Juli 1993 eingegangenen Antworten der Bundesregierung, S. 32–34, hier S. 32. Bei den 49 Systemen handelte es sich um 38 Maschinen des Musters Mi-24D und 11 des Musters Mi-24P.

[382] Zu den taktisch-technischen Defiziten des Systems Mi-24 zählten dessen mangelnde Eigenschaften für den Konturenflug oder dass zur Bekämpfung des Ziels ein direkter Sichtkontakt bestehen musste, so dass der Waffeneinsatz zur Exponierung aus der Deckung oder teilgedeckten Stellung zwang.

[383] Vgl. Kampfhubschrauber Mi-24 HIND.

– Aufbau und Einbindung der Ersatzteilversorgung in das logistische System der Bundeswehr, ohne von Ersatzteillieferungen aus Russland abhängig zu sein, und

– Kosten für die Ausphasung von in der Nutzung befindlichen bundeswehreigentümlichen Systemen sowie Aufwendungen für Ausbildung und Schulung des fliegerischen und technischen Personals.[384]

Zudem wurde eine fortgesetzte Nutzung oder Nachbeschaffungen der Mi-24 nicht weiter berücksichtigt, da die russischen Streitkräfte Nachfolgesysteme entwickelten, deren konzeptionelle und taktisch-technische Ausrichtungen denen westlicher Systeme entsprachen, z.B. dem AH-64 »Apache«.[385] Im Gegensatz zur Nichtnutzung der Mi-24 wurde die Mi-8 in der Bundeswehr aufgrund der verfügbaren Ersatzteile mittelfristig weiter eingesetzt.

Zeitgleich zur Kritik an der Entscheidung zur Nichtnutzung der östlichen Hubschraubersysteme wurde die militärpolitische Möglichkeit diskutiert, ob die Bundeswehr statt der laufenden kostenintensiven Luftrüstungsvorhaben doch alternativ marktverfügbare russische Systeme beschaffen sollte.[386] Diese Kritik zielte in Zeiten der knappen Kassen insbesondere auf den nun unter der Bezeichnung »Eurofighter 2000« in der Entwicklung befindlichen Jäger 90, den Rühe kippen wollte.[387] Denn die Entwicklung dieses Jagdflugzeugs band erhebliche Mittel des verfügbaren Planungsvolumens, was wiederum ab 1993 die Flexibilität der Rüstungsplanung einschränkte.[388] Obwohl in dieser Zeitphase Russland der Bundesregierung zur Schuldentilgung die Lieferung von modifizierten MiG-29-Maschinen anbot, wurden die Entwicklung und Beschaffung des europäischen Jagdflugzeugs aus bündnis- und wirtschaftspolitischen Interessen fortgesetzt.[389] In dieser von Kosten- und Wirtschaftsaspekten dominierten Diskussion wurde der planerische Aspekt marginalisiert, dass es sich bei dem übernommenen NVA-Material um Waffensysteme handelte, die trotz ihrer für die Gefechtsart Angriff attestierten Leistungsfähigkeit und Robustheit einen technischen Konstruktionsstand und ein Altersprofil erreicht hatten, die nicht den betrieblichen Effizienzkriterien der Bundeswehr entsprachen. Weiterhin verfügten die genutzten östlichen Systeme aus Sicht der Luftwaffe über kein längerfristiges Potential zur Kampfwertsteigerung, das das Waffensystem für künftige symmetrische Luftkampfszenarien befähigte.[390] Daher kam die MiG-29 nur als Übergangslösung und nicht als Langfristlösung in Betracht,[391] da z.B. die Avionik über ein begrenztes Potential zur Kampfwertsteigerung verfügte, was

---

[384] Vgl. Antwort des Parlamentarischen Staatssekretärs Bernd Wilz vom 12. Juli 1993. In: BT-Drs. 12/5650: Schriftliche Fragen mit den in der Woche vom 12. Juli 1993 eingegangenen Antworten der Bundesregierung, S. 32–34, hier S. 32.

[385] Vgl. Hubschrauber an der Kette. In: Wehrdienst 06/94 (7.2.1994), S. 3; Kampfhubschrauber Mi-24 HIND.

[386] Vgl. exemplarisch Opel, Die MiG 29, S. 51; Aussage Egon Bahr. In: Armee ohne Zukunft, S. 274. Karl, Die Bundesrepublik als integrationspolitischer Musterschüler?, S. 234–246.

[387] Vgl. Feldmeyer, Auf dem Feuerstuhl, S. 362.

[388] Vgl. BMVg, Weißbuch 1994, S. 105.

[389] Vgl. Russen-Flieger. In: Wehrdienst 32/94 (8.8.1994), S. 2–3, hier S. 2; Feldmeyer, Auf dem Feuerstuhl, S. 362.

[390] Vgl. Erbe, Über Erfahrungen mit der MiG 29, S. 12 f.

[391] Vgl. Russen-Flieger. In: Wehrdienst 32/94 (8.8.1994), S. 2–3, hier S. 3.

die Langfristnutzung von mehr als zwölf Jahren ausschloss.[392] Zudem galt es bei einer Weiterverwendung der NVA-Waffensysteme – wie auch für das veraltete Bundeswehr-eigentümliche Material – zu berücksichtigen, dass deren Nutzung die Entwicklung und Beschaffung neuer Systeme lediglich hinausschob. Denn mit Erreichen des Nutzungsdauerendes aus wirtschaftlichen, technischen oder operationellen Gründen mussten diese Waffensysteme durch neue ersetzt werden.[393] Dies erforderte folglich Maßnahmen zur zeit- und mengengerechten Einsteuerung von hochwertigen Nachfolgesysteme in die Rüstungsplanung, um Ausrüstungs- und Fähigkeitslücken zu vermeiden.

Bis auf die Nutzung der MiG-29 hatte die Bundeswehr die Verwertung des übernommenen NVA-Wehrmaterials bis 1995 abgeschlossen.[394] Im Schwerpunkt betraf dies Waffensysteme, Kampfmittel, Pionier-, Feldzeug- und Quartiermeistermaterial. Abgesehen von einigen Ausrüstungsartikeln, die für die Liegenschaftsnutzung und Ausbildungszwecke verwendet wurden bzw. werden, z.B. Bettwäsche oder Handfeuerwaffen für die Fremdwaffenausbildung der Spezial- und spezialisierten Kräfte, entledigte sich die Bundeswehr in Gänze des NVA-Materials.

Die Übernahme des NVA-Wehrtechnik bot der Bundeswehr die Möglichkeit zu Beschaffungsalternativen, doch entsprach das NVA-Material aus operationellen, ökonomischen und logistischen sowie Fürsorgegründen nicht der Ausrüstungsphilosophie der Bundeswehr. Aufgrund bestimmter Leistungsparameter in den Bereichen Mobilität und Wirkung nutzten die TSK jedoch einzelne Systeme, um Fähigkeits- und Ausrüstungslücken bis zum Jahr 2000 zu überbrücken. Längerfristige Nutzungen ließen sich wegen des sich verknappenden Verteidigungshaushalts nicht realisieren und zwangen zu einer zügigen Reduktion des übernommenen Materials, um damit gebundene Mittel in anderen Betriebs- oder Investitionsbereichen zu investieren. Weiterhin musste im Rahmen der eingegangenen Abrüstungsverpflichtungen ein Großteil des KSE-relevanten Materials in einem festgelegten Zeitfenster vernichtet werden. Trotz dieser ungünstigen Rahmenbedingungen wurde ausgewähltes Material in die kurz- bis mittelfristige Nutzung überführt und hierzu umgerüstet, was wiederum Mittel des knappen Planungsvolumens band. Als Ausrüstungsalternative zu den laufenden Bundeswehr-Rüstungsvorhaben konnte das ausgewählte NVA-Material nur bedingt genutzt werden, da es an die taktisch-technischen Forderungen der Streitkräfte angepasst werden musste. Zugleich war es zu dem Bundeswehr-eigentümlichen Wehrmaterial nicht kompatibel und für die hierauf ausgerichtete Weiterentwicklung für das gleichzeitige Schlagen an der Front und in der Tiefe im Systemverbund Aufklärung – Führung – Wirkung nicht geeignet. Die hierzu erforderlichen technischen Anpassungsmaßnahmen hätten in ihrer Gänze jedoch eines erhöhten logistischen, technischen, administrativen und personellen Aufwands des militärischen Bedarfsträgers und administrativ-technischen Bedarfsdeckers bedurft, den diese nach ihrer Bewertung personell und finanziell nicht leisten konnten, da bei zeitgleicher Neuordnung der Rüstungsaufgaben

---

[392] Vgl. Erbe, Über Erfahrungen mit der MiG 29, S. 12 f.
[393] Vgl. Hubschrauber-Suche. In: Wehrdienst 37/93 (13.9.1993), S. 1.
[394] Vgl. BMVg, Armee der Einheit, S. 11.

die laufenden Entwicklungs- und Beschaffungsvorhaben bereits Personal und Finanzmittel banden. Weiterhin ist zu berücksichtigen, dass das NVA-Wehrmaterial zum Zeitpunkt der Übernahme einen veralteten Konstruktionsstand und eine mangelhafte logistische Versorgbarkeit erreicht hatte, was eine bis bzw. über das Jahr 2000 hinausgehende Nutzung nur noch mit hohem Kostenaufwand realisierbar machte. Für die Streitkräfte stellte die Umrüstung des übernommenen NVA-Wehrmaterials zur Nutzung ein planerisches Risiko dar, da sich im Zeitlauf 1990 bis 1994 die finanziellen Rahmenbedingungen weiter verschlechterten. Herrschte 1990 noch die Notwendigkeit, die Ausrüstungslücken im Beitrittsgebiet mit NVA-Material zu decken, so wurden diesbezügliche Entscheidungen 1992 obsolet und gestrichen. Denn durch die ineinandergreifenden Wirkungszusammenhänge von Streitkräftereduzierung und Eingriffen in die Rüstungsplanung wurde Bundeswehr-eigentümliches Wehrmaterial freigesetzt, das für die Materialbedarfsdeckung im Beitrittsgebiet genutzt wurde. Dies hatte wiederum zur Folge, dass das vorher umgerüstete NVA-Wehrmaterial ausgesondert und verwertet werden musste, was zugleich auf die monetäre Kritik des Bundesrechnungshofs stieß, dem es diesbezüglich an militärisch-planerischen Kenntnissen mangelte. Daher sind die Kritiken des Bundesrechnungshofes zum genutzten NVA-Wehrmaterial in ihrer Gesamtheit widersprüchlich, da er die planerischen, konzeptionellen und operationellen Aspekte der Bedarfsträger bei sich laufend verknappenden finanziellen und personellen Planungsparametern nicht berücksichtigte. Trotz dieser planerischen Probleme griff die Bundeswehr zur Erfüllung der ersten Einsatzaufgaben außerhalb Zentraleuropas wegen der Verfügbarkeit in einigen Materialbereichen auf NVA-Material zurück, um die Truppe übergangsweise adäquat im Einsatzgebiet auszurüsten. Unter anderem wurden Unterkunftscontainer der NVA für die Unterbringung des Personals in der Türkei 1990/1991 temporär genutzt.[395]

Auch wenn in der späteren Einsatzrealität, insbesondere in Afghanistan, die Truppe auf Seiten der verbündeten oder zu unterstützenden Kräfte die Nutzung von östlichem Wehrmaterial erlebte,[396] das die Bundeswehr in den 1990er-Jahren kurzfristig selbst nutzte, bildete dieses in den Jahren nach der deutschen Wiedervereinigung keine langfristige Beschaffungsalternative zu den eingeplanten Bundeswehr-eigentümlichen Rüstungsvorhaben.

---

[395] Vgl. Richter, Die Luftwaffe, S. 23.
[396] Persönliche Bildunterlagen des Verfassers.

VI. Fazit

Im Jahr 1994 erreichte im Zuge des seit 1990 fortlaufenden Veränderungsprozesses der Bundeswehr deren Rüstungsplanung das Stadium einer kritischen Zwangslage, die General Naumann als planerisches Dilemma beurteilte. Der Prozess der Rüstungsplanung unterlag verschiedenen Zielkonflikten, die durch ihre simultanen Wechselbeziehungen und Abhängigkeiten von Rahmenbedingungen und Planungsfaktoren die materielle Weiterentwicklung der Bundeswehr erheblich erschwerten. Die seit der Einheit bis 1994 andauernden Haushaltsmittelkürzungen und ständigen Umstrukturierungen bei gleichzeitiger Neudefinition des Auftrags der Bundeswehr hemmten die Koordination von Maßnahmen, die Truppe voll umfänglich und zeitgerecht mit leistungsfähigem Wehrmaterial auszurüsten. Auch wenn von 1990 bis 1994 die Entspannung zwischen Ost und West in der Bundesrepublik für eine Ausschüttung der Friedensdividende sorgte, so erlaubten die Erosion des Warschauer Paktes (WP), die Herausbildung neuer Konfliktfelder und die sich hieraus entwickelnde diffuse Bedrohungs- und Risikolage keinen Stillstand in der Rüstungsplanung. Die Planungsarbeit wurde zudem dadurch gehemmt, dass es der Bundeswehr als Bündnisarmee von 1990 bis Ende 1991 an Vorgaben der NATO fehlte, da sich das Bündnis selbst neu aufstellen musste. Bis zum Abschluss der Struktur- und Strategierevision der NATO und den damit verbundenen Vorgaben und deren Einbeziehung in die verteidigungspolitische Ausrichtung der Bundesrepublik erfolgte in dieser Zeitphase die Ausrüstungsplanung der Bundeswehr unter einer erhöhten Planungsunsicherheit. Mit der Verabschiedung des neuen strategischen Konzepts der NATO im Dezember 1991 und den im Februar 1992 vom Bundeskabinett neu gefassten Verteidigungspolitischen Richtlinien wurde diese Phase beendet. Waren damit die Vorgaben für die Anpassung der Ausrüstungsplanung für eine auf das Bündnisgebiet erweiterte kollektive Landesverteidigung gegeben, standen jedoch der Generalinspekteur und die Inspekteure ab 1992 nun vor einem weiteren Planungsproblem. Dieses betraf die von der Politik angestrebte Beteiligung von deutschen Streitkräften an Einsätzen außerhalb des Bündnisgebietes. Hierfür waren seitens der militärischen Führung Maßnahmen zu treffen, ohne dabei politische Entscheidungen, die sich besonders auf einen Einsatz bewaffneter Kräfte zur Friedenserhaltung und -erzwingung bezogen, zu präjudizieren. Bis das Primat der Politik für die Out-of-area-Einsätze die hierfür erforderlichen Voraussetzungen geschaffen hatte, fehlte es an der Legitimation zur Planung, Entwicklung und Beschaffung von entsprechendem Wehrmaterial, auch wenn bereits Kräfte vor 1992 im Rahmen von humanitären Hilfseinsätzen außerhalb des Bündnisses eingesetzt wurden. Der Schwerpunkt der Ausrüstungsplanungen von Heer, Marine und Luftwaffe lag auf der Hauptaufgabe der erweiterten Landesverteidigung, die sich nun nicht mehr auf das deutsche Territorium und die NATO-Zentralregion beschränkte, sondern das gesamte Bündnisgebiet umfasste. Entsprechend den NATO-Vorgaben zur verminderten Vornepräsenz hatte die Bundeswehr ihre Streitkräfte in die Kräftekategorien Hauptverteidigungs- und Krisenreaktionskräfte zu strukturieren und adäquat auszurüsten. Dies erzwang ab 1992 eine konzeptionelle Neuausrichtung der Bundeswehr, die darauf abzielte, mit präsenten, aufwuchsfähigen Kräften flexibel und mobil gegen die multidimensionalen Risiken mit ihrem Konfliktpotenzial im Rahmen der Landes- und Bündnisverteidigung zu operieren. Das Erreichen des damit verbundenen Fähigkeitsprofils, das sowohl die Befähigung zur Krisenbeherrschung als auch zu Kriegshandlungen in den Dimensionen Land, Luft und See umfasste, erforderte eine Nachsteuerung in der Rüstungsplanung. Für den Kampfeinsatz gegen hochwertig ausgerüstete mechanisierte Angriffskräfte verfügten Heer, Marine und Luftwaffe mit dem auf dem Systemverbund Aufklärung – Führung – Wirkung ausgerichteten Waffenmix über ein Spektrum an Waffensystemen und Kampfmitteln, das sie zum Schlagen des Gegners befähigte. Damit bestand in den Streitkräften bereits eine adäquate Ausrüstung, um Kräfte gegen regulär operierenden Gegner bereitzuhalten. Jedoch mangelte es an einer Ausrüstung für den Einsatz gegen irreguläre Kräfte wie Partisanen, Terroristen oder Bürgerkriegsmilizen, die in verschiedenen Krisen- und Konfliktszenarien auf der Grundlage von Taktiken, Techniken und Verfahren der asymmetrischen Kriegführung operieren. Weiterhin fehlte es der Bundeswehr an den Fähigkeiten, mechanisierte und leichte Kräfte bis an und über die Peripherie des Bündnisgebietes einzusetzen, weil es an den erforderlichen materiellen Mitteln und Kapazitäten zur Verlegung, Führung, Unterbringung und Versorgung unter veränderten klimatischen und geographischen Bedingungen fehlte. Die Einsätze deutscher Land-, Luft- und Seestreitkräfte 1991 in der Türkei und im Mittelmeerraum zeigten diesbezüglich die Ausrüstungslücken und Fähigkeitsdefizite auf. Ausgerichtet an den Parametern Mobilität und Flexibilität wurde die Rüstungsplanung einer Revision unterzogen und priorisiert, um mit den verfügbaren Ressourcen und Kapazitäten die Truppe zur Krisenbefähigung unter Berücksichtigung des Modernitätserhalts zur Landesverteidigung auszurüsten. Der Schwerpunkt lag hierbei auf der Ausrüstung der Krisenreaktionskräfte, um eine Grundbefähigung für den Einsatz im Bündnisgebiet herzustellen. Zur Schließung der festgestellten Ausrüstungsdefizite wurde neben der Einplanung von erforderlichem Wehrmaterial für Einsatzunterstützung und weiträumigen Transport der Ansatz verfolgt, die ursprünglich für die Vorneverteidigung eingeplanten Waffensysteme und Kampfmittel durch Modifizierungen der Taktisch-Technischen Forderungen an die veränderten Fähigkeitsprofile anzupassen, z.B. die Auslegung des PAH-2 zum mehrrollenfähigen Unterstützungshubschrauber.

Der hierzu erforderliche Handlungsspielraum wurde durch die drastischen Haushaltseinschnitte ständig verkleinert, sodass die Absenkung des Planungsvolumens quantitative und zeitliche Folgewirkungen in der Entwicklung und Beschaffung von Wehrmaterial nach sich zog. Die seit 1991 vorgeplanten Plafondsabsenkungen und laufenden Ausgabeauflagen im Haushaltsvollzug erzeugten eine erneute Planungsunsicherheit. Denn die Finanzmittelkürzungen zwangen zu ständigen

Nachsteuerungen der geplanten Mengengerüste und Zeitlinien zur Ausrüstung der Truppe. Im Gegensatz zu dem knappen Finanzrahmen, der bereits Ende der 1980er-Jahre den Planungsspielraum für die materielle Weiterentwicklung einschränkte, sank das Planungsvolumen im Zeitlauf 1991 bis 1994 auf ein Niveau, das keine ganzheitliche Ausrüstungsplanung für die Krisenreaktions- und Hauptverteidigungskräfte mehr zuließ, sodass Teile von Heer, Marine und Luftwaffe nicht mehr modern zu halten waren. Dies betraf in Folge selbst die Ausplanung der Krisenreaktionskräfte, da mit dem fortlaufend schrumpfenden Finanzrahmen selbst deren Materialbedarf nicht voll umfänglich gedeckt werden konnte. Zudem wurde die Flexibilität des Planungsspielraums weiterhin durch die Bindungswirkungen der fortgeschriebenen, neu zu modifizierenden eingeplanten Waffensystemvorhaben nachhaltig verengt, da deren Kosten erhebliche Anteile im Planungsvolumen banden. Für Heer, Marine und Luftwaffe stellten die Kosten- und Entwicklungswagnisse der eingeplanten komplexen Waffensystemvorhaben ein Planungsrisiko dar. Denn die bei technisch-wirtschaftlich Problemen eintretenden außerplanmäßigen Kostensteigerungen hatten mit ihren einhergehenden entwicklungsbedingten Verzögerungen zeitliche und mengenmäßige Verdrängungseffekte auf andere Rüstungsvorhaben innerhalb und zwischen den TSK zur Folge. Eine zusätzliche Belastung für das knappe Planungsvolumen stellte zudem der kurzfristig zu deckende Materialbedarf für die Out-of-area-Einsätze dar, die ab 1993 über die Budgetanteile von Heer, Marine und Luftwaffe zu leisten waren.

Um eine Grundbefähigung für die angestrebte Krisenreaktion und Out-of-Area-Einsätze zu erreichen, standen Inspekteure und Generalinspekteur in der Rüstungsplanung wegen der planerischen Zielkonflikte vor dem Dilemma, mittels der Eingriffe des Sparens, Streckens, Umschichtens und Streichens so zu planen, dass trotz gleichzeitiger Umstrukturierung und Aufstellung im Beitrittsgebiet die Einsatzbefähigung zur direkten Abwehr gegen einen Angreifer im Rahmen der Landesverteidigung erhalten blieb. Damit sollte Vorsorge getroffen werden, um auf die Eventualitäten des in dieser Zeitphase an Deutschland ostwärts grenzenden Sicherheitsvakuums reagieren zu können, das aus dem Rückzug der sowjetischen Streitkräfte und den Renationalisierungsprozessen der nichtsowjetischen Mitgliedsstaaten des aufgelösten WP und Nationalstaatsbildungen der zerfallenden Sowjetunion resultierte. Für das gegen einen Feind, der das eigene Territorium unmittelbar bedroht, zu führende Gefecht der verbundenen Waffen waren Heer, Marine und Luftwaffe weiterhin mit einem optimierten Waffenmix auszurüsten, der sie unter den Voraussetzungen der erforderlichen Hochtechnologie zum gleichzeitigen Schlagen an der Front und in der Tiefe des Raums befähigte. Aufgrund des knappen Planungsvolumens konnten bestehende bzw. sich abzeichnende Ausrüstungs- und Fähigkeitslücken jedoch nicht vollumfänglich geschlossen werden. Bis die erforderlichen Mittel für die Zuführung neuer Waffensysteme und Kampfmittel der Rüstungsplanung zur Verfügung standen, blieben die Lücken und Mängel unter Inkaufnahme von als gering eingestuften Bedrohungsrisiken bestehen oder wurden nach Möglichkeit mittels Kampfwertsteigerungen/-erhaltungen überbrückt. Bei der prekären Haushaltslage führte dies zu ständigen Überprüfungen und Bewertungen

der eingeplanten Rüstungsvorhaben, sodass eine angestrebte konzeptionelle Einheit
von Krisenreaktions- und Hauptverteidigungskräften in der Ausrüstungsplanung
langfristig nicht mehr umzusetzen war.

Neben den tiefgreifenden Einschnitten im Verteidigungsbudget wurden die
Ausrüstungsplanungen von Heer, Marine und Luftwaffe durch die seit Ende der
1980er-Jahre andauernde Reorganisation des Rüstungsbereichs zusätzlich erschwert. Dies hatte den Effekt, dass die zivile Rüstungsorganisation, die bereits
mit personellen und strukturellen Kapazitätsproblemen konfrontiert wurde, mit
den sich verknappenden Finanzmitteln einen gestiegenen Ausrüstungsbedarf der
militärischen Bedarfsforderer zu decken hatte. Auch wenn Stückzahlen reduziert,
Vorhaben gestrichen oder gestreckt wurden, blieb der Aufwand zur Entwicklung
und Beschaffung der eingeplanten Vorhaben bei bestehenden Kapazitätsproblemen
gleich oder stieg sogar an. An die im Zwei-plus-Vier-Vertrag festgelegte Streitkräftereduzierung auf 370 000 Soldaten, die dann letztlich 340 000 Soldaten umfasste, war die Personalreduzierung der Bundeswehrverwaltung gekoppelt, deren
Personalbestand auf 160 000 Angehörige verkleinert werden musste. Gemäß der
Zielstärke schrumpfte der Personalbestand des Rüstungsbereichs von fast 19 700
auf rund 13 000, so dass noch weniger Personal zur Bedarfsdeckung einsetzbar
war. Dementsprechend galt es, Personal priorisiert so einzusetzen, dass bei gleichzeitigen Umgliederungen Verzögerungen bei der Auftragsbewältigung weitgehendst
minimiert werden konnten. Dass dies gelang, zeigte beispielsweise die kurzfristige Bedarfsdeckung für die Ausrüstung des Einsatzes in Somalia. Dagegen wiesen
die eingeplanten komplexen Waffensystemvorhaben Probleme in der Planung,
Entwicklung und Realisierung auf. Die entstanden Verzögerungen fußten nicht
nur auf den knappen Haushaltsmitteln, sondern auf den taktisch-technischen
Modifikationen, die die Inspekteure nachforderten, um diese technologischen
Schlüsselvorhaben an die Erfordernisse für die erweiterte Landesverteidigung anzupassen. So verlangten die Modifizierung des PAH-2 zum mehrrollenfähigen
Kampfunterstützungshubschrauber und weitere Waffensystemvorhaben fortlaufende
Überprüfungen des erreichten Konstruktionsstands, der an die komplexen taktisch-
technisch Neuforderungen definiert, angepasst und getestet werden musste, woraus
wiederum Nachverhandlungen mit der Rüstungsindustrie folgten. Damit verbundenen waren weitere Kostensteigerungen und zeitliche Verzögerungen, die sich mit
ihren rüstungsplanerischen Folgewirkungen nachteilig auf den Ausrüstungsprozess
und die Nutzung in der Truppe auswirkten.

Dass die Bundeswehr in der letzten Dekade des zwanzigsten Jahrhunderts mit
einem aus der Verknüpfung von konzeptionellen, strukturellen und finanziellen
Zielkonflikten hervorgegangenem planerischen Dilemma konfrontiert sein wird,
den Auftrag mit sinkenden verfügbaren Ressourcen zu erfüllen, wurde bereits in
den 1980er-Jahren deutlich. Auch wenn sich in der Spätphase des Kalten Krieges
Struktur und Konzeption der Streitkräfte an den Erfordernissen zur Abschreckung
und Abwehr gegen das Bedrohungspotenzial von sowjetischen Streitkräften und WP
ausrichteten, so schränkte eine stagnierende Finanzlinie die Ausrüstungsplanungen
von Heer, Marine und Luftwaffe signifikant ein. Die TSK standen bereits in dieser

Zeitphase vor der Herausforderung, die Entwicklung und Beschaffung qualitativ überlegenerer aber hochpreisiger Waffensysteme unter sich verschlechternden finanziellen und personellen Rahmenbedingungen zu vollziehen, um eine angestrebte Optimierung der konventionellen Verteidigungsfähigkeit bis zum Jahr 2000 zu erreichen. Auch wenn die Bundesregierung im Dezember 1989 eine Realerhöhung des Verteidigungsbudgets in den 1990er-Jahren beschloss, war aus Planungsperspektive klar, dass bei Fortbestehen des Ost-West-Konflikts für die Bundeswehr Auftrag und Mittel trotz der Realmittelerhöhung längerfristig, also über das Jahr 2000 hinaus, nicht in Einklang zu halten waren. Dass die DDR der Bundesrepublik beitreten und sich der WP auflösen wird, war trotz Mauerfall im Dezember 1989 nicht vorhersehbar. Auch wenn die Einheit schließlich den von Admiral Wellershoff erarbeiteten Bundeswehrplan sprichwörtlich über den Haufen warf, so setzte die Zäsur mit der Friedensdividende schließlich den finanzplanerischen Trend und die damit verbundene Zwangslage fort, mit der die Streitkräfte bereits in den 1980er-Jahren konfrontiert wurden. Es darf bezweifelt werden, dass bei Fortführung des Ost-West-Konfliktes und dem Fortbestand des WP die in den 1980er-Jahren eingeleiteten Maßnahmen zur Finanzierbarkeit der Rüstungsplanung mittels der planerischen Eingriffe von Stückzahlreduzierungen und Streckungen zur parallel laufenden Umstrukturierung in die Heeresstruktur 2000 sowie der Neuordnung der Rüstungsaufgaben ausgereicht hätten. Dass sich aber das aus Auftrag und Mitteln und den damit verbundenen Zielkonflikten entwickelnde planerische Dilemma zur Ausrüstung der Streitkräfte zu einem Dauerzustand entwickeln würde, war weder 1989 noch im sich anschließenden Transformationsprozess absehbar. Trotz der Vielzahl der fortlaufend unter Zeit- und Kürzungsdruck vorgenommenen planerischen Eingriffe des Umschichtens, Streichens, Streckens und Sparens konnte unter dem damit verbundenen Zustand der Planungsunsicherheit gewährleistet werden, dass die Truppe, wenn auch nicht vollumfänglich, mit Wehrmaterial ausgerüstet wurde.

Aus den sich im Zeitlauf von 1989 bis 1994 fortentwickelnden Veränderungen der sicherheitspolitischen, gesellschaftlichen und finanziellen Rahmenbedingungen sowie der damit interdependenten konzeptionellen und strukturellen Anpassung der Streitkräfte sowie der Reorganisation des Rüstungsbereiches lassen sich für den problematischen Entwicklungsprozess der Rüstungsplanung und die damit verbundenen Zielkonflikten in der Übergangsperiode von der Armee im Bündnis zur Armee im Einsatz folgende Feststellungen schlussfolgern:

Erstens: Eine substanzielle Neuordnung der Rüstungsaufgaben blieb aufgrund des zwischen Streitkräften und Rüstungsbereich bestehenden institutionellen Dualismus aus. Trotz des von der politischen Leitung proklamierten Teamgedankens waren beide Organisationsbereiche bestrebt, ihre Aufgaben und Zuständigkeiten in der Rüstungsorganisation zu wahren und ein Eindringen des anderen Bereichs in die eigenen Zuständigkeiten zu unterbinden. Zugleich boten die Umstrukturierungen in der Rüstungsorganisation für sie die Möglichkeit, die bestehenden eigenen Kompetenzen durch Beschneidungen des anderen Organisationsbereichs zu erweitern. Lag im Rüstungsrahmenerlass von 1971 die Federführung in den Phasen des EBMat bei den Inspekteuren der Teilstreitkräfte, so wurde deren Primat mit den seit 1980 laufenden Reorganisationsmaßnahmen zugunsten des zivilen Rüstungsbereiches beschnitten. Mit der Begrenzung der Streitkräfte in den Rüstungsaufgaben zog die Politik die Konsequenzen aus den von Heer, Marine und Luftwaffe definierten Taktisch-Technischen Forderungen nach technologisch hoch komplexen Waffensystemen, die durch Überoptimierungen die symptomatisch auftretenden Kostensteigerungen und Risiken erzeugten. Geleitet von der Vorstellung, diese Effekte mittels Effizienzverbesserungen zu minimieren, wurde mit den eingeleiteten aufbau- und ablauforganisatorischen Maßnahmen dem Rüstungsbereich die Federführung für bestimmte Phasen in der Entwicklung und Beschaffung von Wehrmaterial übertragen. Damit wurden die Eingriffsmöglichkeiten der Inspekteure in den laufenden Ausrüstungsprozess erheblich reduziert, womit die Einsteuerung von taktisch-technischen Nachforderungen in den laufenden Rüstungsprozessprozess für die Teilstreitkräfte schwieriger wurde. Diese Nachforderungen zur Modifikation der eingeplanten Rüstungsvorhaben waren aus der militärischen Perspektive ab 1992 jedoch umso dringlicher, um diese Waffensysteme an die Erfordernisse für die erweiterte Landesverteidigung anzupassen.

Der Verlust der Vorrangstellung der Teilstreitkräfte im Rüstungsprozess wurde auf der ministeriellen Organisationsebene mit der Auflösung der Führungsstabsabteilungen Rüstung von Heer, Marine und Luftwaffe deutlich. Das bisher den Führungsstäben Fü H, Fü M und Fü L zugehörige Personal und ein Teil ihrer Zuständigkeiten wurde im Rahmen der Neuaufstellung der zivilen Hauptabteilung Rüstung in die neu gebildeten Unterabteilungen Systeme Heer, Systeme Marine und System Luftwaffe eingegliedert. Damit war auf der ministeriellen Ebene augenscheinlich eine Konzentration von militärischen und zivilen Rüstungskompetenzen gegeben, um hier die angestrebten personellen und operationellen Effizienzziele im Rüstungsprozess zu erreichen. Für den verpflichtenden Dialog zwischen Streitkräften und Rüstungsbereich bedeutete dies, dass die Teilstreitkräfte sich lediglich auf die Funktion des Bedarfsträgers zu konzentrieren hatten, der seinen Ausrüstungsbedarf feststellt und diesen mittels Taktisch-Technischer Forderungen dem Rüstungsbereich anzeigt. Heer, Marine und Luftwaffe wurden so auf die Rolle des Bestellers reduziert, der sich in der Rüstungsprozessphasen Definition, Entwicklung und Beschaffung der Federführung des Rüstungsbereichs unterzuordnen hatte. Ausgehend von den personellen, aufbau- und ablauforganisatorischen Beschneidungen in den Rüstungsaufgaben ist anzunehmen, dass die Inspekteure einen passiven Widerstand gegenüber der politischen Leitung und dem Rüstungsbereich ausübten, der darauf ausgerichtet war, weiterführende, für sie nachteilige Strukturmaßnahmen in der Rüstung zu verzögern oder zu ihren Gunsten zu verändern. So stellten die Überlegungen der politischen Leitung für ein dem Ministerium nachgeordnetes zivil-militärisches Ausrüstungsamt für die Inspekteure ein Risiko dar, das in sich das Potential barg, dass ihre Stellung im Rüstungsprozess gegenüber den zivilen Bedarfsdeckern weiter geschmälert werde.

Auch wenn mit der seit Mitte der 1980er-Jahre fortlaufenden Neuordnung des Rüstungsbereichs diesem mehr Kompetenzen und Zuständigkeiten übertragen wurden, so setzte die politische Leitung diesem eine personelle Schranke, indem sie die Position des Rüstungsstaatsekretärs nicht mit einem Bundeswehrbeamten der höchsten Qualifikations- und Erfahrungsstufe, sondern mit externen Quer- und Seiteneinsteigern besetzte. So sollten einerseits die gesetzten Effizienzziele zur Kosten- und Risikominimierung erreicht werden und andererseits konnte damit sichergestellt werden, dass die Teilstreitkräfte gegenüber dem Rüstungsbereich nicht ins Hintertreffen gerieten. Mit dem Wirtschaftsprofessor Timmermann (1984–1989) und dem ihm folgenden Bundesverfassungsschutzpräsidenten Pfahls (1989–1992) leiteten zwei Staatssekretäre den Rüstungsbereich, die vom Innenleben der Bundeswehr mit ihren Spannungsfeldern zwischen Bundeswehrverwaltung und Streitkräften keinen bzw. einen geringen Kenntnisstand aufwiesen. Dagegen verfügte Pfahls Nachfolger Generalleutnant Schönbohm (1992–1996) aufgrund seiner Führungs-, Truppen- und Stabsverwendungen über außerordentliches Sach- und Erfahrungswissen. Die von den Verteidigungsministern durchgesetzten Personalien zeigten den Beamten auf, dass ihnen der Zugang zu dem Spitzendienstposten des Rüstungsbereichs verwehrt blieb. Zugleich barg jeder Ansatz zur Reorganisation der Rüstungsaufgaben für die Beamtenschaft das Risiko, dass die politische Leitung den Ansatz verfolgte, die Spitzendienstposten der oberen Behördenebene mit Militärs zu besetzen. Aus Sicht der Beamtenschaft stellten solche Grundgedanken ein Eindringen der Streitkräfte in ihre Domänen dar, denen sie wiederum einen passiven Widerstand entgegensetzten. Deutlich wurde dies bei dem Versuch Schönbohms, ein zivil-militärisches Ausrüstungsamt zu bilden.

Die andauernde Reorganisation der Rüstungsaufgaben bildeten mit ihren einhergehenden Personalmaßnahmen und Zuständigkeitsverlagerungen für Streitkräfte und Bundeswehrverwaltung ein institutionelles Spannungsfeld, das eine substantielle Neuordnung des Rüstungsbereiches und seiner verzweigten Struktur verhinderte.

Zweitens: Für die Neuordnung der Rüstungsaufgaben war zugleich die bestehende polykratische Struktur des zivilen Rüstungsbereiches hemmend. Die Konzeption der Bundeswehrlösung, den Ausrüstungsbedarf der Streitkräfte zentral über einen Rüstungsbereich zu decken, der nicht in die Streitkräftestruktur integriert ist, ermöglichte im Gegensatz zur Wehrmacht eine aufeinander abgestimmte und ergänzende Bedarfsdeckung zur Ausrüstung von Heer, Marine und Luftwaffe. Jedoch weist die damit verbundene Konzentration der Rüstungsaufgaben Entwicklung, Beschaffung, Forschung und Zukunftstechnik in einem Bereich einen sehr hohen Grad an organisatorischer Komplexität auf, um gleichzeitig das projektbezogene Management der Waffensystemvorhaben und die Erledigung funktionaler Fachaufgaben im bürokratischen Geschäftsgang zu realisieren. Mit der Integration von Matrixorganisation(en) und der Stab-Linien-Organisation existierten innerhalb des Rüstungsbereichs zwei Strukturprinzipien, die mit ihren spezifischen Verfahrensabläufen und den hieraus resultierenden fachlichen Aufgaben- und Zuständigkeitsüberschneidungen eine polykratische Struktur etablierten. Diese machte zugleich einen erhöhten Kontroll- und Steuerungsaufwand erforderlich, sodass zur eigentlichen Vermeidung von Doppel- und Mehrarbeiten sowie Klärung und Zuweisung von Verantwortlichkeiten hieraus das viel kritisierte Phänomen einer weit verzweigten, schwerfälligen Überorganisation im Rüstungsbereich entstand.

Begünstigt wurde die polykratische Struktur des Rüstungsbereich durch das vom Grundgesetz vorgeschriebene Trennungsprinzip von Streitkräften (Art. 87a GG) und Bundeswehrverwaltung (Art. 87b GG). Die unter diesem Normenkonstrukt manifestierte Abgrenzung erforderte von beiden Organisationsbereichen in der Rüstung eine ebenengerechte Koordination und Abstimmung ihrer militärischen und technisch-wirtschaftlichen Tätigkeiten. Eingebundenen in die eigenen Strukturen bildeten hierzu die Teilstreitkräfte und der Rüstungsbereich horizontal gespiegelte Organisationseinheiten, deren Arbeitsanteile im Rüstungsmanagement zu verknüpfen waren. Getragen von eigentümlich bürokratischen Funktionsweisen von Militär und Verwaltung erzeugte diese organisatorische Aufsplitterung ebenfalls einen sehr hohen Steuerungs- und Kontrollaufwand, um die aus dieser Doppelstruktur resultierenden Mehrfacharbeiten und Überscheidungen einzugrenzen.

Zwar war es damit möglich, die Truppe mit bedrohungsgerechtem und leistungsfähigem Wehrmaterial von Weltniveau auszurüsten, doch ging die zunehmende, sich verästelnde Überorganisation, in Verbindung mit taktisch-technischen ›Goldrandlösungen‹, mit Kostensteigerungen und Zeitverzögerungen bei der Ausrüstung einher. Jede Reorganisation der Rüstungsaufgaben stand damit vor der Herausforderung, die getrennten militärischen und administrativen Strukturen gleichzeitig so umzustellen, dass dabei der ständig gemeinsam zu führende Prozess zur Ausrüstung der Truppe nicht unterbrochen wurde. Dies erwies sich jedoch ab 1990 als äußerst schwierig. Denn während der Rüstungsbereich 1992 seine Zielstruktur einnahm, wurden die Teilstreitkräfte fortlaufend reduziert und umstrukturiert. Damit standen die Streitkräfte vor der Herausforderung, ihre Rüstungsaufgaben unter fortlaufendem Reorganisationsdruck zu vollziehen.

In ihrer Gesamtheit zielten die eingeleiteten aufbau- und ablauforganisatorische Maßnahmen zur Neustrukturierung der Rüstungsaufgaben darauf ab, die Entwicklung und Beschaffung von Wehrmaterial effizienter zu gestalten, indem die Zusammenarbeit zwischen Streitkräften und Rüstungsbereich verbessert wurde. Doch wurde bei den gewählten Ansätzen zur Beseitigung der Managementprobleme und Personalengpässe nie der Versuch gemacht, das organisatorische Trennungsprinzip aufzuheben bzw. bezüglich seiner Zeitgemäßheit in Frage zu stellen. Denn eine wirkliche Neuordnung der Rüstungsaufgaben hätte eine Aufhebung des grundgesetzlichen Trennungsprinzips und damit der polykratischen Struktur des Rüstungsbereichs erfordert, wozu sich Politik, Streitkräfte und Bundeswehrverwaltung in dieser Zeitphase nicht durchringen konnten oder wollten.

Drittens: Das von der politischen Leitung mit den Umstrukturierungen angestrebte Ziel, den Rüstungsprozess in seiner Effizienz so zu verbessern, dass die Truppe kostengünstig zeit- und mengengerechter ausgerüstet wird, konnte nie erreicht werden. Denn seit Ende der 1970er-Jahre standen die Verteidigungsminister aufgrund der laufenden überproportionalen Kostensteigerungen, die die Realisierung der komplexen Rüstungsprogramme verursachten, unter einem ständigen politischen Handlungsdruck, um diesen finanziellen Negativtrend bei gleichzeitig stagnierendem Verteidigungshaushalt in den Griff zu bekommen. Dies ließ sich jedoch nicht allein über Organisationsmaßnahmen bewerkstelligen, sondern die Minister verlangten ein neues Kostenbewusstsein bei der Umsetzung der Rüstungsvorhaben. In der Kritik der Inhaber der Befehls- und Kommandogewalt stand der von Streitkräften und Rüstungsbereich verfolgte Perfektionsansatz zur Ausrüstung mit Hightech-Waffensystemen, die durch taktisch-technische Überoptimierung der geforderten Leitungsparameter in den ›Goldrandlösungen‹ mündeten. Aufgrund ihrer Kostenstrukturen banden diese erhebliche Finanzressourcen und erforderten zudem einen höheren Koordinations- und Zeitaufwand. Mittels der Einführung von Kostenobergrenzen (Design-to-Cost-Ansätzen) sollte in Verbindung mit den eingeleiteten aufbau- und ablauforganisatorischen Maßnahmen das Rüstungsmanagement effizienter werden und die Projektion und Realisierung von kosten- und zeitintensiven überoptimierten Waffensystemen vermieden werden.

Jedoch führten die eingeleiteten Umstrukturierungen in Verbindung mit den Kostenobergrenzen nicht zu gewünschten Effizienzeffekten, sondern erzeugten besonders ab 1992 mit dem Einbruch des Verteidigungsbudgets das Gegenteil. Im Gegensatz zu seinen Vorgängern stand Rühe zur Anpassung des Rüstungsbereichs aufgrund des Spardiktats unter erheblichen Zeit- und Handlungsdruck, der bei gleichzeitiger verteidigungspolitischer Neuausrichtung keinen langwieriger Nachsteuerungsprozess zuließ. Zur besseren Bewirtschaftung der weniger werdenden Haushaltsmittel wurde die Kosten-Leistungsverantwortung, das spätere Controlling, implementiert. Die Einführung dieses neuen Instruments, die weitere Delegation von Rüstungsaufgaben und Wehrmaterialvorhaben auf die militärisch-zivile Durchführungsebene sowie erneute Modifizierung des EBMat wirkte auf die Erreichung der Effizienzziele hemmend, da das damit verbundene Changemanagement wiederum zusätzliche Kosten und Zeitverzögerungen sowie Mehrarbeiten verursachte. Zudem stiegen bei gleichzeitigen Stückzahlreduzierungen die Kosten der eingeplanten Waffensysteme an. Diese Kostensteigerungen resultierten aus den taktisch-technischen Anpassungen an die Erfordernisse der erweiterten Landes- und Bündnisverteidigung, die aufgrund von Fähigkeitsweiterungen, wie die Mehrrollenauslegung des Kampfhubschraubers »Tiger«, erneut den Ansatz von sogenannten Goldrandlösungen aufwiesen.

Die angestrebten Effizienzziele wurden auch deshalb nicht erreicht, weil deren Umsetzung in der Planung, Entwicklung und Beschaffung von Wehrmaterial mit dem Risiko behaftet ist, dass damit verbundene ressourcenorientierte Deckelungs- oder Veränderungsmaßnahmen auch zu Lasten der an das Waffensystem gestellten taktisch-technischen Forderungen gehen. Hieraus sich ergebende Abstriche, Lücken oder Verzicht in den Leistungsparametern Schutz, Wirkung, Kommunikation, Beweglichkeit, Ergonomie sowie Verwendbarkeit und Kompatibilität etc. wirken sich letzlich im Kriegs- oder Kriseneinsatz nachteilig auf Leib und Leben sowie den Gefechtserfolg der Truppe aus. Angestrebte, für den unternehmerischen Ertragsschöpfungsprozess dienliche Effizienzziele, die in der Wirtschaft einen Beitrag zum ökonomischen Erfolg oder Überleben darstellen, bilden einen widerstreitenden Gegensatz zur Fürsorge des Dienstherrn, zu dieser er gegenüber seinen Soldaten und Soldatinnen verpflichtet ist. Vor dem Hintergrund des von Kohl, Rühe und Naumann eingeleiteten Gewöhnungsprozesses an die Out-of-area-Einsätze stellten die Effizienzbestrebungen im Rüstungsmanagement daher eine risikobehaftete

Gratwanderung dar. Es bestand die Gefahr, dass der Dienstherr, die Bundesrepublik Deutschland, bei der Projektierung und Realisierung an der ›falschen‹ Stelle im Leistungsspektrum des zu beschaffenden Waffensystems spart oder diese streicht. Die sich hieraus ergebenden, nachweislich nachteiligen Konsequenzen für Leib, Leben und Gefechtserfolg würden die Umsetzung der Fürsorgepflicht in Frage stellen.

Viertens: Es ist festzuhalten, dass die Streitkräfte der Bundeswehr in ihrem ab 1990 beginnenden Veränderungsprozess keine grundlegende Umrüstung durchführten. Viel mehr passten sie die Weiterentwicklung des seit den 1980er-Jahren angestrebte Systemverbundes Aufklärung – Führung – Wirkung rüstungsplanerisch an die Erfordernisse zur Ausrüstung der zu bildenden Krisenreaktions- und Hauptverteidigungskräften an. Die Landes- und Bündnisverteidigung blieb im sich wandelnden verteidigungspolitischen Umfeld weiterhin der Kernauftrag für die Streitkräfte. Dem Auftrag entsprechend war die Kernbefähigung für Operationen und das Gefecht der verbundenen Waffen weiterzuentwickeln. Auch wenn ab 1992 das bestehende Fähigkeitsspektrum um das der Krisenbeherrschung erweitert und diese planerisch hoch priorisiert wurde, war der hierzu erforderliche Ausrüstungsbedarf in die für die Hauptaufgabe Landes-/Bündnisverteidigung ganzheitliche Materialentwicklung der Streitkräfte einzubinden. Heer, Marine und Luftwaffe passten diesbezüglich ihre seit den 1980er-Jahren laufenden Ausrüstungsplanungen für die angestrebten Optimierung zur nachhaltigen Vorneverteidigung an, die sie zum gleichzeitigen Schlagen an der Front und in der Tiefe befähigen sollten. Auch wenn die Frage nach der Führung von Operationen in asymmetrischen Konflikten für die Bundeswehr ein aufkommendes Handlungsfeld darstellte, so galt es, die Truppe weiterhin für den Kriegseinsatz und die zu führenden hochintensiven Operationen gegen einen symmetrisch agierenden militärischen Gegner auszurüsten und weiterzuentwickeln. Zwar hatte sich mit der Auflösung von WP und Sowjetunion die sicherheitspolitische Lage grundlegend geändert, doch, wie bereits aufgeführt, erforderte das an Deutschland grenzende diffuse Sicherheitsvakuum seiner ostwärtigen Nachbarn von der Bundeswehr weiterhin die Befähigung zur Landesverteidigung im Bündnis. Gleichzeitig setzte der Beitritt der DDR die Bundeswehr von 1990 bis 1994 unter einem fortlaufenden Planungsdruck, um bei gleichzeitiger Aufstellung im Beitrittsgebiet und Reduzierung auf 370 000 sukzessive 340 000 Soldaten die Verteidigungsfähigkeit der Streitkräfte an das sich entwickelnde strategische Umfeld zu erhalten und materiell weiterzuentwickeln. Auf Grundlage der Zielstrukturen Heeresstruktur 5 bzw. 5 (N), Luftwaffenstruktur 4 und Flotte 2005 waren finanzierbare, operationell-quantitative Mengengerüste zu entwickeln, die es der Truppe ermöglichen sollten, mit reduzierten Kräften ein vergrößertes Territorium beweglich zu verteidigen. Die die neu priorisierten Parameter Mobilität und Flexibilität berücksichtigende Ausrüstungsplanung resultierte zugleich aus der im Sommer 1990 eingeleiteten Umstellung der Vorgaben der NATO vom militärstrategischen Grundprinzip der Vorneverteidigung auf das der Vornepräsenz mit Gegenkonzentration. Damit verbunden war für die Bundeswehr die Abkehr von der historisch gewachsenen Aufgabe der operativen Panzerabwehr. Damit war trotz der rüstungsplanerischen Eingriffe des Umschichtens, Streichens und Streckens keine grundlegende Neuausrichtung zur Ausrüstung der Streitkräfte verbunden, sondern eine Verlagerung des Ausrüstungsschwerpunktes auf die Bereiche Aufklärung und Führung. Diese rüstungsplanerische Schwerpunktsetzung zielte im Kontext der Hauptaufgabe Landesverteidigung darauf ab, einen räumlich begrenzt agierenden Gegner frühzeitig und schnell aufzuklären, sodass er mit den verfügbaren Kräften bei einer sich verschärfenden Lageeskalation frühzeitig und rasch wirksam bekämpft werden kann.[1]

Auch wenn mit Erlass der Verteidigungspolitischen Richtlinien im November 1992 die Grundlagen für eine neue militärstrategische Zielsetzung der Bundeswehr gelegt wurden, die folglich eine konzeptionelle Neuausrichtung der Streitkräfte zur Landes- und Bündnisverteidigung erzwangen, resultierte hieraus keine Umrüstung. Im Rahmen der damit verbundenen Umstrukturierung der Streitkräfte in die Krisen- und Hauptverteidigungskräfte erfolgte eine Überprüfung und Bewertung der im Bundeswehrplan 93 festgelegten Eckpunkte für die materielle Weiterentwicklung der Bundeswehr. Zur Schließung der hierin festgestellten Ausrüstungsdefizite wurde vorrangig der Ansatz verfolgt, die ursprünglich zur Vorneverteidigung eingeplanten Waffensysteme und Kampfmittel – insbesondere die mit technologischem Schlüsselcharakter – durch Modifizierungen der Taktisch-Technischen Forderungen an die veränderten Vorgaben anzupassen, indem unter anderem eingeplante Rüstungsvorhaben für Mehrrollenaufgaben ausgelegt (z.B. der PAH-2) oder laufende Projekte zur Verbesserung der persönlichen Ausrüstung des Soldaten optimiert wurden. Die eingeplanten Waffensystemvorhaben machen deutlich, dass die Bundeswehr kein Umrüstungsprogramm initiierte, denn sie stellten vielmehr eine Fortführung von Systemvorhaben dar, die ursprünglich für die Vorneverteidigung geplant worden waren und an die neuen Anforderungen für den erweiterten Einsatz im Bündnisgebiet modifiziert wurden. Der bestehende Systemverbund Aufklärung – Führung – Wirkung wurde hierzu um den Bereich Unterstützung planerisch ergänzt bzw. erweitert, um Kräfte über große Reichweiten zu verlegen sowie Personal und Kampftechnik für einen Einsatz im Bündnisgebiet logistisch, fernmeldetechnisch und sanitätsdienstlich etc. zu unterstützen. Diese Erweiterung war erforderlich, da es der Bundeswehr an den nötigen Lufttransportkapazitäten fehlte und in bestimmten Regionen des Bündnisgebiets an der notwendigen Infrastruktur zur Unterbringung, Führung und Instandsetzung etc. fehlte. Hierzu eingesteuerte Vorhaben, wie das Future Large Aircraft und Funktionscontainer, dienten daher zur planerischen Vorsorge, die auf eine Minimierung der bestehenden Defizite abzielte.

Fünftens: Eine auf die konzeptionelle Einheit von Krisenreaktions- und Hauptverteidigungskräften ausgerichtete Ausrüstung zur erweiterten Landesverteidigung war wegen der Haushaltsmitteleinbrüche nicht aufrechtzuerhalten. Die Bundeswehr entwickelte sich damit materiell zu einer Zwei-Klassen-Armee. Der finanzielle Ausgabe- und Planungsrahmen erlaubte keine vollumfängliche Ausrüstung für beide Kräftekategorien, so dass der rüstungsplanerische Schwerpunkt zunächst auf die Ausrüstung der Krisenreaktionskräfte gelegt wurde. Die Ausrüstung der

---

[1] Vgl. Depos. GM a.D. Reichardt, Ausrüstung der Landstreitkräfte. Rede Amtschef Heeresamt vom 23.4.1998, Bl. 1–12, hier Bl. 9.

Hauptverteidigungskräfte erfolgte mit nachgeordneter Priorität, wobei planerisch berücksichtigt werden musste, dass die sich damit unterschiedlich entwickelnden Ausrüstungsstände beider Kräftekategorien zu keinen Brüchen in der angestrebten konzeptionellen Einheit führten. Denn die Verbände und Einheiten beider Kräftekategorien sollten im Kriegsfall einander ergänzen und zusammenwirken. Das bedeutete, dass die Ausrüstung der Krisenreaktionskräfte nie losgelöst von den Hauptverteidigungskräften erfolgen konnte. Doch ließ sich diese Zielvorstellung der konzeptionellen Einheit nur schwerlich umsetzen, da trotz der planerischen Eingriffe des Umschichtens, Streckens, Sparens und Streichens der tatsächliche Materialbedarf sowohl für die Krisenreaktions- als auch für die Hauptverteidigungskräfte mit dem fortlaufend schrumpfenden Finanzrahmen nicht in Deckung zu bringen war. Dies führte zwangsläufig dazu, dass die Schließung der bestehenden Ausrüstungsdefizite selbst für die Krisenreaktionskräfte nur noch ressourcenorientiert sichergestellt werden konnte. Problematisch waren zudem die Bindungswirkungen der für die Ausrüstung der Krisenreaktionskräfte fortgeschriebenen, neu zu modifizierenden Waffensystemvorhaben. Deren Kosten banden erhebliche Anteile des Verteidigungshaushalts, so dass diese die Planungssicherheit und -flexibilität nachhaltig einschränkten. Denn die Kosten- und Entwicklungswagnisse der eingeplanten Großvorhaben, die den Ansatz ›Qualität ersetzt Quantität‹ verfolgten, stellten für Heer, Marine und Luftwaffe bekanntlich ein Planungsrisiko dar. Es galt, bei der Planung und Realisierung der Wehrmaterialvorhaben zu berücksichtigen, dass sich bei Eintritt außerplanmäßiger Kostensteigerungen und Risiken zeitliche Verzögerungen ergeben, die finanzielle und mengenmäßige Verdrängungseffekte sowohl innerhalb als auch zwischen den TSK zur Folge hatten. Dies wiederum wirkte sich nachteilig auf den angestrebten materiellen Modernitätserhalt von Hauptverteidigungs- und Krisenreaktionskräften aus. Zwangsläufig war damit ein Verlust an Kampfkraft verbunden.

Sechstens: Obwohl die Politik ab 1990 Kontingente außerhalb des Bündnisgebietes einsetzte und trotz des Kohl'schen Gewöhnungsprozesses fehlte es an rechtzeitigen, eindeutigen politischen Vorgaben, die eine langfristige Ausrüstungsplanung für Einsätze außerhalb des Bündnisgebietes erlaubten. Mit der Herstellung der Befähigung zur Krisenreaktion, die sich 1992 bis 1994 räumlich noch auf das Bündnisgebiet bezog, waren gleichzeitig Teile der Krisenreaktionskräfte für die Beteiligung an Friedensmissionen im Rahmen der Vereinten Nationen auszurüsten. Für die Planungsarbeit ergab sich hierbei das Problem, dass es im Zeitlauf des Jahres 1992 trotz der eingeleiteten Gewöhnung an den Out-of-area-Einsatz an konstituierten politischen Voraussetzungen und deren Zulässigkeit fehlte, die eine langfristige Einplanung von Vorhaben zuließen bzw. legitimierten. Bis die Voraussetzungen für die Teilnahme an bewaffneten Auslandseinsätzen durch das Urteil des Bundesverfassungsgerichts (12. Juli 1994) gegeben waren, erfolgte die Materialbedarfsdeckung für die Teilnahme an Missionen der Vereinten Nationen kurzfristig über den Austausch von STAN-Material und Kauflösungen, wie der Somalia-Einsatz aufzeigte. Hervorzuheben ist, dass im Entwicklungsabschnitt 1992 bis 1994 zwischen den Aufgabenfeldern Krisenreaktion im Bündnisgebiet und

Beteiligung an Missionen im Rahmen der Vereinten Nationen getrennt wurde. Jedoch wurde diese nach außen dargestellte Trennung im späteren Zeitlauf aufgelöst, so dass unter der Maxime Krisenbewältigung/Konfliktverhütung die Aufgabenfelder von Krisenreaktion und Vereinte-Nationen-Einsatz miteinander verschmolzen.[2] Für die Ausrüstungsplanung bedeutete dies eine Gratwanderung, denn bis die politischen Richtlinien mit den sich hieran anschließenden militärischen Konzeptionen erlassen wurden, konnten planerisch die fehlenden Vorgaben nicht vorweggegriffen bzw. präjudiziert werden. Ein Vorweggreifen hätte als Eingriff der Militärs auf das Primat der Politik gewertet werden können. Der kurzfristig für die Out-of-area-Einsätze zu deckende Materialbedarf stellte eine zusätzliche planerische Belastung für das knappe Planungsvolumen dar, da die Ausgaben für die Auslandseinsätze, die bisher über das Budget der Allgemeinen Finanzverwaltung bestritten wurden, ab 1993 über die Budgetanteile von Heer, Marine und Luftwaffe am Einzelplan 14 zu leisten waren. Mit dem Beginn des Somalia-Einsatzes verschoben sich aufgrund des engen Finanzrahmens erneut die Prioritäten in der Ausrüstungsplanung, so dass zur vordringlichen Deckung des einsatzbedingten Materialsofortbedarfs folgender Planungsansatz entwickelt und umgesetzt wurde: vorrangige Sicherstellung der Ausrüstung der Einsatzkontingente bei gleichzeitiger Fortschreibung von Wehrmaterialvorhaben für die Krisenreaktionsbefähigung und notwendigem Modernitätserhalt der Hauptverteidigungskräfte.

Bei der knappen Haushaltslage führten die Haushaltmittelverlagerungen für die kontingentbezogene Ausrüstung zu rollierenden Überprüfungen und Bewertungen der laufenden Materialplanung, so dass damit die Weiterentwicklung eines optimierten Waffensystemmixes für die angestrebte konzeptionelle Einheit von Krisenreaktions- und Hauptverteidigungskräften langfristig nicht mehr sicherzustellen war. Damit befand sich die Rüstungsplanung in einer planerischen Schieflage, die 1994 den Ausgangspunkt der materiellen Weiterentwicklung der Bundeswehr für das postkonfrontative Umfeld bildete, dessen Kern die Ausrüstung für die Vorneverteidigung beinhaltete. Auch wenn die Bundeswehr für die Einsätze auf dem Balkan und in Afghanistan neustes Wehrmaterial entwickelte und beschaffte, z.B. das Allschutz-Transport-Fahrzeug »Dingo«, Störsender und Aufklärungsdrohnen, ist festzustellen, dass die Truppe im Gefecht gegen feindliche Kräfte in den Einsatzgebieten Kampftechnik mit einsetzte, die ursprünglich für die »Schlacht in der Norddeutschen Tiefebene« konzipiert wurde. Mit Anpassungen an die Klimazone bewährten sich in Afghanistan unter anderem im Gefecht der Schützenpanzer »Marder 1A5«, die Panzerhaubitze 2000 und die 120-mm-Mörser sowie der Kampfpanzer »Leopard 2«,[3] den die kanadischen Kräfte einsetzten.

Mit der vorliegenden Untersuchung wurde ein Überblick über die Entwicklung des Anpassungsprozesses der Ausrüstungsplanung in der Phase des Umbruchs von 1989 bis 1994 erarbeitet, um das Forschungsfeld Rüstung der Bundeswehr als Bestandteil der Neuesten Militärgeschichte nach 1990 beginnend zu erschließen.

---

[2] Vgl. BMVg, Weißbuch 1994, S. 91–93.
[3] Vgl. Depos. GM a.D. Reichardt, Inspekteur des Heeres. Zielvorstellung für das deutsche Heer, Bonn 2003.

Doch konnten im Rahmen der Untersuchung nicht alle Fragen beantwortet werden. Dies trifft insbesondere auf die Willensbildungs- und Entscheidungsprozesse
im Rahmen der Bundeswehrplanung mit ihren Folgen für die Rüstung zu. Zwar dokumentieren die im Schlüsseljahr 1992 erlassenen Bundeswehrpläne 93 und 94 das
Ergebnis der auf einen konzeptionellen Zielzustand ausgerichteten Planungsarbeit,
allerdings stellte der Prozess in den Phasen Prüfung und Harmonisierung der ein-
gebrachten TSK-Vorschläge mit den sich hieraus ergebenden Zielkonflikten ein dynamisches Spannungsfeld zwischen dem Generalinspekteur, den Inspekteuren und
der politischen Leitung dar. Deutlich wird dies an dem Umstand, dass es speziell
der Luftwaffe trotz des regressiven Planungsvolumens möglich war, ihre Interessen
in der Ausrüstungsplanung gegenüber Heer und Marine zu behaupten. Denn im-
merhin war es der Luftwaffe zunächst gelungen, Rüstungsvorhaben fortzuführen,
die mit dem Wegfall der Vorneverteidigung überflüssig waren, worunter z.B. das
Systemvorhaben LAPAS zu zählen ist, das erst im Laufe des Jahres 1993 abgewickelt
werden konnte. Dieser Sachverhalt wirft eine Reihe von weiterführenden Fragen auf,
die einen Erkenntnisgewinn zur Rüstungsgeschichte der Bundeswehr versprechen:

- Wie konnte sich der Generalinspekteur im Spannungsfeld des Planungsprozesses
  gegenüber den Inspekteuren der Teilstreitkräfte durchsetzen?
- Welchen Rückhalt erhielt er von der politischen Leitung?
- Wurden alternative Lösungen zur Ausrüstung der Truppe verworfen, um die
  eingeplanten technologisch-komplexen Neuentwicklungen fortzuführen?
- Führten die asynchron gesteuerten Umstrukturierungen von Streitkräften und
  dem administrativen Rüstungsbereich zu Verzögerungen in der Entwicklung und
  Beschaffung von Wehrmaterial?
- Betrachtete der administrative Rüstungsbereich die Ernennung von Generalleutnant Jörg Schönbohm und ihm nachfolgender Seiteneinsteiger zum Rüstungsstaatssekretär als ein Eindringen des Bedarfsträgers in seine Domäne und opponierte er dagegen?
- Wie pflegten und nutzten die Teilstreitkräfte ihre Verbindungen zu den Re-
  gierungsparteien, um ihre Rüstungsinteressen und Ziele zu vermitteln?
- Wie entwickelte sich im Kontext des Auslandseinsatzes die Zusammenarbeit
  zwischen den Streitkräften und dem Rüstungsbereich, um die in den Einsätzen
  erkannten Fähigkeitslücken, Ausrüstungsdefizite und Schwachstellen zeitnah
  abzustellen?
- Wurden Lösungsmöglichkeiten nur einsatzspezifisch entwickelt und beschafft
  oder wurde ein ausrüstungsplanerischer Kompatibilitätsansatz verfolgt, um dieses Material auch über den Auslandseinsatz hinaus für die Landesverteidigung zu
  nutzen?

Vor dem Hintergrund der wegen des russischen Angriffskriegs auf die Ukraine proklamierten »Zeitenwende« und in Anbetracht vorheriger, aktueller und zukünfti-
ger Probleme in der Rüstungsplanung, hier sind exemplarisch die Beschaffungen
für einen Schweren Transporthubschauber, von Kampfdrohnen oder für ein
neues Sturmgewehr zu nennen, stellt sich in dem Bereich Rüstungsplanung zugleich die Frage nach der Rolle der Politik. Mit ihren mediengerecht verpackten

Entscheidungen, Feststellungen oder Zweifeln zur und an der finanziellen und strukturellen Ausgestaltung von Streitkräften und Bundeswehrverwaltung und den damit verbundenen langfristigen Auswirkungen tragen Politikerinnen und Politiker aus der Exekutive und der Legislativen eine Verantwortung für die Weiterentwicklung der Bundeswehr. Besonders die von den Inhabern der Befehls- und Kommandogewalt initiierten und konzipierten Veränderungen dauern in ihrer Umsetzung in der Regel länger als eine Wahlperiode. Für künftige Analysen zur Rüstungsgeschichte, vor allem zur Entwicklung der Ausrüstungsplanung, empfiehlt es sich daher, einen längerfristigen Untersuchungszeitraum in den Blick zu nehmen, so dass Probleme und Spannungsfelder mit den damit ineinandergreifenden Faktoren und Rahmenbedingungen im Entwicklungsprozess schärfer herausgearbeitet und detaillierter analysiert werden können. Als Beispiel sei die Gültigkeitsdauer der 1992 erlassenen Verteidigungspolitischen Richtlinien genannt, die 2006 durch neue ersetzt wurden.

Die Klärung dieser und weiterer Fragen im Kontext aktueller Entwicklungen zur Ausrüstung der Streitkräfte, die sich neben den Auslandseinsätzen jetzt auf die kollektive Landes- und Bündnisverteidigung refokussieren, zeigen das Potential der Rüstungsgeschichte der Bundeswehr auf, die mehr ist als ein planerisches Dilemma.

Danksagung

Bei dem vorliegenden Buch handelt es sich um eine überarbeitete Fassung meiner an der Universität Potsdam angenommenen Abschlussarbeit im Masterstudiengang Military Studies. Zur Entstehung und zum erfolgreichen Abschluss dieser Arbeit haben viele Menschen beigetragen. Ohne deren Unterstützung, Anregungen und Tatkraft wäre dieser Schaffensprozess nicht möglich gewesen.

Zu äußerstem Dank bin ich Herrn Prof. Dr. Dieter Krüger verpflichtet, der mit fachlichen Hinweisen und zahlreichen Ratschlägen den Fortgang dieser Arbeit unterstützte und mit seiner standhaften Geduld und zahlreichen Ermunterungen half, den Angriffsschwung durch das Feld Rüstungsplanung der Bundeswehr zu halten. Herrn Oberstleutnant Dr. Rudolf J. Schlaffer danke ich herzlich für sein Engagement und seine wertvollen Hinweise, die halfen, das Interesse am Thema Rüstung auf diese Zeitphase zu lenken, und der dieses Vorhaben trotz dienstlicher Herausforderungen begleitete.

Ein besonderer Dank gilt Herrn Generalmajor a.D. Jürgen Reichhardt. Seine Ausführungen, Unterrichtungen und Ratschläge sowie die gewährte Einsicht in Unterlagen und deren Überlassung zur Bundeswehrplanung im Allgemeinen und zur Rüstungsplanung im Besonderem trugen wesentlich zum Entstehen und Werden dieser Arbeit bei. Meinem ehemaligen Kommandeur, Herrn Brigadegeneral a.D. Hans-Christoph Ammon, danke ich für seine Ratschläge und Auskünfte, die leider nicht in Gänze umgesetzt werden konnten.

Dem Zentrum für Militärgeschichte und Sozialwissenschaften der Bundeswehr (ZMSBw), namentlich dem Kommandeur Oberst Dr. Sven Lange, danke ich für die Aufnahme der Arbeit in die Reihe »Potsdamer Schriften« und den Damen und Herren des Fachbereiches Publikationen für die Realisierung dieses Buches. Besonders danke ich den Damen der Bibliothek des ZMSBw für die Hilfsbereitschaft bei der Bereitstellung der Literatur.

Ein herzliches Dankeschön geht an diejenigen, die durch Meinung, Kritik, Anregungen und Hilfestellung diese Arbeit begleitet haben. Besonders danke ich Herrn Dr. Florian Seiller, Franz Josef Saar, Mathias Töpfer und Herrn Oberstleutnant Dr. Heiner Möllers. Weiterhin geht der Dank an die Kameraden aus der Bundeswehr, die mich in meiner aktiven Dienstzeit und Wehrübungen geprägt haben und mich bei dieser Arbeit unterstützten. Zudem danke ich den Gesprächspartnern aus der wehrtechnischen Industrie.

Nicht zuletzt möchte ich meinen Eltern Barbara und Michael Wolf danken, die mich all die Jahre unterstützten und motiviert haben.

Abkürzungen

a.D.	außer Dienst
ABC	Atomar[e], biologisch[e], chemisch[e Waffen]
AG	Arbeitsgruppe
AG	Aktiengesellschaft
AGV	Arbeitsgruppe Verteidigung
AK	Avtomat Kalašnikova [= Sturmgewehr Kalaschnikow]
Art.	Artikel
ASB	Abschlussbericht
AUTOKO	Automatisiertes Kommunikationssystem
BAAINBw	Bundesamt für Ausrüstung, Informationstechnik und Nutzung der Bundeswehr
BG	Brigadegeneral
BM	Bundesminister
BMP	Boevaja Mašina Pehoty [= Gefechtsfahrzeug der Infanterie]
BMVg	Bundesministerium der Verteidigung
BPA	Bundespresseamt
BRD	Bundesrepublik Deutschland
BSH	Begleitschutzhubschrauber
BT	Bundestag
BT-Drs.	Bundestragsdrucksache
BTR	Bronetransportër [= gepanzerter Transporter]
Bw	Bundeswehr
BWB	Bundesamt für Wehrtechnik und Beschaffung
CDU	Christlich Demokratische Union Deutschlands
CSAR	Combat Search and Rescue
CSR [recte: ČSR]	Československá republika [= Tschechoslowakische Republik]
CSU	Christlich-Soziale Union in Bayern
DAVID	Dynamisches, automatisiertes Verteidigungssystem mit Interaktiver Führung und Datenverarbeitungsunterstützung
DDR	Deutsche Demokratische Republik
Depos.	Depositum
DLRG	Deutsche Lebens-Rettungs-Gesellschaft
DM	Deutsche Mark
DRK	Deutsches Rotes Kreuz
EBMat	Entwicklungs- und Beschaffungsgang von Wehrmaterial
ECR	Electronic Combat and Reconnaissance

EFA	European Fighter Aircraft
EIFEL	Elektronisches Informations- und Führungssystem der Luftwaffe
Entw.	Entwurf
EPl	Einzelplan
FDP	Freie Demokratische Partei
FLA	Future Large Aircraft
FOFA	Follow-on-Forces-Attack
Fü H	Führungsstab Heer
Fü L	Führungsstab Luftwaffe
Fü M	Führungsstab Marine
Fü S	Führungsstab der Streitkräfte
GenInsp	Generalinspekteur [der Bundeswehr]
GG	Grundgesetz
GM	Generalmajor
GmbH & Co. KG	Gesellschaft mit beschränkter Haftung und Compagnie Kommanditgesellschaft
GPS	Global Positioning System
GTK	Gepanzertes Transport-Kraftfahrzeug
GU	Generalunternehmer
GÜZ	Gefechtsübungszentrum
HA	Heeresamt
HA	Hauptabteilung
HDv	Heeresdienstvorschrift
HEROS	Heeresführungsinformationssystem für die rechnergestützte Operationsführung in Stäben
HStr	Heeresstruktur
i.G.	im Generalstab
IPT	Integriertes Projektteam
IRF	Immediate Reaction Force
Jan.	Januar
JASMIN	Joint Analysis System Military Intelligence
JF	Jagdflugzeug
Kpz	Kampfpanzer
KRK	Konventionelle Rüstungskontrolle
KSE	Konventionelle Streitkräfte in Europa
KWS	Kampfwertsteigerung
KZO	Kleinfluggerät zur Zielortung
LAPAS	Luftgestütztes, abstandsaktives Primär-Aufklärungssystem
LTH	Leichter Transporthubschrauber
MARS	Mittleres Artillerieraketensystem
MASH	Mobil Army Surgery Hospital
MC	[NATO] Military Committee
MH	Marinehubschrauber
Mi	Mil'

MiG	Mikojan-Gurevič
MILAN	Missile d'Infanterie léger antichar
Mio.	Million
MPA	Maritime Patrol Aircraft
MRCA	Multi Role Combat Aircraft
Mrd.	Milliarde
MTWF	Militärisch-Technisch-Wirtschaftliche Forderung
MTZ	Militärisch-Technische Zielsetzung
MULTI	Mechanische Umschlag-, Lager- und Transport-Integration
NATO	North Atlantic Treaty Organization
NH	NATO Helicopter
NVA	Nationale Volksarmee
PAH	Panzerabwehrhubschrauber
PzGrenBrig	Panzergrenadierbrigade
PzH	Panzerhaubitze
PzKw	Panzerkampfwagen
RPV	Remotely Piloted Vehicle
RRF	Rapid Reaction Force
Rü	[Haupt-]Abteilung Rü [im BMVg]
S&T	Soldat und Technik
SAR	Search and Rescue
SATCOM	Satelittenkommunikationssystem
SEM	Sender/Empfänger, mobil
SHAPE	Supreme Headquarters Allied Powers Europe
SPD	Sozialdemokratische Partei Deutschlands
STAN	Stärke- und Ausrüstungsnachweisung
Stv.	Stellvertreter
TaF	Taktische Forderung
TLVS	Taktisches Luftverteidigungssystem
TSK	Teilstreitkraft
TTH	Taktischer Transporthubschrauber
UdSSR	Union der Sozialistischen Sowjetrepubliken
UHU	Unterstützungshubschrauber
UN	United Nations
UNAMIC	United Nations Advance Mission in Cambodia
UNITAF	Unified Task Force
UNO	United Nations Organization
UNOSOM	United Nations Operation in Somalia
UNSCOM	United Nations Special Commission
UNTAC	United Nations Transitional Authority in Cambodia
US	United States [of America]
USA	United States of America
VKSE	Vertrag über Konventionelle Streitkräfte in Europa
VN	Vereinte Nationen

VPR	Verteidigungspolitische Richtlinien
VRV	Vorderer Rand der Verteidigung
WP	Warschauer Pakt [Warschauer Vertragsorganisation]
WT	Wehrtechnik
WTD	Wehrtechnische Dienststelle
ZMSBw	Zentrum für Militärgeschichte und Sozialwissenschaften der Bundeswehr

Personenregister

Quellen und Literatur

Unveröffentlichte Quellen

Depositum Generalmajor a.D. Reichardt
Schriftverkehr Brigadegeneral a.D. Ammon

Regierungsschrifttum

Deutscher Bundestag (BT)
Bundestagsdrucksachen (BT-Drs.) 11. und 12. Wahlperiode
Stenographischer Bericht

Bundesministerium der Verteidigung (BMVg)
Armee der Einheit, Bonn 2000
Gemeinsame Sicherheit und Zukunft der Bundeswehr. Bericht der Kommission an
    die Bundesregierung (= Bericht der Weizsäcker-Kommission), Berlin, Bonn 2000
Handbuch für Einsätze und Verwendungen der Bundeswehr im Frieden außerhalb
    des Hoheitsgebietes der Bundesrepublik Deutschland, Bonn 1996
HDv 100/100 Truppenführung, Bonn 1998
HDv 100/900 Führungsbegriffe, Bonn 1998
Kommission für die Langzeitplanung der Bundeswehr. Bericht, Bonn 1982
Konzeption der Bundeswehr (Plg I 1, Az 09-02-04), Berlin 2013
Neuordnung des Rüstungsbereiches. Rahmenerlaß und Bericht der Organisations-
    kommission des BMVg zur Neuordnung des Rüstungsbereiches, Bonn 1971
Die Strukturen des Heeres, Bonn 2000
Umgliederung des militärischen Bereichs im BMVtdg, Hamburg-Blankenese 1970
Verteidigungspolitische Richtlinien für den Geschäftsbereich des Bundesministers
    der Verteidigung, Bonn 1992
Weißbuch 1979. Zur Sicherheit der Bundesrepublik Deutschland und zur Ent-
    wicklung der Bundeswehr, Bonn 1979
Weißbuch 1985. Zur Lage und Entwicklung der Bundeswehr, Bonn 1985
Weißbuch 1994. Weißbuch zur Sicherheit der Bundesrepublik Deutschland und
    Zukunft der Bundeswehr, Bonn 1994

Bundespresseamt (BPA)
Bulletin

U.S. Army (US-A)
AirLandBattle 2000. Ed.: United States Army Training and Doctrine Command, Fort Monroe 1982

Gedruckte Quellen und Literatur

Abteilung Kraftfahrzeug– und Gerätetechnik (KG). In: WT, 1/1990, S. 16–22

Abwehr gepanzerter Kampftruppen durch das »System Heer«. In: S&T, 4/1986, S. 186 f.

Achterberg, Klaus-Jürgen, Rüstung auch eine Frage des Geldes. Struktur und Entwicklung des Verteidigungshaushaltes. In: Rüstung in Deutschland, S. 40–44

Aktuelle Vorhaben des BWB. Wichtige Vorhaben in Bearbeitung der einzelnen Abteilungen. In: S&T, 12/1994, S. 641–654

Anspach, Joachim, und Hubert Walitschek, Die Bundeswehr als Auftraggeber. Ein Wegweiser für Industrie, Handel, Handwerk und Dienstleistungsgewerbe, Koblenz 1984

Apel, Hans, Der Abstieg. Politisches Tagebuch eines Jahrzehntes, Stuttgart 1990

Apel, Hans, Schmidt, Leber, Apel – drei Verteidigungsminister und ihre SPD. In: Entschieden für Frieden, S. 365–377

Apel, Hans, Zur Langzeitplanung der Bundeswehr. Stellungnahme des Bundesministers der Verteidigung. In: S&T, 8/1982, S. 423–425

Arendt, Rudolf, Die Bundesmarine als Flotte im Bündnis. In: Entschieden für Frieden, S. 123–135

Armee ohne Zukunft. Das Ende der NVA und die deutsche Einheit. Zeitzeugenberichte und Dokumente. Im Auftrag des Militärgeschichtlichen Forschungsamtes hrsg. von Hans Ehlert, Berlin 2002

Aspekte Heeresplanung für die 90er Jahre. In: S&T, 3/1985, S. 115–119

Attermeyer, Rüdiger, Das ›Life-Cycle-Cost‹-Konzept der Bundeswehr. In: S&T, 12/1994, S. 632–635

Auftrag und Aufgaben des Heeres – Forderungen an die Ausrüstung. In: WT, 5/1992, S. 30–33

Bagger, Hartmut, Die neue Bundeswehr. In: Rüstung in Deutschland, S. 46–49

Balderjahn, Ingo, und Günter Specht, Einführung in die Betriebswirtschaftslehre, 5. Aufl., Stuttgart 2007

Bayer, Stefan, Der Einzelplan 14: Theoretische Bestimmungsgründe und praktische Ausgestaltung des Verteidigungshaushaltes. In: Deutsche Verteidigungspolitik, S. 239–261

Die Bedrohung. Angriff als Hauptgefechtsart. In: S&T, 4/1986, S. 188–191

Beeger, Peter, und Thomas Humm, Rolle und Beitrag Deutschlands. In: Der Golfkrieg. Dokumentation, S. 307–331, 547–554

Bellmann, Matthias, Handbuch für Übung und Einsatz. Eine Sammlung von Grundlagen, Fakten und Hilfsmitteln im Bereich der Taktik. Bearb. von Matthias Bellmann u. Uwe Schrader, 6., überarb. Aufl., Regensburg 1998

Bernhardt, Georg, Aufgaben im Wandel. Die technische Weiterentwicklung ändert das Bild moderner Landstreitkräfte. In: S&T, 9/1991, S. 602−618

Bernhardt, Georg, Künftiges Heer − leicht oder schwer? In: WT, 2/1994, S. 69−72

Bernhardt, Georg, Die Luftbeweglichkeit des Heeres. Ein wichtiges Zukunftsfeld für unsere Sicherheit. In: S&T, 5/1990, S. 321−327

Bertele, Manfred, Der Planungsstab. Unmittelbare Unterstützung des Ministers. In: WT, 9/1989, S. 26−28

Beschluss der Bundesregierung zur Unterstützung von UNOSOSM II in Somalia, in Bulletin Bundesregierung 32 − 93; Pkt. 1 <https://www.bundesregierung. de/Content/DE/Bulletin/1990-1999/1993/32-93_Vogel.html> (letzter Zugriff 16.6.2016)

BMVg, Gipfelerklärung von Warschau, 8./9. Juli 2016; Pkt. 11, 40, 41 und 78 <http://www.nato.diplo.de/contentblob/4850478/Daten/6732507/20160709_ bersetzung_Gipfelerklrung_von_Warschau.pdf> (letzter Zugriff 16.6.2016)

BMVg, Dresdner Erlass: Grundsätze für die Spitzengliederung, Unterstellungsverhältnisse und Führungsorganisation Bundesministerium der Verteidigung und der Bundeswehr <https://www.bmvg.de/portal/a/bmvg/start/sicherheitspolitik/ bundeswehr/neuausrichtung/downloadcenter/> (letzter Zugriff 23.12.2016)

Bode, Hans-Günter, Rüstung in der Bundesrepublik. Mit einem Beitrag »Organisation, Verfahren und Management im Rüstungsbereich« von Heinz Gläser, Regensburg 1978 (= Die Bundeswehr, 10)

Boehmer, Rudolf, Rüstung in der Marine. In: Rüstung in Deutschland, S. 70−78

Breitwieser, Thomas, Verfassungshistorische und verfassungsrechtliche Aspekte der Auslandseinsätze. In: Wegweiser zur Geschichte. Auslandseinsätze der Bundeswehr, S. 153−165

Bröckermann, Heiner, »Musterschüler« ohne Ambitionen? In: Sonderfall Bundeswehr?, S. 113−126

Brückner, Ekkehart, Historischer Einschnitt in der Geschichte Europas. Ausführung und Bewertung des Vertrags. In: S&T, 2/1991, S. 93−99

Bruemmer, Die Bundeswehr im Wandel. In: WT, 2/1990, S. 11−12

Bürgener, Axel, Strategie im Wandel. Operative Herausforderungen in einer Zeit des Umbruchs. In: S&T, 1/1991, S. 9−13

Buhrmester, Horst Dieter, Das Erbe. Eingliederung der NVA in die Bundeswehr. In: WT, 10/1991, S. 20−23

Das Bundesamt für Wehrtechnik und Beschaffung. In: S&T, 10/1989, S. 697−728

Die Bundeswehr am Beginn einer neuen Epoche. Anforderungen an die Streitkräfte und ihre rüstungsindustrielle Basis. Hrsg. von Wolfgang Heydrich, Hans-Dieter Lemke und Joachim Rohde, Baden-Baden 1996 (= Internationale Politik, 40)

Die Bundeswehr im vereinten Deutschland. In: WT, 2/1990, S. 40−43

Burggraf, Volker-Herbert, Sonderausstattung für Somalia. In: S&T, 9/1993, S. 533−538

Burggraf: »Flotte 2005«. In: S&T, 11/1991, S. 747–757

Burr, Wolfgang, Der Rüstungsbereich im sich wandelnden Umfeld. Schwerpunkte der Rüstungsprojekte. In: WT, 4/1992, S. 4–11

Chiari, Bernhard, Krieg als Reise? Neuste Militärgeschichte seit 1990 am Beispiel des militärischen und sicherheitspolitischen Wandels in Deutschland. In: Auftrag Auslandseinsatz. Neuste Militärgeschichte an der Schnittstelle von Geschichtswissenschaft, Politik, Öffentlichkeit und Streitkräfte. Im Auftrag des Militärgeschichtlichen Forschungsamtes hrsg. von Bernhard Chiari, Freiburg i.Br. 2012 (= Neuste Militärgeschichte. Analyse und Studien, 1), S. 13–40

Cosoboth, Istvan, und Thomas Winter, Die Rolle der Heeresfliegertruppe in der Weiterentwicklung der Luftbeweglichkeit des Heeres. In: S&T, 5/1990, S. 331–334

Darstellung Führungsstab der Streitkräfte unter Kommando des Generalinspekteurs. In: WT, 11/1988, S. 24 f.

Deutsche Militärfachzeitschriften im 20. Jahrhundert. Im Auftrag des Militärgeschichtlichen Forschungsamtes hrsg. von Markus Pöhlmann, Potsdam 2012 (= Potsdamer Schriften zur Militärgeschichte, 17)

Deutsche Verteidigungspolitik. Hrsg. von Ina Wiesner, Baden-Baden 2013 (= Schriften der Akademie der Bundeswehr für Information und Kommunikation, 29)

Deutsches Militärlexikon, Berlin (Ost) 1961

Dingler, Hans Theodor, Heeresstruktur 5. Konsequenzen für die Ausrüstung. In: WT, 9/1991, S. 27–32

Dingler, Hans Theodor, Rüstung in Zeiten des Wandels. Optionen für die Sicherheit in Deutschland. In: S&T, 6/1990, S. 401–409

Dokumente zur Deutschlandpolitik. Deutsche Einheit. Sonderedition aus den Akten des Bundeskanzleramtes 1998/90. Bearb.: Hans Küsters und Daniel Hofmann, München 1998

Drosen, Erich, Gepanzerte Fahrzeuge: Zur Lage der deutschen Kampffahrzeugindustrie. In: Die Bundeswehr am Beginn einer neuen Epoche, S. 229–251

Ehlert, Hans, Vorwort – Von der Wende zur Einheit. In: Armee ohne Zukunft, S. 7–69

Elsen, Stephan H., Der Kampfpanzer Leopard I. Ein Vergleich des Phasenschemas der Automobilindustrie mit der Entwicklung des Standardpanzers 30 t. In: Sonderfall Bundeswehr?, S. 313–332

Entscheidungen zur Rüstungsplanung. In: S&T, 2/1992, S. 102 f.

Entscheidungen zur Zukunft der Bundeswehr. Ergebnisse der Planungskonferenz des Bundesministeriums der Verteidigung vom 15. Dezember 1992. In: S&T, 1/1993, S. 14–16

Entschieden für Frieden. 50 Jahre Bundeswehr 1955 bis 2005. Im Auftrag des Militärgeschichtlichen Forschungsamtes hrsg. von Klaus-Jürgen Bremm, Hans-Hubertus Mack und Martin Rink, Freiburg i.Br., Berlin 2005

Erbe, Jürgen, »Wir brauchen keinen AIRBUS als Ersatz, sondern einen Kampfzonentransporter«. Interview mit Kommandeur Lufttransportkommando. In: WT, 10/1993, S. 26 f.

Erbe, Jürgen, »Die Inspekteure führen ihre Teilstreitkraft. Der zivile Rüstungsbereich stellt ihnen dafür die erforderliche Ausrüstung bereit«. wt-Gespräch mit dem Präsidenten des Bundesamtes für Wehrtechnik und Beschaffung, Dr. Heinz Gläser. In: WT, 4/1994, S. 4–8

Erbe, Jürgen, Über Erfahrungen mit der MiG 29 oder: Warum noch Eurofighter 2000? In: WT, 08/1993, S. 12 f.

Erbe, NATO-Rüstungshilfe. In: WT, 5/1993, S. 50–51

Farwick, Dieter, Krisen ohne Management. Krisenmanagement eine neue Aufgabe? In: S&T, 1/1993, S. 7–12

Feldmeyer, Karl, Admiral an der Epochengrenze. Nachruf: Der ehemalige Generalinspekteur Dieter Wellershoff führte die Bundeswehr in die Wiedervereinigung, <http://www.jf-archiv.de/archiv05/200531072919.htm> (letzter Zugriff 24.1.2019)

Feldmeyer, Karl, Auf dem Feuerstuhl – die Bundesminister der Verteidigung. In: Entschieden für Frieden, S. 355–364

Fell, Rainer, Das Heeresunterstützungskommando. Großbetrieb für Logistik, Rüstung, Sanitätsdienst, Umweltschutz. In: Heeresunterstützungskommando. Red.: Hartmut Naumann, Bonn 1998, S. 3–6

Fichtmüller, Carl-Peter, Luft- und Raumfahrtgeräte: Industrielle Voraussetzungen zur Ausrüstung der Streitkräfte. In: Die Bundeswehr am Beginn einer neuen Epoche, S. 263–287

Fischer, Alf, Die Entwicklung des Einzelplans 14 (Verteidigung). In: S&T, 9/1994, S. 451–456

Fischer, Alf, Rückläufige Haushaltsentwicklung. Die Zukunft der investiven Ausgaben. In: WT, 6/1991, S. 10–15

Fischer, Alf, Verteidigungshaushalt der Zukunft – eine Trendprognose. In: WT, 5/1989, S. 36–42

Fischer, Alf, Zur Finanzlage der Verteidigungsausgaben. Der Haushaltsdirektor des BMVg berichtet aktuell und kurz. In: WT, 9/1993, S. 5 f.

Fischer, Alf, Zur Finanzlage der Verteidigungsausgaben. Der Haushaltsdirektor des BMVg berichtet aktuell und kurz. In: WT, 5/1994, S. 5–8

Flume, Wolfgang, Das BWB darf mit Recht stolz sein. In: WT, 1/1988, S. 25–32

Flume, Wolfgang, Neues aus der Heeresrüstung. In: S&T, 6/1991, S. 411

Flume, Wolfgang, Verteidigungshaushalt 1989: Trendwende. Mehr für Personal, weniger für Beschaffung. In: WT, 9/1988, S. 16 f.

Flume, Wolfgang, Was geschieht mit dem NVA-Material? In: S&T, 11/1990, S. 781–783

Frank, Hans, Jahresrückblick 1990. Neue Aufgaben durch die Öffnung nach Osten. In: WT, 1/1991, S. 13

Frank, Hans, Strategische und konzeptionelle Entwicklung der Bundeswehr. In: 50 Jahre Wehrtechnik, S. 10–20

50 Jahre Wehrtechnik und Ausrüstung. Hrsg. von Gerhard Hubatschek, Frankfurt a.M. 2005

»Die Funktionsfähigkeit des gesamten Heeres nicht aus den Augen verlieren«.
    Interview mit dem Inspekteur des Heeres, Generalleutnant Helge Hansen. In:
    WT, 12/1993, S. 21–25
Geiger, Tim, Die Bundesrepublik Deutschland und die NATO in den Siebziger-
    und Achtzigerjahren. In: Wege zur Wiedervereinigung, S. 165–182
Geyso, Peter von, Krisenreaktionskräfte aus Sicht der NATO. Grundlagen – Ein-
    satzspektrum – Multinationalität. In: WT, 2/1994, S. 10–12
Gläser, Heinz, Eine Bundeswehr ohne Ausrüstung? In: WT, 1/1990, S. 11–13
Gläser, Heinz, Organisation, Verfahren und Management im Rüstungsbereich. In:
    Bode, Rüstung in der Bundesrepublik, S. 113–159
Göbel, Elmar, Künftige Ausrüstung der Bundeswehr aus Sicht des BWB. In: WT,
    6/1991, S. 20–25
Görtemaker, Manfred, Geschichte der Bundesrepublik Deutschland. Von der
    Gründung bis zur Gegenwart, Frankfurt a.M. 2004, S. 702–704
Der Golfkrieg. Dokumentation, Analyse und Bewertung aus militärischer Sicht.
    Hrsg. von Zehrer Hartmut, Herford [u.a.] 1992
Guddat, Martin, Rüstung heute. In: Rüstung in Deutschland, S. 8–14
Haasler, Ruprecht, Die Heeresstruktur 2000. Teil I: Hauptelement und Zielsetzung
    der Heeresstruktur. In: S&T, 7/1988, S. 453–456
Hammerich, Helmut R., Die Operationsplanungen der NATO zur Vorneve-
    teidigung der Norddeutschen Tiefebene in den Achtzigerjahren. In: Wege zur
    Wiedervereinigung, S. 287–310
Hammerich, Helmut R., Halten am VRV oder Verteidigung in der Tiefe? Die unter-
    schiedliche Umsetzung der NATO-Operationsplanung durch die Bündnispartein.
    In: Sonderfall Bundeswehr?, S. 81–112
Handbuch der Bundeswehr und der Verteidigungsindustrie 1987/88. Hrsg. von
    Manfred Sadlowski, Koblenz 1987
Hammerich, Helmut R., Das Heer 1950 bis 1970. Konzeption, Organisation,
    Aufstellung, München 2006
Hansen, Helge, Auswirkung einer neuen NATO-Strategie auf Kommandostruktur
    und Streitkräfte. In: WT, 2/1992, S. 7–9
Harchan, Joseph P., Europäische Sicherheit, Rüstungskontrolle und die Wieder-
    vereinigung Deutschlands. In: Wege zur Wiedervereinigung, S. 151–162
Harff, Helmut, Erste Erfahrungen des Heeres in einem UN-Einsatz. Das Beispiel
    ›Somalia‹ aus Sicht des Kommandeurs. In: WT, 8/1994, S. 39 f.
Hartig, Hans-Christian, Der Bundeswehrplan. In: Handbuch der Bundeswehr und
    der Verteidigungsindustrie 1987/88. Hrsg. von Manfred Sadlowski, Koblenz
    1987, S. 391–402
Haslinger, Thomas, Bundeswehr und Ausrüstung: Die Beschaffung der Fahr-
    zeugfamilien des Kampfpanzers Leopard 1 und des Schützenpanzers MARDER
    in den 1960er Jahren im Spannungsfeld zwischen Politik, Bundeswehr und
    Rüstungsindustrie; Dissertation an der Ludwig-Maximilians-Universität Mün-
    chen 2015 <https://edoc.ub.uni-muenchen.de/19709/1/Haslinger_Thomas.
    pdf> (letzter Zugriff 10.7.2017)

Die Hauptabteilung Rüstung im BMVg. In: WT, 10/1990, S. 45 f.

Heckmann, Erhard, Aus der Arbeit der »Abteilung Heeresrüstung« im Heeresamt. In: WT, 6/1991, S. 50 f.

Heckmann, Erhard, Das Europäische Jagdflugzeug vor der Entscheidung. In: WT, 6/1992, S. 5–7

Heckmann, Erhard, »Eine Flotte für alle politischen Jahreszeiten«. Interview mit dem Inspekteur der Marine, Vizeadmiral Hans Joachim Mann. In: WT, 12/1990, S. 28–35

Heckmann, Erhard, Heer übernahm BMP-1. Der erste Schützenpanzer sowjetischer Konstruktion bei der Bundeswehr. In: WT, 7/1991, S. 54 f.

Heckmann, Erhard, Lufttransport bei anderen. C-130 J, C-17, An-77. In: WT, 3/1994, S. 14–16

Heckmann, Erhard, Die Neuausrichtung der Bundeswehr. Neue Struktur – materielle Konsequenzen. In: WT, 1/1993, S. 5 f.

Heckmann, Erhard, »Die Planung der Luftwaffe war immer gut«. Interview mit dem Inspekteur der Luftwaffe, Generalleutnant Hans-Jörg Kuebart. In: WT, 12/1991, S. 16–20

Heckmann, Erhard, »Das Team Luftwaffe vor neuen Herausforderungen«. Interview mit dem Inspekteur der Luftwaffe, Generalleutnant Horst H. Jungkurth. In: WT, 12/1990, S. 21–27

Heckmann, Erhard, TIGER als Mehrzweckkampfhubschrauber. In: WT, 1/1993, S. 17 f.

Heckmann, Erhard, »Weitreichende Richtlinie für die Zukunft«. Konzept zum Bundeswehrplan. In: WT, 2/1992, S. 12–15

Heckmann, Erhard, wt-Interview mit dem Inspekteur des Heeres, Generalleutnant Henning von Ondarza. In: WT, 12/1990, S. 13–19

Das Heeresamt [1956–2013]. Red.: Rainer Senger, München 2014

Heeresrüstung zwischen Auftrag und Rotstift. Interview mit dem General der Heeresrüstung Brigadegeneral Dipl.-Ing. Hans-Hermann Schwede. In: S&T, 8/1993, S. 474–477

Henry, Peter, Landkriegführung im Spiegel der Air-Land-Battle-Doctrine. In: Der Golfkrieg. Dokumentation, S. 333–361

Heusmann, Helmuth, Der Rüstungsprozess – Wesen, Entwicklung, Herausforderungen. In: Deutsche Verteidigungspolitik, S. 263–291

Hoevel, Wolfdietrich, MiG-29/Fulcrum. Taktischer Jäger der 4. Generation. In: S&T, 7/1988, S. 479–482

Hoffmann, Aufklärung von gestern. In: Die Zeit (23.10.1992) <http://www. zeit.de/1992/44/aufklaerung-von-gestern/komplettansicht> (letzter Zugriff 10.1.2016)

Hoffmann, »Chaos als Leitungsprinzip«. In: Die Zeit (3.4.1992) <http://www.zeit. de/1992/15/chaos-als-leitungsprinzip> (letzter Zugriff 10.1.2016)

Hofmann, Helmut, und Manfred Ertl, Erfahrungen Somalia 1. Führungsunterstützung. In: S&T, 7/1994, S. 356–360

Hofmann, Helmut, und Manfred Ertl, Führungsunterstützung. In: S&T, 8/1994, S. 413–415

Horn, Peter, Logistik des Somaliaeinsatzes. Alter Auftrag mit neuen Herausforderungen. In: WT, 7/1994, S. 45 f.

Hubatschek, Gerhard, Haushaltsentwicklung mit Alarmzeichen. In: S&T, 9/1991, S. 598 f.

Hubatschek, Wandel. In: S&T, 3/1990, S. 160–168

Jungkurth, Horst, Luftwaffenplanung im Zeichen epochaler Veränderungen in Europa. In: WT, 3/1991, S. 10–14

Kabinettsbeschluss zur Beendigung der Bundeswehrbeteiligung an UNOSOM II; in Bulletin Bundesregierung 114-93 (23.12.1993); Pkt. 1 (o.S.) <https://www.bundesregierung.de/Content/DE/Bulletin/1990-1999/1993/114-93_BPA.html> (letzter Zugriff 16.6.2016)

Kampf gegen gepanzerte Angriffstruppen mit indirekt gerichtetem Feuer. In: S&T, 4/1986, S. 202–206

Kampfhubschrauber Mi-24 HIND. Warum will ihn die Bundeswehr nicht? In: WT, 11/1993, S. 16

Karl, Wilfried, Die Bundesrepublik als integrationspolitischer Musterschüler? In: Rüstungskooperation und Technologiepolitik als Problem der westeuropäischen Integration. Hrsg. von Wilfried Karl, Opladen 1994, S. 231–295

Kerkhof, Stefanie van de, Militärfachzeitschriften als Quelle einer Marketinggeschichte der europäischen Rüstungsindustrie im Kalten Krieg. In: Deutsche Militärfachzeitschriften, S. 71–90

Kiesenbauer, Erich, und Eckehard Kügler, Führung Luftwaffe. In: S&T, 3/1988, S. 180–184

Kirchbach, Hans-Peter von, Einsatz luftbeweglicher Kräfte im Rahmen operativer Gegenangriffe. In: S&T, 2/1988, S. 70–77

Kleppin, Bjorn, Verfahren und Stand Luftwaffenplanung. In: S&T, 4/1991, S. 243–250

Koalitionsvereinbarung für die 12. Legislaturperiode des Deutschen Bundestages (= CDU-Dokumentation 2/1991), Bonn 1991, <http://www.kas.de/wf/doc/kas_27202-544-1-30.pdf?110826092653> (letzter Zugriff 24.1.2019)

Koch, Gero, Krisenreaktionskräfte des Heeres. Forderungen an Kampf-, Kampfunterstützungstruppen. In: S&T, 7/1993, S. 401–409

Koerner, Peter, Das BWB und seine Dienststellen. Schaltstellen zwischen Bundeswehr und Wirtschaft. In: Rüstung in Deutschland, S. 34–37

Kollawe, Ernst, und Bernhard von Bothmer, Studiengruppe Führung und Aufklärung. In: S&T, 4/1993, S. 222–227

Kollmer, Dieter H., Die materielle Aufrüstung der Bundeswehr von den Anfängen bis heute. In: Entschieden für Frieden, S. 215–230

Kollmer, Dieter H., Militärisch-Industrielle Komplexe vs. Rüstungsinterventionismus. Rüstung in Europa und Nordamerika nach 1945 im Vergleich. In: Militärisch-Industrieller Komplex? Rüstung in Europa und Nordamerika nach dem Zweiten Weltkrieg. Im Auftrag des Zentrums für Militärgeschichte und

Sozialwissenschaften der Bundeswehr hrsg. von Dieter H. Kollmer, Freiburg i.Br. [u.a.] 2015, S. 1–26

Kollmer, Dieter H., »Nun siegt mal schön!« Aber womit? Die Aufrüstung des Heeres in der Bundeswehr 1953 bis 1972. In: Die Bundeswehr 1955 bis 2005: Rückblenden – Einsichten – Perspektiven. Im Auftrag des Militärgeschichtlichen Forschungsamtes hrsg. von Frank Nägler, München 2007 (= Sicherheit und Streitkräfte der Bundesrepublik Deutschland, 7), S. 397–416

Kollmer, Dieter H., Rüstungsgüterbeschaffung in der Aufbauphase der Bundeswehr. Der Schützenpanzer HS 30 als Fallbeispiel (1953–1961), Stuttgart 2002 (= Beiträge zur Wirtschafts- und Sozialgeschichte, 93)

Kollmer, Dieter H., Rüstungsinterventionismus – Rüstungsgüterbeschaffung der Bundesrepublik Deutschland nach 1945. In: Militärisch-Industrieller Komplex?, S. 131–154

Konzeption des Kampfes gegen gepanzerte Kampftruppen. In: S&T, 4/1986, S. 196 f.

Kopenhagen, Wilfried, Der modifizierte Schützenpanzerwagen BMP – 1A1 OST des DIEHL-Unternehmens SIVG Neubrandenburg. In: S&T, 8/1991, S. 564 f.

Krapke, Paul-Werner, Entwicklung von Kampfmitteln – Systembetrachtungen. In: Handbuch zur Ökonomie der Verteidigungspolitik. Hrsg. von Günter Kirchhoff, Regensburg 1986, S. 232–243

Krause, Ulf von, Die Bundeswehr als Instrument deutscher Außenpolitik, Wiesbaden 2013

Kroener, Bernhard, Generaloberst Friedrich Fromm. »Der starke Mann im Heimatkriegsgebiet«. Eine Biographie, Paderborn [u.a.] 2005

Krüger, Dieter, Am Abgrund? Das Zeitalter der Bündnisse: Nordatlantische Allianz und Warschauer Pakt 1947 bis 1991, Fulda 2013

Krüger, Dieter, Probleme der archivischen Überlieferungsbildung im Rüstungsbereich. In: Aus der Arbeit der Archive, S. 162–177

Krüger, Dieter, Ein Schriftgutkatalog für das Bundesamt für Wehrtechnik und Beschaffung. In: Der Archivar, 43, 1990, Sp. 251–262

Kuebart, Jürgen, Perspektiven der künftigen Luftwaffe im veränderten politischen Szenario. In: WT, 8/1991, S. 54 f.

Kuhn, Peter, Die Studiengruppen des Heeres. Wegbereiter der Ausrüstung des Heeres. In: S&T, 4/1993, S. 214–221

Kuttler, Hans, Abteilung »Luftfahrzeuge und Luftfahrtgerätetechnik«. In: WT, 1/1994, S. 23–27

Laumann, Manfred, Die Abteilung Luftwaffenrüstung. In: S&T, 5/1993, S. 349–354

Lautsch, Siegfried, Die NVA-Operationsplanung für Norddeutschland 1983–1988. In: Wege zur Wiedervereinigung, S. 265–285

Lemke, Bernd, Die Allied Mobile Force 1961 bis 2002, Berlin [u.a.] 2015 (= Entstehung und Probleme des Atlantischen Bündnisses, 10)

Lübbe, Friedrich Wilhelm, Die Ausrüstung der Luftwaffe. In: WT, 7/1991, S. 27–32

Lützow, Rolf-Jürgen, Die Heeresrüstung nach den Entscheidungen zum Bundeswehrplan 94. In: S&T, 1/1993, S. 7–12 und S. 144–151

Lützow, Rolf-Jürgen, Die Heeresrüstung unter sich ändernden Rahmenbedingungen. In: S&T, 7/1992, S. 454−461

Lutz, Dieter S., Deutschland und die kollektive Sicherheit. Politische, rechtliche und programmatische Aspekte, Opladen 1993

Mann, »Der Jubilar hat seine Sache gut gemacht«. In: WT, 1/1988, S. 18−22

Mann, Hans-Joachim, Die Deutsche Marine heute und morgen. In: S&T, 9/1990, S. 621−628

Mardorf u.a., Studiengruppe Kampf. In: S&T, 4/1993, S. 228−230

Mechtersheimer, Alfred, Rüstung und Politik in der Bundesrepublik. MRCA Tornado. Geschichte und Funktion des größten westeuropäischen Rüstungsprogramms, Bad Honnef 1977

Mende, Die Luftwaffe. In: Rüstung in Deutschland, S. 63−68

Menke, Manöverbeobachtung bei WP-Übung »Freundschaft 88«. In: S&T, 8/1988, S. 460−467

MiG-29 offiziell in Dienst gestellt. Jagdgeschwader 73 ist einsatzbereit. In: WT, 7/1993, S. 28

Militärorganisation des Warschauer Paktes aufgelöst. In: S&T, 4/1991, S. 223

Minenabwehrverband im Persischen Golf. In: WT, 5/1991 [wt-Spezial], S. 97−108

Möllers, Heiner, und Rudolf J. Schlaffer, Einleitung. In: Sonderfall Bundeswehr? S. 11−34

Naß, Manfred, Erfahrungen Somalia 3: Ausrüstung. In: S&T, 9/1994, S. 458−460

Nassauer, Otfried, 50 Jahre Nuklearwaffen in Deutschland. In: APuZ, 21/2005 (23.5.2005), S. 27−31

Naumann, Klaus, Aufgabenorientierte Bundeswehrplanung − neues Etikett oder neuer Planungsansatz. In: S&T, 4/1989, S. 249−253

Naumann, Klaus, Die Bundeswehr in einer Welt im Umbruch, Berlin 1994

Naumann, Klaus, Eine konzeptionell richtige Entwicklung. In: S&T, 7/1993, S. 17

Neue Aufgaben des BWB und seiner Dienststellen. In: WT, 1/1991, S. 14 f.

Neue strategische Konzept. In Bulletin Bundesregierung 128 − 91; Pkt. 40 <https: //www.bundesregierung.de/Content/DE/Bulletin/1990-1999/1991/128 − 91_-_2.html> (letzter Zugriff 16.6.2016). Künftig als Neue strategische Konzept. In: Bulletin 128 − 91

Neuheuser, Hans, Technische Intelligenz bei Gefechtsfeld-Robotik. In: WT, 3/1989, S. 43−50

Nikutta, Randolph, Frank Henneke, und Jo Rodejohann (Bearb.), Die »AirLand Battle«-Doktrin. Eine offensive Kriegsführungsdoktrin für das Schlachtfeld Europa (Militärpolitik Dokumentation Heft 34/35, 7. Jg, 1983), Frankfurt a.M. 1983

Die Nordatlantische Allianz im Wandel [Deutsche Fassung]; Punkt 14; <http://www.nato.diplo.de/contentblob/1940774/Daten/189388/1990_07_London_DownlDat.pdf> (letzter Zugriff 10.1.2016)

»Nur wenn wir Auftrag und Mittel zur Deckung bringen, bleiben wir leistungsfähig und attraktiv«. Interview mit dem Inspekteur der Luftwaffe, Generalleutnant Hans-Jörg Kuebart. In: WT, 12/1993, S. 5−8

Odendahl, Wolfgang, Das Heeresamt. In: WT, 4/1988, S. 90–94

Olshausen, Klaus, Bundeswehrplanung: Zum Stand der Planungsarbeit. In: WT, 10/1993, S. 5 f.

Ondarza, Henning von, Das Heer auf dem Weg in das Jahr 2000. In: S&T, 4/1991, S. 230–240

Ondarza, Henning von, Das Heer hält Kurs. In: S&T, 3/1990, S. 151–156

Opel, Manfred, Die MiG-29 Fulcrum der NVA. In: WT, 10/1990, S. 48–51

Der PAH im Kampf gegen gepanzerte Angriffstruppen. In: S&T, 4/1986, S. 210–212

Panzerabwehr im Gefecht der verbundenen Waffen. In: S&T, 4/1986, S. 192–195

Pfahls, Ende der Ost-West-Konfrontation. In: S&T, 1/1991, S. 227–228

Die Pfahlsche Weisung vom 7.3.1990. In: Wehrdienst 1218/1990 (17.4.1990), S. 1–4

Pöhlmann, Markus, Der Panzer und die Mechanisierung des Krieges. Eine deutsche Geschichte 1890 bis 1945, Paderborn [u.a.] 2016 (= Zeitalter der Weltkriege, 14)

Pöhlmann, Markus, Die Militärfachzeitschrift in Deutschland – eine Einführung. In: Deutsche Militärfachzeitschriften, S. 7–12

Pommerin, Reiner, Auf dem Weg zur Europäischen Rüstungskooperation: Die Transall C-160. In: Sonderfall Bundeswehr?, S. 333–349

Preylowski, Peter, Krieg am Golf – »Operation Wüstensturm«. Erster High-Tech-Krieg. In: S&T, 3/1991, S. 164–167

Programme der deutschen Luftfahrtindustrie. Flugzeuge. In: WT, 4/1990, S. 38–41

Der Projektbereich. In: WT, 1/1990, S. 82 f.

Quo vadis, Heeresrüstung? Fragen an den Stabsabteilungsleiter Fü H VII, Oberst i.G. Hans-Theodor Dingler. In: S&T, 7/1992, S. 450–452

Rather, Cord, Neue Handfeuerwaffen für die Bundeswehr. Eine Familie soll es sein. In: WT, 10/1993, S. 46–49

Rautenberg, Hans-Jürgen, Streitkräfte und Spitzengliederung – zum Verhältnis von ziviler und bewaffneter Macht bis 1990. In: Entschieden für Frieden, S. 107–122

Reinfried, Hubert, und Nikolaus Steinebach, Die Bundeswehrverwaltung. Einführung in Struktur, Aufgaben und Organisation, 4. Aufl., Hamburg 1983

Reinfried, Hubert, Streitkräfte und Bundeswehrverwaltung, Regensburg 1978 (= Die Bundeswehr eine Gesamtdarstellung, 9)

Reinhardt, Klaus, Das Heeresführungskommando. Auftrag und Organisation. In: WT, 1/1994, S. 68 f.

Rhades, Jürgen, »Bordhubschrauber 90, MPA-90 und U-212 bleiben in der Zukunft unverzichtbar«. wt-Gespräch mit dem Befehlshaber der Flotte, Vizeadmiral Dieter Franz Braun. In: WT, 4/1991, S. 6–15

Rhades, Jürgen, »Die TSK Marine ist nicht beliebig umsteuerbar«. Interview mit dem Inspekteur der Marine, Vizeadmiral Hein-Peter Weyher. In: WT, 12/1991, S. 26–32

Richter, Ludwig, Die Luftwaffe in der Türkei. Erste Erfahrungen aus der logistischen Unterstützung. In: WT, 5/1991, S. 21–23

Riedl, Die Ziele der Bundesregierung für Luftfahrt. In: S&T, 8/1991, S. 525–529

Rink, Martin, Die Bundeswehr 1950/55−1989, Berlin [u.a.] 2015 (= Militärgeschichte kompakt, 6)

Rink, Martin, Das Heer der Bundeswehr im Wandel 1950−2005: Von Himmerod zum ›Heer der Zukunft‹. In: Entschieden für Frieden, S. 137−154

Rödder, Andreas, Die Bundesrepublik Deutschland 1969−1990, München 2004

Rohde, Joachim, Elemente einer deutschen Rüstungsstrategie: Zwischen nationaler Handlungs- und internationaler Kooperationsnotwendigkeit. In: Die Bundeswehr am Beginn einer neuen Epoche, S. 159−188

Roth, Rudolf, Auswirkungen zurückgehender Bundeswehraufträge auf die Nutzfahrzeugindustrie. In: Die Bundeswehr am Beginn einer neuen Epoche, S. 253−261

Rothenberger, Raimund, Grundsätzliche Bemerkungen [zu Kampfwertsteigerungen]. In: WT, 2/1989, S. 14 f.

Rothenberger, Raimund, Die Rüstungsführung und ihr Ziel: Die Einsatzreife des Wehrmaterials am Beispiel des Heeres, Teil I. In: S&T, 1/1989, S. 14−27; und Teil II. In: S&T, 2/1989, S. 94−111

Rühe, Volker, »Wer sich diese Sicht zu eigen macht, liegt falsch«. Bericht des Bundesministers der Verteidigung im Verteidigungsausschuss des Deutschen Bundestages zum Stand der Entwicklung des EF 2000. In: WT, 10/1994, S. 5−7

Rühle, Hans, Warum die Politik dem Leo Urangeschosse verweigerte. In: Die Welt (29.12.2015) <http://www.welt.de/140100414> (letzter Zugriff 10.1.2016)

Rühle, Hans, Von der Leyens Physikerin auf vermintem Gelände. In: Die Welt (27.10.2014) <https://www.welt.de/article133688503> (letzter Zugriff 10.1.2016)

Rühle, Hans, Der Planungsstab. Denkmodelle und Analysen für den Minister. In: WT, 7/1983, S. 25 f.

Rüstung in Deutschland. Rüstungsmanagement, Haushalt, Bundeswehrbedarf, Programme, Unternehmen, Internationale Kooperation. Hrsg. von Wolfgang Flume, Sankt Augustin 1996

Ruppelt, Wolfgang, Rüstungsplanung in schwieriger Zeit. In: S&T, 1/1990, S. 15−20

Sandrat, Hans-Henning von, Abwehr gepanzerter Kampftruppen. In: S&T, 4/1986, S. 184 f.

Scheven, Werner von, Die Bundeswehr und der Aufbau Ost. In: Entschieden für Frieden, S. 441−455

Schlaffer, Rudolf J., Die Bundeswehr auf dem Weg zu »Armee im Einsatz«. In: Wegweiser zur Geschichte: Auslandseinsätze der Bundeswehr, S. 247−257

Schlaffer, Rudolf J., Offizielle und offiziöse Zeitschriften in der Aufbauphase der Bundeswehr von 1955 bis 1970. In: Deutsche Militärfachzeitschriften, S. 61−70

Schlaffer, Rudolf J., Der Wehrbeauftragte 1951 bis 1985. Aus Sorge um den Soldaten, München 2006 (= Sicherheitspolitik und Streitkräfte der Bundesrepublik Deutschland, 5)

Schloenbach, Knut, Rüstungsmanagement heute. Schlanker und effektiver. In: Rüstung in Deutschland, S. 25−33

Schneider, Wolfgang, Heeresrüstung im Zeichen neuer Prioritäten. Informations-
    tagung von Heeresamt und Industrie. In: WT, 7/1993, S. 50 f.
Schnell, Karl Helmut, 30 Jahre Rüstung. Herausforderungen für die Zukunft. In:
    WT, 4/1988, S. 13–19
Scholz, Rupert, Die Verteidigungspolitik der CDU/CSU. Die Verteidigungsminister
    von Theodor Blank bis Volker Rühe. In: Entschieden für Frieden, S. 379–395
Schreiber, Rolf, Die Abteilung Rüstungstechnik des BMVg. Organisation und
    Aufgaben. In: S&T, 3/1991, S. 172–181
Schreyögg, Georg, Organisation. Grundlagen moderner Organisationsgestaltung.
    Mit Fallstudien, 5. Aufl., Wiesbaden 2008
Schütte, Reinhard, Die Hauptabteilung Rüstung im BMVg. In: WT, 10/1992, S. 4 f.
Schütz, Peter, Ausrüstungsplanung – Heer. In: WT, 4/1993, S. 26–29
Schütz, Peter, Ausrüstungsplanung Heer. In: S&T, 2/1994, S. 84–88
Siano, Claas, Der Lockheed F-104 (G) Starfighter: Ein amerikanisches Flugzeug für
    europäische Luftwaffen. In: Sonderfall Bundeswehr?, S . 351–366
Siano, Claas, Die Luftwaffe und der Starfighter. Rüstung im Spannungsfeld von
    Politik, Wirtschaft und Militär, Berlin 2016
Simon, Gunnar, Vorwort zu Rüstung in Deutschland. In: Rüstung in Deutschland,
    S. 7
Sitterberg, Hermann, Abteilung »Kraftfahrzeug und Gerätetechnik«. In: WT,
    1/1994, S. 19–22
Sohst, Jörg, Luftwaffe 1995 und der steinige Weg dorthin. In: S&T, 2/1992,
    S. 166–172
Sonderfall Bundeswehr? Streitkräfte in nationalen Perspektiven und im inter-
    nationalen Vergleich. Im Auftrag des Zentrums für Militärgeschichte und
    Sozialwissenschaften der Bundeswehr hrsg. von Heiner Möllers und Rudolf J.
    Schlaffer (= Sicherheitspolitik und Streitkräfte der Bundesrepublik Deutschland,
    12), München 2014
Stabenow, Eckhard, Die Erprobung von Rad- und Kettenfahrzeugen bei der WTD
    41 der Bundeswehr. In: S&T, 1/1990, S. 23–30
Steinseifer, Friedrich, Streitkräfte im vereinten Deutschland. Integration der NVA.
    In: WT, 11/1990, S. 73–78
Stockfisch, Dieter, Die Teilstreitkräfte. In: Deutsche Verteidigungspolitik,
    S. 133–173
Stoltenberg, Gerhard, Die Bundeswehr am Beginn der 90er Jahre. Auftrag und
    Planung unserer Streitkräfte in einem sich wandelnden Europa. In: S&T, 1/1990,
    S. 9–14
Stoltenberg, Gerhard, Künftige Perspektiven deutscher Sicherheitspolitik. In: WT,
    7/1990, S. 35 f.
Stoltenberg, Gerhard, Perspektiven der Sicherheitspolitik und Zukunftsaufgaben der
    Bundeswehr. In: S&T, 1/1992, S. 9–12
Strauch, Günter, Ein Auslaufmodell. Geschwaderkommodore Oberst Manfred
    Menge über den russischen Jäger MiG-29. In: Der Focus (15.8.1994), online

verfügbar unter <http://www.focus.de/politik/deutschland/deutschland-ein-aus-
laufmodell_aid_146768.html> (letzter Zugriff 10.1.2016)

Die Streitkräfte der NATO auf dem Territorium der BRD. Hrsg. von Wolfgang
Weber, Berlin (Ost) 1985

Studmann, Eberhard, Deckung des Munitionsbedarfs des Heeres: Industrielle Erfordernisse und Probleme. In: Die Bundeswehr am Beginn einer neuen Epoche,
S. 257–261

Thomsen, Frank, »Armee im Schlußverkauf«. In: Die Zeit (17.4.1992) <http://
www.zeit.de/1992/17/armee-im-schlussverkauf> (letzter Zugriff 10.1.2016)

Übersicht MBB Portfolio des Hubschrauberprogramms. In: WT, 4/1990, S. 66–71

Umbach, Frank, Das rote Bündnis, Entwicklung und Zerfall des Warschauer Paktes
1955 bis 1991, Berlin 2005 (= Militärgeschichte der DDR, 10), S. 363–384,
450–467

Unterstützung der humanitären Anstrengungen der Vereinten Nationen in Somalia,
in Bulletin Bundesregierung 141–92 <https://www.bundesregierung.de/Content
/DE/Bulletin/1990-1999/1992/141-92_Vogel_1.html> (letzter Zugriff 16.6.2016)

Vogler, Peter, Schlüssige Daten. Bundeswehrplanung in Abhängigkeit von der sicherheitspolitischen Lage. In: WT, 5/1992, S. 43–47

Vogler, Peter, Sicherheitspolitische Rahmenbedingungen für die Bundeswehrplanung.
In: WT, 5/1991, S. 26 f.

Volker Rühe – in der Mitte Europas. Hrsg. durch das Militärgeschichtliche
Forschungsamt, Potsdam 2012

Volmerig, Arthur, Die materiellen Hinterlassenschaften der NVA. Die Verwertung
des Materials der ehemaligen Nationalen Volksarmee. In: WT, 5/1993, S. VI–XIV

Vorstellungen zur künftigen Ausrüstung der Bundeswehr. In: WT, 5/1991, S. 28 f.

»Den Wandel gestalten«. Von der Kommandeurtagung. In: WT, 7/1990, S. 33 f.

Weber, Lothar, Rüsten mit weniger Geld. In: S&T, 2/1992, S. 97–101

Wege zur Wiedervereinigung. Die beiden deutschen Staaten in ihren Bündnissen
1970 bis 1990. Im Auftrag des Zentrums für Militärgeschichte und Sozialwissenschaften der Bundeswehr hrsg. von Oliver Bange und Bernd Lemke,
München 2013 (= Beiträge zur Militärgeschichte, 75)

Wegmann, Bodo, Die Militäraufklärung der NVA. Die zentrale Organisation
der militärischen Aufklärung der Streitkräfte der Deutschen Demokratischen
Republik, 2., überarb. Aufl., Berlin 2006 (= Beiträge zur Friedensforschung und
Sicherheitspolitik, 22)

Wegweiser zur Geschichte. Auslandseinsätze der Bundeswehr. Im Auftrag des
Militärgeschichtlichen Forschungsamtes hrsg. von Bernhard Chiari [u.a.],
Paderborn [u.a.] 2010, S. 153–165

Weigl, Ludwig, Strategische Einsatzplanungen der NATO. Einflussfaktoren, Inhalte,
Umsetzungsmaßnahmen, Dissertation Universität der Bundeswehr München,
Neubiberg 2005 <http://d-nb.info/976331721/34> (letzter Zugriff 24.1.2019)

Weiss, Manfred, Abteilung »Schiffe, Schiffsgerät und Unterwasserwaffen«. In: WT,
1/1994, S. 29–34

Weisser, Ulrich, Bundeswehr-Planung für die neunziger Jahre. In: S&T, 2/1990, S. 79–81

Weisser, Ulrich, Die Weichen sind gestellt. Rahmenbedingungen und Grundentscheidungen zur Bundeswehrplanung. In: S&T, 3/1991, S. 159–162

Wellershoff, Dieter, Verteidigungsfähigkeit und Entspannung als Grundlagen deutscher Sicherheitspolitik. In: S&T, 3/1988, S. 115–119

»Das wertvollste Gut ist das Vertrauen des Nutzers in die Leistungsfähigkeit, Zuverlässigkeit und Innovationsfähigkeit des Rüstungsmanagements«. Interview mit dem General Heeresrüstung, Brigadegeneral Dipl.-Ing. Hans-Herrmann Schwede. In: WT, 2/1994, S. 58–60

Wiese, Jens, Mit deutschen Augen gesehen. In: WT, 9/1992, S. 8–11

Willmann, Helmut, Rüstung für das Heer. In: Rüstung in Deutschland, S. 55–62

Winkelmann, Jürgen, Das Heer auf dem Weg in das Jahr 2000. Ein wt-Sonderseminar. In: WT, 2/1992, S. 21–28

Wirtgen, Rolf, Aspekte aus der Geschichte des Rüstungsbereichs. In: Bundeswehr. 50 Jahre Wehrtechnik und Ausrüstung, S. 20–46

Wörner, Manfred, Bekanntgabe von Punkten zur Entwicklung bis zum Jahr 2000. In: S&T, 4/1988, S. 221

Wörner, Manfred, »Eines ist sicher: Irgendeine Form der strukturellen Neuordnung der Rüstung brauchen wir ...« wt-Gespräch mit dem Bundesminister der Verteidigung. In: WT, 5/1988, S. 13–15

Wörner, Manfred, »Freiheit und Verteidigung vertragen sich nicht«. Sicherheit in den 90er Jahren. In: WT, 6/1988, S. 13–17

Wörner, Manfred, Rede zum 30jährigen Jubiläum (gekürzte Fassung). In: WT, 1/1988, S. 17 und 64

Wolde, Harro, Neuordnung der Rüstungsaufgaben. In: S&T, 4/1992, S. 230–234

Wulf, Herbert, Friedensdividende. In: Handbuch Frieden. Hrsg. von Hans J. Gießmann und Bernhard Rinke, Wiesbaden 2011, S. 138–148

Zedler, Roland, Planungs- und Führungssystem, Regensburg 1978 (= Die Bundeswehr, 7)

Ziebinger, Hans-Jürgen, Hubschrauberprogramme der Heeresfliegertruppe. PAH-2, KWS PAH-1, BSH. In: WT, 2/1988, S. 39–41